À toi ! 1

Lehrwerk für den Französischunterricht

Cornelsen

Die folgenden aufgelisteten Angebote sind nicht obligatorisch abzuarbeiten.
Die Auswahl der Aufgaben und Aufgabenteile richtet sich nach den Schwerpunkten des schulinternen Curriculums.

Inhalt

Rubrik/Titel	Schüler/Schülerinnen lernen ...	Um ... (Lernaufgabe)	Dafür erwerben sie folgende sprachliche Mittel:	Sie schulen ...	Seite
Unité 1 Bonjour! **Interkulturelles Lernen:** Französische Begrüßungs- und Verabschiedungsrituale; Pariser Sehenswürdigkeiten **Kompetenzschwerpunkte:** Hören, Sprechen **Methodischer Schwerpunkt:** selbstständig mit dem Französischbuch arbeiten					**9**
Texte: Bonjour!	• jdn zu begrüßen • sich zu verabschieden • nach dem Befinden zu fragen und zu antworten	in der Lerngruppe Begrüßungs- und Verabschiedungsszenen zu spielen	• der Aussagesatz • die Intonationsfrage	Laute und Lautfolgen des Französischen	9
La France en direct: Paris	Sehenswürdigkeiten von Paris spielerisch entdecken; geographische Lage von Paris und Levallois kennen; eine stumme Frankreichkarte beschriften				11
Repères	Überblick über Redemittel und Grammatik				12
Pour le plaisir: Salut, ça va?	Fakultativ: einen Comic lesen, verstehen und nachsprechen; ein Lied singen				13
Unité 2 C'est la rentrée **Interkulturelles Lernen:** Schuljahresbeginn am Collège; die Zählung der Schulklassen in Frankreich **Kompetenzschwerpunkte:** Hören, Sprechen **Methodischer Schwerpunkt:** Worterschließungsstrategien anwenden					**14**
Approches: Le collège Jean Jaurès à Levallois **Texte:** Dans la cour	• zu fragen, wie jmd heißt • sich/jdn vorzustellen	in einem Rollenspiel eine Szene auf dem Schulhof nachzuspielen	• *C'est qui?* • *C'est / Ce sont ...* • *Je m'appelle / Moi, c'est ...* • *être* • die Personalpronomen • der bestimmte Artikel • der Plural der Nomen	die Laute [e] und [ɛ]; [u] und [y]	14
La France en direct: Voilà la France	Bezeichnungen auf Schildern erschließen; weitere französische Wörter in der eigenen Umgebung sammeln				22
Repères	Überblick über Redemittel und Grammatik				23
Pour le plaisir: Le français, c'est dans la poche	Fakultativ: Klassenraumvokabular kennen; ein Lied singen				25

Rubrik/Titel	Schüler/Schülerinnen lernen ...	Um ... (Lernaufgabe)	Dafür erwerben sie folgende sprachliche Mittel:	Sie schulen ...	Seite
Unité 3 Un quartier de Levallois **Interkulturelles Lernen:** Wohnen und Leben in Frankreich; französische Adressangabe **Kompetenzschwerpunkte:** Lesen, Schreiben, Sprechen **Methodischer Schwerpunkt:** Vokabeln lernen (1); mit einem Onlinewörterbuch arbeiten					**26**
Approches: Dans le quartier de Nicolas **Texte:** Ils habitent à Levallois	• ihren Wohnort vorzustellen • zu sagen, wo jmd wohnt • zu sagen, woher jmd kommt	eine Verabredungs-szene auf dem Heimweg in einem Rollenspiel zu präsentieren	• Wortfeld *le quartier* • *il y a* • der unbestimmte Artikel • die Zahlen von 1–10 • die Verben auf *-er* • Präpositionen des Ortes • *Qu'est-ce que ...?*	die Laute [ã] und [ɛ̃]	26
La France en direct: Ça va à Levallois?	einen Text anhand von Form und Gestalt identifizieren; eine E-Mail verstehen und beantworten; Strukturhilfen zum Schreiben eines Textes nutzen				35
Repères	Überblick über Redemittel und Grammatik				36
Pour le plaisir: Bienvenue à Levallois	Fakultativ: auf der Internetseite von Levallois gezielt nach Informationen suchen; Strategien zur Recherche im Internet kennen und anwenden				38
Révisions 1	Fakultativ: Lernstandsüberprüfung Unités 1–3 (Grammatik und Wortschatz)				39
Unité 4 Ma famille et moi **Interkulturelles Lernen:** Alltag französischer Jugendlicher, ihrer Familien und Freunde **Kompetenzschwerpunkte:** Lesen, Schreiben **Methodischer Schwerpunkt:** Vokabeln lernen (2); Mot-images anfertigen					**42**
Approches: La famille de Nicolas et d'Océane **Texte:** Ça, c'est moi	• ihre / eine andere Familie vorzustel-len (+ Freunde, Haustiere) • zu fragen/sagen, wie alt sie sind / jmd ist	in Steckbrief, E-Mail oder Poster die eigene Familie vorzustellen	• Wortfeld *la famille* • die Zahlen bis 20 • *avoir* • *mon, ton, son*	die Laute [ɔ̃] und [ã]; Liaison *(onze_ans; vingt_ans; mon_adresse)*	42
La France en direct: Mon animal est sympa	eine Internetseite verstehen; einen Haustier-Wettbewerb organisieren und durchführen				50
Repères	Überblick über Redemittel und Grammatik				51
Pour le plaisir: Le téléphone sonne	Fakultativ: eine Theaterszene verstehen und nachspielen				53
Bilan 1	Fakultativ: Lernstandsüberprüfung Unités 1–4 (Kompetenzen: Lesen, Schreiben, Hören, Sprechen, Sprachmittlung)				54

Vorbereitung auf die DELF Prüfung A1

Rubrik/Titel	Schüler/Schülerinnen lernen ...	Um ... (Lernaufgabe)	Dafür erwerben sie folgende sprachliche Mittel:	Sie schulen ...	Seite
Unité 5 Chez les Fournier Interkulturelles Lernen: Alltag und Wohnung einer französischen Familie Kompetenzschwerpunkte: Hören, monologisches Sprechen Methodischer Schwerpunkt: Vokabeln lernen (3); Leseverstehen: überfliegendes Lesen, Schlüsselwörter nutzen					56
Approches: Moi et ma chambre Texte: Où sont mes clés?	• ihr Zimmer / ihre Wohnung vorzustellen • zu fragen, wo jmd/etw. ist • jdn aufzufordern, etw. zu tun	mit einer Collage das eigene Zimmer / die eigene Wohnung vorzustellen	• Wortfeld *la chambre / l'appartement* • *Qui est ...?* • *Où est/sont ...?* • Präpositionen des Ortes • der zusammengezogene Artikel mit *de* • der Imperativ • *manger/ranger*	die Unterscheidung der Laute [ʒ] und [g] bei „g"	56
La France en direct: Un bureau au top	die Aussage einer Katalogseite sprachmitteln; unbekannte Wörter über andere Sprachen erschließen				65
Repères	Überblick über Redemittel und Grammatik				66
Pour le plaisir: Ta chambre est le miroir de ta personnalité	Fakultativ: einen Persönlichkeitstest lesen, verstehen und durchführen				68
Lecture	Fakultativ: La famille de Mamimo (1) – einen Comic lesen, verstehen und nacherzählen				69
Unité 6 C'est la fête Interkulturelles Lernen: Jugendkultur; Geburtstag in Frankreich Kompetenzschwerpunkte: Lesen, Schreiben Methodischer Schwerpunkt: Vokabeln festigen; Lernen durch Lehren					70
Approches: C'est quand, ton anniversaire? Texte: On fait la fête	• zu fragen, wann jmd Geburtstag hat und darauf zu antworten • zu sagen, was sie sich wünschen • zu sagen, was sie (nicht) gerne tun würden	eine kleine Geschichte über eine Überraschungsparty zu schreiben	• Wortfeld *l'anniversaire* • Wochentage und Monate • die Zahlen bis 31 • Verneinung *(ne ... pas)* • *faire* • *je voudrais* + Nomen/Infinitiv • *Est-ce que ...?*	die Laute [ʒ] und [ʃ]	70
La France en direct: On invite les copains	eine Geburtstagseinladung sprachmitteln; eine persönliche Einladung schreiben				79
Repères	Überblick über Redemittel und Grammatik				80
Pour le plaisir: C'est ton anniversaire	Fakultativ: ein Lied singen; Texte für einen Blog verfassen				82
Révisions 2	Fakultativ: Lernstandsüberprüfung Unités 4–6 (Grammatik und Wortschatz)				83

Rubrik/Titel	Schüler/Schülerinnen lernen ...	Um ... (Lernaufgabe)	Dafür erwerben sie folgende sprachliche Mittel:	Sie schulen ...	Seite
Unité 7 Mes hobbys **Interkulturelles Lernen:** Jugendkultur; Hobbys französischer Jugendlicher **Kompetenzschwerpunkte:** Hören, dialogisches Sprechen **Methodischer Schwerpunkt:** Hörverstehen: sich auf einen Hörtext vorbereiten					**86**
Approches: Qu'est-ce que tu aimes? **Texte:** Un stage de quad	• über ihre Hobbys zu sprechen • sich zu verabreden • eine Telefonnummer anzugeben • zu sagen, wohin sie wann gehen • Vorschläge zu machen	sich in einem Rollenspiel am Telefon zu verabreden	• Wortfeld *les hobbys* • *aimer/adorer* + Nomen/ Infinitiv • die Zahlen bis 100 • *À quelle heure? À dix heures ...* (volle Stunde) • *aller* • der zusammengezogene Artikel mit *à*	die Laute [wa] und [v]	86
La France en direct: Qu'est-ce que tu fais pendant les vacances?	Anzeigen zu Ferienkursen lesen und verstehen; einen Ferienkurs auswählen				94
Repères	Überblick über Redemittel und Grammatik				95
Pour le plaisir: On est fan	Fakultativ: Steckbriefe zu Stars aus Musik und Sport verstehen; einen Steckbrief erstellen				97
Lecture	Fakultativ: La famille de Mamimo (2) – einen Comic lesen und verstehen; ein Rätsel lösen				98
Unité 8 Planète collège **Interkulturelles Lernen:** Französisches Schulleben am Collège (Räume, Funktionen, Unterrichtsfächer) **Kompetenzschwerpunkte:** Lesen, Schreiben **Methodischer Schwerpunkt:** Sprachmittlung trainieren					**100**
Approches: Il est quelle heure? **Texte:** Ce n'est pas son jour	• ihren Schulalltag zu beschreiben • zu fragen/sagen, wie spät es ist • nach einem Grund zu fragen und etw. zu begründen	französischen Jugendlichen ihren Tagesablauf (in der Schule) vorzustellen	• Wortfeld *le collège* • *Il est quelle heure?* • *Pourquoi est-ce que ...? / parce que* • *pouvoir* • *notre, votre, leur* • die Wochentage mit *le* • *être à/aller à*	die Laute [s] und [z]	100
La France en direct: Au collège	Strategien zur Sprachmittlung kennen und anwenden; Informationen der Internetseite eines Collège sprachmitteln				108
Repères	Überblick über Redemittel und Grammatik				109
Pour le plaisir: Le nouveau prof	Fakultativ: einen Comic lesen, verstehen und nacherzählen				111
Bilan 2	Fakultativ: Lernstandsüberprüfung Unités 5–8 (Kompetenzen: Lesen, Schreiben, Hören, Sprechen, Sprachmittlung)				112

Vorbereitung auf die DELF Prüfung A1

Rubrik/Titel	Schüler/Schülerinnen lernen ...	Um ... (Lernaufgabe)	Dafür erwerben sie folgende sprachliche Mittel:	Sie schulen ...	Seite
Unité 9 Qu'est-ce qu'on mange ce soir? **Interkulturelles Lernen:** Essgewohnheiten in Frankreich und in anderen französischsprachigen Ländern **Kompetenzschwerpunkte:** Hören, Sprechen **Methodischer Schwerpunkt:** Hörverstehen: mit Notizen arbeiten					**114**
Approches: Océane a faim Texte: Le dîner est prêt	• zu sagen, dass sie Hunger oder Durst haben • Mengen anzugeben • nach Preisen zu fragen	ein Einkaufsgespräch zu führen	• Wortfeld *les aliments* • Mengenangaben mit *de* • *acheter* • *vouloir* • die Adjektive *prêt, content, formidable* • *Combien est-ce que ...?*	die Laute [i], [y] und [ɥ]	114
La France en direct: Recette: La quiche aux légumes	ein Rezept verstehen und sprachmitteln; eine Quiche backen				122
Repères	Überblick über Redemittel und Grammatik				123
Pour le plaisir: Le petit-déjeuner	Fakultativ: Frühstücksgewohnheiten frankophoner Jugendlicher mit den eigenen vergleichen				125
Révisions 3	Fakultativ: Lernstandsüberprüfung Unités 7–9 (Grammatik und Wortschatz)				126
Unité 10 Un week-end à Paris **Interkulturelles Lernen:** weitere Pariser Sehenswürdigkeiten; die Fête de la musique **Kompetenzschwerpunkte:** Lesen, Schreiben					**128**
Texte: Vive Paris!	• über Pläne zu sprechen • Vorhaben zu formulieren	ein Wochenendprogramm zusammenzustellen und jdm in einer E-Mail vorzuschlagen	das *futur composé*		128
La France en direct: Grégoire «Toi plus moi»	eine Magazinseite über einen Star verstehen und sprachmitteln; eine einfache Choreographie zu einem Chanson entwickeln				132
Repères	Überblick über Redemittel und Grammatik				133
Supplément 1: Au café, on prend son temps	im Café/Restaurant bestellen (das Wortfeld *le menu; prendre*)				134
Supplément 2: Vive la musique!	eine Erwartungshaltung ausdrücken (die Verben auf *-dre: attendre, vendre, perdre*; die Objektpronomen *le, la, les*)				136
Repères	Überblick über Redemittel und Grammatik				138

Modules pratiques — 140

L'alphabet	Fakultativ: das Alphabet kennen; buchstabieren	„c" als Laute [k] und [s]	140
Le vocabulaire en classe	Fakultativ: Wortfeld *le vocabulaire en classe*; sich im Unterricht verständigen		142
Fêtes et traditions en France	Fakultativ: französische Feste und Traditionen kennen; im Internet recherchieren		144

Annexe

Partenaire B (Hier findest du alle Partneraufgaben für Partner B. Sie sind mit gekennzeichnet.) ... 146
Différenciation (Hier findest du die jeweils einfachere oder anspruchsvollere Aufgabe .) ... 150
Méthodes (Methoden, Tipps und Aufgaben zum Methodentraining sind hier für dich zusammengestellt.) ... 160
Petit dictionnaire de civilisation (Hier findest du Informationen zu berühmten Personen, Städten und Einrichtungen Frankreichs.) ... 173
Les nombres (Alle Zahlen bis 100 sind hier auf Französisch aufgelistet.) ... 175
Les verbes (Hier findest du alle unregelmäßigen Verben, die du in *À toi! 1* lernst, und die Konjugation der regelmäßigen Verben auf *-er*.) ... 176
L'alphabet / L'alphabet phonétique / Les signes dans la phrase (Das Alphabet, die Lautschrift und alle Satzzeichen auf einen Blick.) ... 177
Liste des mots (Auf diesen Seiten findest du alle Vokabeln nach Unités geordnet.) ... 178
Liste alphabétique français-allemand (Dein französisch-deutsches Wörterbuch zum Nachschlagen.) ... 212
Liste alphabétique allemand-français (Dein deutsch-französisches Wörterbuch zum Nachschlagen.) ... 218
Solutions (Hier findest du die Lösungen des Spiels, S. 42–43, und der Repères-Seiten.) ... 222
Les mots pour le dire (Hier stehen für dich alle wichtigen Redewendungen thematisch geordnet, übersetzt und zum Anhören bereit.) ... 224

Symbole und Verweise

 Hörtext auf der CD (z. B. CD 1, Track 2)

DVD Filmszene passend zum Text (fakultativ)

 Schriftliche Aufgabe (Textproduktion)

 Partnerarbeit

 Partnerübung: Den Übungsteil für Partner B findest du im Annexe ab S. 146.

 Gruppenarbeit

Differenzierung:
◯ leichtere Aufgabe
● anspruchsvollere Aufgabe

Differenzierung:

 ▶ p. 150
 ▶ p. 150   Die leichtere bzw. anspruchsvollere Aufgabenvariante findest du im Annexe ab S. 150.

DELF Diese Aufgabe eignet sich besonders für die Vorbereitung auf die DELF-Prüfung.

 Sprachmittlungsaufgabe

P F Portfolio/Lerntagebuch: Du dokumentierst deine Lernfortschritte.

 3|2 Hier passt Carnet d'activités, S. 3, Übung 2.

 Unter www.cornelsen.de/webcodes gibst du den jeweiligen Webcode ein (z. B. ATOI–1–11). Dieser führt dich zum Gratis-Download.

nom: **Thomas Martin**
âge: **13 ans**
classe: **5ᵉ B**

nom: **Nicolas Moreau**
âge: **12 ans**
classe: **6ᵉ A**

nom: **Mehdi El Yaagoubi**
âge: **14 ans**
classe: **4ᵉ A**

nom: **Marie Guillaume**
âge: **12 ans**
classe: **6ᵉ A**

nom: **Océane Moreau**
âge: **14 ans**
classe: **5ᵉ B**

nom: **Maxime Fournier**
âge: **13 ans**
classe: **5ᵉ B**

nom: **Laurine Fournier**
âge: **11 ans**
classe: **6ᵉ A**

nom: **Robin Teissier**
âge: **12 ans**
classe: **6ᵉ B**

nom: **Anissa El Yaagoubi**
âge: **13 ans**
classe: **5ᵉ B**

Unité 1 Bonjour!

 Schau dir die Fotos an und hör zu.
Was machen die Personen auf den Fotos?

Nach Unité 1 kannst du
- jemanden begrüßen und dich verabschieden,
- jemanden fragen, wie es ihm geht,
- sagen, wie es dir geht.

neuf 9

1 | EXERCICES

TEXTE   EXERCICES   LA FRANCE EN DIRECT   REPÈRES   POUR LE PLAISIR

Répéter | Nachsprechen

1 Hör dir die Szenen zu den Fotos auf S. 9 noch einmal an und sprich nach.

 3|1

Écouter et comprendre | Hören und verstehen

2 Schau dir noch einmal die Fotos 1–3 auf S. 9 an, hör zu und beantworte die Fragen:

1. Wie begrüßt du Erwachsene?
2. Wie begrüßt du andere Jugendliche?
3. Wie verabschiedest du dich von Erwachsenen?
4. Wie verabschiedest du dich von Jugendlichen?

3 Ça va? | Schau dir diese Fotos an und hör zu. Wie kannst du sagen, wie es dir geht?

1

2

3

S'entraîner | Trainieren

4 Hör zu. Begrüßen oder verabschieden sich die Personen?

Zu Erwachsenen sagst du nicht einfach nur „Bonjour", sondern „Bonjour, madame" oder „Bonjour, monsieur".

5 Ça va? | Wie geht's? Schau dir Noah, Yanis und Gabriel an und hör zu. Wer antwortet was?

DELF

6 Begrüße deine Mitschüler/innen und frage sie, wie es ihnen geht.
Antworte, wenn du gefragt wirst.

 Noah   Yanis    Gabriel

Apprendre à apprendre | Lernen zu lernen

 4|3

7 Entdecke dein Französischbuch.

Schau dir dein Französischbuch einmal genau an: An vielen Stellen gibt es dir Informationen und Tipps fürs Lernen. Finde mindestens drei Beispiele und stelle sie der Klasse vor.

Überprüfe, ob du das jetzt kannst:
1. Frage deinen Freund / deine Freundin, wie es ihm/ihr geht.
2. Sage, wie es dir geht.
3. Verabschiede dich von deinem Französischlehrer / deiner Französischlehrerin.

10 dix

| TEXTE | EXERCICES | **LA FRANCE EN DIRECT** | REPÈRES | POUR LE PLAISIR | **1** |

PARIS

1 la tour Eiffel
2 le Centre Georges-Pompidou
3 le Louvre
4 Notre-Dame

Paris — Levallois

1 a Schau dir die Fotos von Paris an und finde die Sehenswürdigkeiten auf dem Stadtplan (am Ende deines Französischbuches) wieder.

b Arbeitet zu zweit. Lest die Informationen über diese Sehenswürdigkeiten im ▶ Petit dictionnaire de civilisation, S. 174. Formuliert eine Quizfrage zu jeder Sehenswürdigkeit und stellt sie der Klasse.

PF 2 Anissa, Maxime und die anderen wohnen in Levallois. Schau dir die Karte am Anfang deines Französischbuches an. Wo liegt Levallois? Zeichne Levallois in deine persönliche Frankreichkarte ein.

Deine persönliche Frankreichkarte findest du unter www.cornelsen.de/webcodes
Gib folgenden Webcode ein: ATOI-1-11

onze 11

1

TEXTE   EXERCICES   LA FRANCE EN DIRECT   **REPÈRES**   POUR LE PLAISIR

Das kannst du jetzt sagen

1 So begrüßt du jemanden:

Salut, (Anissa)!
Bonjour, madame.
Bonjour, monsieur.

So verabschiedest du dich von jemandem:

Salut, (Anissa)!
Au revoir, madame.
Au revoir, monsieur.

So fragst du jemanden, wie es ihm geht:

Ça va?

So sagst du, wie es dir geht:

Super!

Ça va.

Bof!

Diese Grammatik benötigst du dazu

2   → **Die Intonationsfrage und der Aussagesatz**

Das musst du wissen:

Fragesatz

Ça va?

Et toi?

Aussagesatz

Ça va.

>
>
> **Übt und wiederholt gemeinsam**
>
> **1** Lest euch gegenseitig die Fragesätze und den Aussagesatz vor. Achtet auf die Satzmelodie.
>
> **Weitere Übungen dazu**
> im Buch: S. 10/4+6

12 douze

facultatif **POUR LE PLAISIR** **1**

🎧 Salut, ça va?

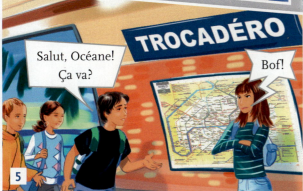

Écouter et lire | Hören und lesen

🎧 **1** Hör zu und lies die Texte in den Sprechblasen mit.

Anissa und Maxime begrüßen sich mit zwei Küsschen auf die Wange: *„la bise"*. Wie begrüßt ihr euch?

Chanter | Singen

🎧 **2** Das Lied *Salut, ça va?* hat eine 10. Klasse der Robert-Koch-Realschule in Dortmund geschrieben. Hör zu und sing mit.

treize **13**

Unité 2

C'est la rentrée

🎧 Le collège Jean Jaurès à Levallois

Préparer la lecture | Das Lesen vorbereiten

1 Schau dir das Foto und die Sprechblasen an. Was verstehst du schon?

1 Salut, Anissa, ça va?
2 Oui, ça va. Et toi?
3 C'est qui?
4 C'est Océane!
5 Bonjour, monsieur!
6 Bonjour, Océane. Ça va?
7 Super!

APPROCHES TEXTE EXERCICES

Nach Unité 2 kannst du eine Szene spielen, in der du
– sagst, in welcher Klasse du bist,
– jemanden nach seinem Namen fragst,
– jemanden vorstellst.

2 APPROCHES — TEXTE   EXERCICES   LA FRANCE EN DIRECT   REPÈRES   POUR LE PLAISIR

Lire et comprendre | Lesen und verstehen

2 Qu'est-ce qui va ensemble? | Was gehört zusammen? Lies die Begrüßungsszenen, S. 14–15 und ordne zu.

1 Salut, je m'appelle Laurine! Et toi?
2 Salut, Anissa, ça va?
3 Coucou! C'est qui?

A Oui, ça va. Et toi?
B Nicolas!
C Moi, c'est Marie.

Répéter | Nachsprechen

3 a Écoute et répète. | Hör zu und sprich nach. ▶ L'alphabet, p. 140–141

[e]   rentrée   Océane   unité

[ɛ]   collège   Jaurès   Michèle

b Folgende Wörter kannst du jetzt auch schon aussprechen.

c Was bedeuten diese Wörter? Wieso kannst du sie verstehen?

1 thème	2 métal	3 crème
4 idée	5 allée	6 activité
7 problème	8 café	9 carré

S'entraîner | Trainieren

4 a C'est qui? | Wer ist das?
Erkennt ihr die Jugendlichen wieder?
Fragt und antwortet. ▶ p. 8

C'est qui?   C'est Maxime.

b À toi. | Zeige auf eine Person im Klassenraum und frage die anderen, wer das ist.

c Klebe sechs Fotos von berühmten Personen auf und frage die anderen, wer das ist.

Parler | Sprechen

5 Jouez la scène. | Spielt zu dritt die Szene: „Am ersten Schultag".

1. – Person A begrüßt Person B und stellt sich vor.
2. – B grüßt zurück und stellt sich ebenfalls vor.
3. – Person C kommt an, begrüßt A und fragt, wie es ihm/ihr geht.
4. – A antwortet.
5. – B geht weg. C fragt A, wer das ist.
6. – A antwortet.

▶ p. 150

Dans la cour

C'est la rentrée. Les élèves sont dans la cour.

1. Tu es en sixième A?
2. Non, je suis en sixième B.
3. Et tu t'appelles comment?
4. Robin.

5. Bonjour, madame. Vous êtes la prof de français?
6. Non, je suis la surveillante. Et vous? Vous êtes en sixième?
7. Oui, nous sommes en sixième A!

8. Voilà Anissa, la sœur de Mehdi. Elle est en cinquième.
9. C'est l'amie de Thomas?
10. Je ne sais pas.

11. Le garçon, c'est qui?
12. C'est Thomas, l'ami de Maxime. Maxime est le frère de Laurine.
13. Ils sont en sixième?
14. Non, ils sont en cinquième … Ils sont dans la classe d'Anissa.

15. Bonjour, ce sont les filles de la cinquième C?
16. Non! Elles sont en sixième!

In Frankreich werden die Klassen rückwärts gezählt: 6–5–4–3 usw.
La sixième (6e) entspricht der 6. Klasse.
La cinquième (5e) entspricht der 7. Klasse.
In welcher Klasse seid ihr?

2 EXERCICES

APPROCHES TEXTE **EXERCICES** LA FRANCE EN DIRECT REPÈRES POUR LE PLAISIR

Lire et comprendre | Lesen und verstehen

1 a Note. | Was erfährst du über diese Jugendlichen? Erstelle zu jedem eine Mindmap. ▶ Méthodes, p. 161

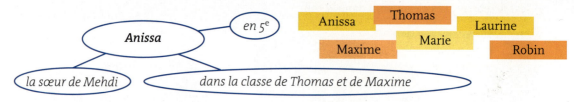

b C'est qui? Devine. | Rate, wer das ist.
Zwei Personen kommen zweimal vor.

1. C'est le frère de Laurine.
2. C'est l'ami de Maxime.
3. C'est la sœur de Maxime.
4. C'est la sœur de Mehdi.
5. **Elle** est en cinquième.
6. **Il** est dans la classe de Maxime.
7. **Il** est en sixième B.

C'est **Robin**.
C'est **Laurine**.
C'est **Thomas**.
C'est **Anissa**.
C'est **Maxime**.

Wann benutzt du *il*, wann benutzt du *elle*?

Répéter | Nachsprechen

2 a Répète. | Sprich nach. In welchen Wörtern hörst du den Laut [u] (wie in U̲hr), in welchen [y] (wie in Ü̲bung)?

1 Bonjour!	2 Salut!	3 vous
4 Coucou!	5 Super!	6 nous
7 tu	8 cour	

b Was schreibst du, wenn du den Laut [u] hörst und was, wenn du [y] hörst?

c Du kannst jetzt auch schon die folgenden Wörter aussprechen. Was bedeuten sie?

1 purée	2 sud	3 tournée
4 bus	5 supermarché	
6 musée	7 Tour de France	

S'entraîner au dialogue | Dialoge trainieren

3 Écoute, lis et répète. | Mit dieser Übung prägst du dir wichtige Redewendungen ein. Sie helfen dir, ein Gespräch zu führen. Hör zu und lies mit. Da, wo eine Lücke steht, hörst du zu und sprichst dann nach.

Wie heißt du?

– Salut, [——]?
– Je m'appelle Robin. [——]?
– Moi, [——].

Da kommt Nicolas.

– Voilà Nicolas.
– Nicolas? [——]?
– [——].

Découvrir | Entdecken

4 a Complète la règle. | Ergänze die Regel im blauen Kasten.

le garçon
l'ami
l'élève

la fille
l'amie
l'élève

Der männliche Artikel lautet ? .
Der weibliche Artikel lautet ? .
Vor einem Vokal lautet der Artikel ? .

b Complète par *le*, *la*, *l'*. | Ergänze mit *le*, *la*, *l'*.

1. C'est ? rentrée.
2. C'est ? surveillante.
3. Nicolas est ? frère d'Océane.
4. Laurine est ? amie de Marie.
5. Maxime est ? frère de Laurine.
6. Nicolas est dans ? classe de Marie.
7. Maxime est ? ami de Thomas.
8. Anissa est ? sœur de Mehdi.

5 a Schau dir diese Wörter an. Woran erkennst du, dass hier von mehreren Personen die Rede ist?

| **1** les frères | **2** les profs | **3** les amies | **4** les sœurs | **5** les surveillantes |

b Note. | Schreibe diese Nomen im Plural in dein Heft: *le garçon, la fille, l'ami*.

6 a Écoute. | Hör zu. Hebe die Hand, wenn von mehreren gesprochen wird. Woran erkennst du das?

Singular (Einzahl)
Plural (Mehrzahl)

b Arbeitet zu zweit. Diktiert euch gegenseitig je fünf Nomen im Singular. Schreibt sie im Singular auf und setzt sie dann in den Plural. ▶ Liste des mots, p. 178

S'entraîner | Trainieren

7 C'est qui? Posez des questions et répondez. | Wer ist das? Fragt und antwortet abwechselnd.

A: C'est qui?
B: C'est Anissa.

B: C'est qui?
A: Ce sont Laurine et Maxime.

 Anissa
 Laurine et Maxime
 Océane et Mehdi
 Thomas
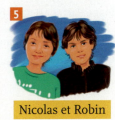 Nicolas et Robin
 Marie

dix-neuf 19

2 EXERCICES

8 Faites des devinettes. | Schaut euch die Bilder an und stellt euch gegenseitig Rätsel.

A: C'est le frère de Laurine. C'est qui?
B: C'est Maxime.

B: Il est dans la classe de Marie. C'est qui?
A: C'est ____.

1 Laurine Fournier, 6ᵉ A

3 Nicolas Moreau, 6ᵉ A

5 Thomas Martin, 5ᵉ B

7 Anissa El Yaagoubi, 5ᵉ B

2 Maxime Fournier, 5ᵉ B

4 Océane Moreau, 5ᵉ B

6 Marie Guillaume, 6ᵉ A

8 Mehdi El Yaagoubi, 4ᵉ A

9 Voilà les élèves de la 5ᵉ A et de la 5ᵉ B. | Dies ist ein Spiel für Partner A und Partner B.
Partner A sieht einige Schüler und Schülerinnen der 5ᵉ A und der 5ᵉ B.
Partner B schlägt S. 146 auf. Dort sieht B einen anderen Teil der 5ᵉ A und der 5ᵉ B.

B ▶ p.146

♂ ▶ il est
♀ ▶ elle est
♂ et ♂ ▶ ils sont
♀ et ♂ ▶ ils sont
♀ et ♀ ▶ elles sont

a Ordnet nun durch Fragen die Schüler der richtigen Klasse zu.
Erstellt im Heft jeder eine vollständige Namensliste der 5ᵉ A und der 5ᵉ B.
Zum Schluss vergleicht ihr eure Listen. Stimmen sie überein?

Partner A: B fragt dich nach den Schülern auf den Bildern. Antworte.

B: **Anissa** est en cinquième A?
A: Non, **elle** est en cinquième B.

B: **Léo** est en cinquième A?
A: Oui.

b Frage Partner B nach folgenden Schülern:

A: **Sophie** est en cinquième B?
B: Non, **elle** est en cinquième A.

1. Sophie   2. Félix   3. Wen et Gabriel
4. Tao et Ahmed   5. Léonie et Amel
6. Youssouf   7. Aïcha   8. Anna et Éric

10 Écoute et répète. | Mit diesem Rap übst du das Verb *être* (sein). Hör zu und sing mit. ▶ Repères, p. 23/2

APPROCHES   TEXTE   **EXERCICES**   LA FRANCE EN DIRECT   REPÈRES   POUR LE PLAISIR   **2**

11 Pose des questions. | Du bist neu im Collège Jean Jaurès. Stelle Fragen. ▶ Repères, p. 23/2

Tu es / Vous êtes
- la surveillante?
- le prof de français?
- Maxime?
- les élèves de la sixième A?
- Madame Bru?
- la sœur de Maxime?
- Laurine et Marie?

Vous êtes la surveillante?

12 Complète. | Am ersten Schultag stellen sich alle vor. Ergänze die Sätze. ▶ Repères, p. 23/2

8|6

suis   es   est   sommes   êtes   sont

1. – Vous ? en sixième?
   – Non, nous ? en cinquième.
2. – Je ? Madame Bru, la prof de français.
   Et vous? Vous ? la surveillante?
   – Oui, je ? la surveillante.
3. – Moi, c' ? Mehdi. Et toi?
   – Moi, c' ? Thomas.
4. – Vous ? dans la classe de Nicolas?
   – Non, nous ? dans la classe de Robin.
5. – Marie et Laurine ? en cinquième B?
   – Non, elles ? en sixième A.
6. – Moi, c' ? Océane. Et toi?
   – Je m'appelle Robin. Tu ? la sœur de Nicolas?
7. – Maxime et Thomas ? en sixième B?
   – Non, ils ? en cinquième.
8. – Tu ? en sixième A?
   – Non, je ? en sixième B.

Écouter et parler | Hören und sprechen

13 Écoute et réponds. | Eine französische Freundin stellt dir Fragen. Hör zu und antworte.

DELF

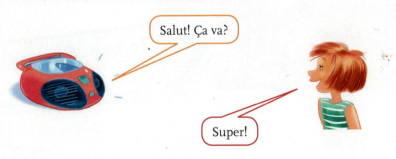

Salut! Ça va?

Super!

▶ p. 150

À toi: Joue la scène «C'est la rentrée»

14 Am ersten Schultag in eurer neuen Schule: Ihr seid auf dem Schulhof und stellt euch gegenseitig vor. Ihr könnt dafür eine Szene auf S. 17 auswählen. Spielt sie mit euren Namen vor.

9|7

Überprüfe, ob du das jetzt kannst:
1. Sage, wie du heißt.
2. Stelle deinen Freund / deine Freundin vor (Name, Klasse, Bruder/Schwester von ____).

2

APPROCHES   TEXTE   EXERCICES   **LA FRANCE EN DIRECT**   REPÈRES   POUR LE PLAISIR

Voilà la France

Apprendre à apprendre: lire | Leseverstehen trainieren

1 **So kannst du französische Wörter verstehen** ▶ Méthodes, p. 168

 a Schau dir die Fotos und Schilder an. Um welche Orte handelt es sich? Wie bist du darauf gekommen?

 b À toi! | Welche französischen Wörter begegnen dir in deinem Alltag (Geschäfte, Lebensmittel usw.)? Schreibe sie auf oder fotografiere sie. Stelle sie dann der Klasse vor.

| APPROCHES | TEXTE | EXERCICES | LA FRANCE EN DIRECT | **REPÈRES** | POUR LE PLAISIR | **2** |

Das kannst du jetzt sagen

1 So stellst du dich vor:

Je m'appelle (Nicolas).
Moi, c'est (Marie). Et toi?
Je suis le frère / la sœur de (Maxime).
Je suis en sixième / en cinquième.
Je suis dans la classe de (Laurine).
Je suis l'ami / l'amie de (Marie).

So fragst du nach jemandem und stellst vor:

C'est qui?
Voilà (Robin). / C'est (Robin).
C'est le frère / la sœur de (Maxime).
Il/Elle est en sixième / en cinquième.
Il/Elle est dans la classe de (Laurine).
C'est l'ami / l'amie de (Marie).

Diese Grammatik benötigst du dazu

2 **Je suis** en cinquième.
   Il est dans la classe de Marie.

Die Personalpronomen *je*, *tu*, *il*, *elle* …
und das Verb *être*

Das musst du wissen:

	être (sein)	
Je	**suis**	en cinquième.
Tu	**es**	la sœur de Mehdi?
Il/Elle	**est**	dans la classe de Marie.
Nous	**sommes**	en sixième A.
Vous	**êtes**	la surveillante?
Ils/Elles	**sont**	dans la cour.

Die Lösungen der Repères-Übungen findest du im Anhang (▶ **Solutions**) auf S. 222–223.

a Schau dir das Bild an. Wofür steht *vous*?
   ▶ Solutions, p. 222

Vous êtes la prof de français?

Oui. Et **vous**? **Vous êtes** en sixième?

Übt und wiederholt gemeinsam

1 Lernt den Rap und tragt ihn zu zweit vor (S. 20/10).
2 Schreibt die Formen des Verbs *être* ab. Tauscht eure Blätter aus und korrigiert euch gegenseitig.
3 Überprüft, ob ihr die Formen beherrscht:
   A klappt das Buch zu und sagt die Formen von *être* auf (vorwärts, rückwärts).
   B kontrolliert.
   Dann tauscht die Rollen. Wer hat die meisten richtigen Formen gebildet?

Weitere Übungen dazu
im Buch: S. 19/7, S. 20/8 + 9, S. 21/11 + 12
im Carnet: S. 8/6

▶ 2b

b Schau dir diese Sätze an. Wann verwendest du *ils*? Wann verwendest du *elles*? ▶ Solutions, p. 222

– Maxime et Thomas sont en sixième?
– Non, ils sont en cinquième.

– Marie et Laurine sont en sixième B?
– Non, elles sont en sixième A.

– Nicolas et Marie sont en cinquième?
– Non, ils sont en sixième.

3

Je suis le frère de Laurine.
C'est la sœur de Marie.
Marie est l'amie de Laurine.
Ce sont les amis de Maxime.

→ **Das Nomen und der bestimmte Artikel**
le, *la*, *l'*, *les*

Das musst du wissen:

Der bestimmte Artikel und das Nomen im Singular (Einzahl)

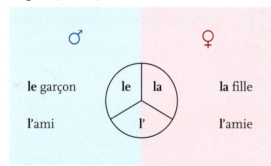

Der bestimmte Artikel und das Nomen im Plural (Mehrzahl)

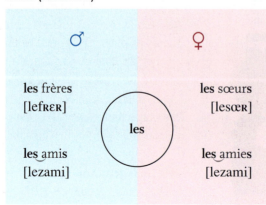

> **Übt und wiederholt gemeinsam**
>
> **1** Übt den Unterschied in der Aussprache zwischen Singular und Plural. A liest B die folgenden Wortpaare laut vor. B überprüft die korrekte Aussprache:
> le frère – les frères, l'ami – les amis, le prof – les profs, la surveillante – les surveillantes, la sœur – les sœurs, l'amie – les amies, l'élève – les élèves. Tauscht dann die Rollen und übt weiter.
>
> **2** A liest ein Nomen aus der Übung 1 mit dem Artikel vor. B sagt, ob es sich dabei um Singular oder Plural handelt. Wechselt euch ab.
>
> **Weitere Übungen dazu**
> im Buch: S. 19/4 + 5 + 6
> im Carnet: S. 8/4 + 5

facultatif **POUR LE PLAISIR** **2**

Le français, c'est dans la poche[1]!

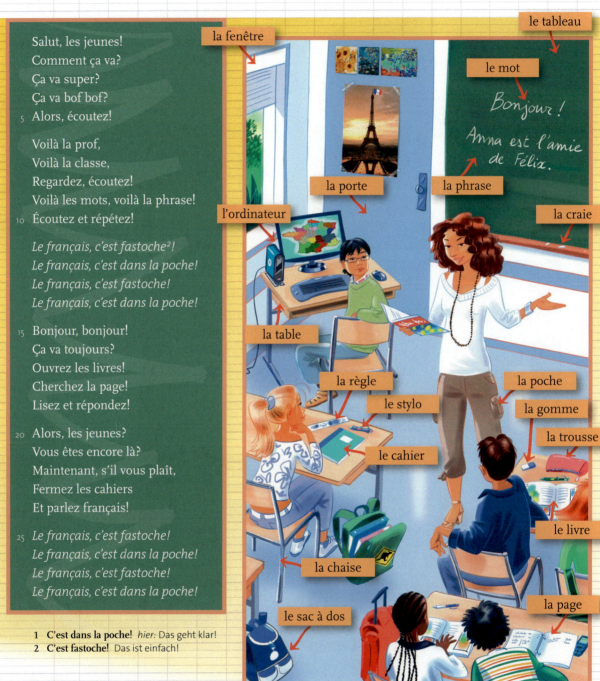

Salut, les jeunes!
Comment ça va?
Ça va super?
Ça va bof bof?
5 Alors, écoutez!

Voilà la prof,
Voilà la classe,
Regardez, écoutez!
Voilà les mots, voilà la phrase!
10 Écoutez et répétez!

Le français, c'est fastoche[2]!
Le français, c'est dans la poche!
Le français, c'est fastoche!
Le français, c'est dans la poche!

15 Bonjour, bonjour!
Ça va toujours?
Ouvrez les livres!
Cherchez la page!
Lisez et répondez!

20 Alors, les jeunes?
Vous êtes encore là?
Maintenant, s'il vous plaît,
Fermez les cahiers
Et parlez français!

25 *Le français, c'est fastoche!*
Le français, c'est dans la poche!
Le français, c'est fastoche!
Le français, c'est dans la poche!

1 **C'est dans la poche!** *hier:* Das geht klar!
2 **C'est fastoche!** Das ist einfach!

Labels: la fenêtre, le tableau, le mot, la porte, la phrase, l'ordinateur, la craie, la table, la règle, le stylo, la poche, la gomme, le cahier, la trousse, le livre, la chaise, la page, le sac à dos

Chanter | Singen

 1 a Écoute et chante. | Hör zu und sing mit.

 b Erstelle eine Liste mit wichtigen Sätzen und Fragen für den Französischunterricht.
▶ Modules pratiques, p. 142

Unité 3 — Un quartier de Levallois

Dans le quartier de Nicolas

Qu'est-ce qu'il y a dans le quartier de Nicolas?
Il y a un supermarché,
il y a un cinéma, le cinéma Eiffel,
il y a un hôtel, l'hôtel des Arts,
5 il y a un collège, le collège Jean Jaurès,
et il y a aussi une librairie, la librairie de Madame Moreau.

Lire et comprendre | Lesen und verstehen

DELF 1 Bei diesen Fotos von Levallois fehlen die Bildunterschriften. Lies den Text. Welchen Satz ordnest du welchem Foto zu? Warum?

> Wörter aus anderen Sprachen, Bilder und Fotos helfen dir, neue Vokabeln zu verstehen.

APPROCHES TEXTE EXERCICES

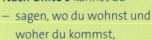

Nach Unité 3 kannst du
– sagen, wo du wohnst und woher du kommst,
– über deinen Wohnort sprechen,
– Adressen angeben.
Das kannst du hier in einem Rollenspiel trainieren.

3

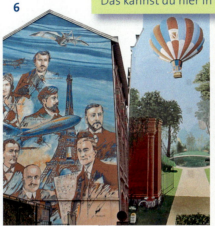

Qu'est-ce qu'il y a à Levallois?
Il y a un cybercafé,
il y a des boulangeries et dans les boulangeries,
10 il y a des croissants. Miam! C'est bon!
Il y a des parcs,
il y a des murs peints,
il y a le métro,
il y a la Seine et près de Levallois, il y a … Paris!

 2 Arbeitet zu zweit. Schließt euer Buch. Zählt alle Orte und Dinge in Levallois auf, an die ihr euch erinnert. Kontrolliert anschließend mit Hilfe des Buches.

 3 Écoute et chante le rap de Levallois. | Hör zu und sing mit.

vingt-sept **27**

3 APPROCHES | TEXTE | EXERCICES | LA FRANCE EN DIRECT | REPÈRES | POUR LE PLAISIR

Découvrir | Entdecken

4 a Um zu sagen, was es in deinem Wohnort gibt, brauchst du den unbestimmten Artikel. Betrachte die Beispiele und setze die Reihen fort.

1. le collège – **un** collège; le supermarché – **un** supermarché; le cinéma – **?** cinéma; l'ami – **?** ami; l'hôtel – **?** hôtel

2. la librairie – **une** librairie; la boulangerie – **?** boulangerie; la classe – **?** classe; l'amie – **?** amie

3. le garçon – **?** garçon; la surveillante – **?** surveillante; le prof – **?** prof; la prof – **?** prof; la fille – **?** fille

> Lerne Nomen, die mit einem Vokal oder mit *h* beginnen, immer mit dem unbestimmten Artikel *un*, *une*. Erkläre warum.

b Arbeitet zu zweit. Schlagt die ▶ Liste des mots, p. 178 auf. A gibt ein Nomen vor, B wiederholt es mit dem unbestimmten Artikel *un*, *une*. Wechselt euch ab. Vorsicht bei *l'*!

> *Un* und *une* haben eine Pluralform: *des*. Und wie ist das im Deutschen? Übersetze die Beispiele: *des cinémas*, *des librairies*.

c Setze die Reihe fort:

un croissant – **des** croissants; **une** boulangerie – **?** boulangeries; **un** cybercafé – **?** cybercafés

Vocabulaire | Wortschatz

5 a Retrouve les mots. | Kennst du diese Wörter? Schreibe sie mit dem unbestimmten Artikel (*un*, *une*, *des*) auf. ▶ Repères, p. 36/2

▶ p. 150

b À toi! | Schreibe fünf Nomen rückwärts auf. Dein Nachbar / Deine Nachbarin liest sie richtig und nennt sie mit dem unbestimmten Artikel. ▶ Repères, p. 36/2

Écouter | Hören

6 Écoute. | Du hörst nun acht Nomen. Welches Nomen passt zu welchem Bild? Schreibe den passenden Buchstaben auf. Wie lautet das Lösungswort?

| APPROCHES | TEXTE | EXERCICES | LA FRANCE EN DIRECT | REPÈRES | POUR LE PLAISIR | **3** |

7 a Décrivez l'image. | Was gibt es in Khaleds Viertel? Beschreibt das Bild zu zweit. A fragt, B antwortet. Wechselt euch ab.

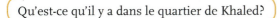

Qu'est-ce qu'il y a dans le quartier de Khaled?

Il y a une boulangerie.

b Vrai ou faux? | Ist hier von Khaleds Viertel die Rede? Hör zu und vergleiche mit dem Bild von a. Was stimmt überein? Was nicht? Antworte auf Deutsch.

DELF

Écrire | Schreiben

8 a Qu'est-ce qu'il y a dans ton quartier? | Was gibt es alles in deinem Wohnort? Überlege und schreibe die Wörter auf, die du brauchst.

Du möchtest wissen, was z. B. Schwimmbad auf Französisch heißt? Dann schlage in einem Wörterbuch oder in einem Online-Wörterbuch nach.

Hier gibst du deinen Suchbegriff ein.

Hier kannst du dir das Wort anhören.

f. = féminin = weiblich → Verwende *la*, *l'* oder *une*.
m. = masculin = männlich → Verwende *le*, *l'* oder *un*.

b Présente ton quartier. | Stelle nun deinen Wohnort vor. Du kannst z. B. einen Rap schreiben und vortragen (wie auf S. 27) oder eine Collage anfertigen (wie auf S. 26–27). ▶ Banque de mots, p. 184

À ___, il y a ___.
Et il y a aussi ___. C'est le/la/l' ___.

Ils habitent à Levallois

1

Robin est de Marseille. Il est nouveau à Levallois. Il habite 5, rue du Parc. Nicolas habite 9, avenue de l'Europe. Après le collège, ils rentrent ensemble.

Robin: Je cherche un club de foot ... Il y a un club de foot à Levallois?
Nicolas: Oui, bien sûr, rue Victor Hugo. Le stade est entre le super-
5   marché et le parc!
Robin: Super! Et il y a aussi une médiathèque?
Nicolas: Oui, rue Gabriel Péri.
Robin: Et un cinéma?
Nicolas: Oui! Il y a un cinéma, un cybercafé, un roller parc et regarde ...
10   il y a même la tour Eiffel!
Robin: La tour Eiffel?
Nicolas: Oui, sur un mur peint, dans le parc Gustave Eiffel!

2

Laurine: Qu'est-ce que tu cherches?
Marie: Le navigo ... Oh zut! Le bus!
15 **Laurine:** Maxime et moi, nous rentrons à pied.
Marie: Vous habitez à côté?
Laurine: Oui, 6, rue Anatole France.
Marie: C'est où?
Laurine: C'est entre le métro Pont de Levallois et la Seine.
20   Et toi, tu habites où?
Marie: J'habite 8, avenue Georges Pompidou, dans la tour!
Laurine: Ah, c'est à côté!

3

Laurine: Voilà Maxime! Il est
25   avec Anissa! Coucou, Maxime! Marie, on rentre ensemble?
Marie: Oui ...
30 **Maxime:** ... mais on passe par la boulangerie!

4

1 Alors deux croissants?
2 Non, trois!
3 Non, quatre!

Wie werden in Frankreich Straßen und Hausnummern angegeben? Schau noch einmal in den Text.

Lire et comprendre | Lesen und verstehen

DELF 1 Vrai ou faux? | Richtig oder falsch? Korrigiere die falschen Sätze.

1. Robin est de Paris.
2. Nicolas et Robin rentrent ensemble.
3. Robin cherche un cybercafé.
4. Le stade est entre le métro et la Seine.
5. À Levallois, il y a une médiathèque.
6. Marie cherche une boulangerie.
7. Maxime et Laurine rentrent à pied.
8. Maxime et Anissa passent par la librairie.

Répéter | Nachsprechen

2 a Écoute et répète. | Hier übst du Laute, die es im Deutschen nicht gibt. Hör zu und sprich nach.

[ɑ̃] ensemble   la boulangerie   [ɛ̃] cinq   le mur peint
     français   entre   Robin   un

b Du kannst jetzt schon die folgenden Wörter aussprechen. Was bedeuten sie?

| 1 les parents | 2 le cousin | 3 la tante | 4 la France |

c Übe diesen Zungenbrecher. Wer spricht ihn am schnellsten?

Vincent Quentin rentre à Melun avec Robin et Valentin.

S'entraîner au dialogue | Dialoge trainieren

3 Écoute, lis et répète. | Hör zu und lies mit. Da, wo eine Lücke steht, hörst du zu und sprichst dann nach.

Ich suche eine Bäckerei.

– Bonjour, [——]. Il y a une boulangerie dans le quartier?
– Oui, bien sûr. Rue du Parc. La boulangerie est [——].

Wo wohnst du?

– Tu habites où?
– Moi, [——].
– C'est où?
– [——].

Vocabulaire | Wortschatz

4 a Répète. | Hör dir die Zahlen an und sprich sie nach.

b Complète. | Du hörst fünfmal die Zahlen von 1–10. In jeder Folge fehlen Zahlen. Hör zunächst nur zu. Dann sprich mit und ergänze.

3

APPROCHES   TEXTE   **EXERCICES**   LA FRANCE EN DIRECT   REPÈRES   POUR LE PLAISIR

5 Qu'est-ce que c'est? Devinez. | Was ist das? Erratet, welche Orte hier abgebildet sind.

A: Qu'est-ce que c'est, le numéro* un?
B: C'est un cinéma? / Je ne sais pas.
A: (Non), c'est une ___.

oder:

A: Qu'est-ce que c'est, le numéro* un?
B: C'est une boulangerie?
A: Oui.

* **le numéro** die Nummer

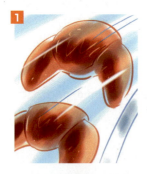   

6 À toi! | Zeichne selbst einen Bildausschnitt wie in der Übung 5. Dein Nachbar / Deine Nachbarin errät, was du gezeichnet hast.   ▶ Banque de mots, p. 184

Apprendre à apprendre: le vocabulaire | Vokabeln lernen

7 So kannst du dir Vokabeln besser merken (1)   ▶ Méthodes, p. 160

a Es gibt mehrere Möglichkeiten, sich neue Wörter einzuprägen. Welche kennst du schon?
Hier einige Tipps. Weitere erhältst du auf S. 48.
– Schreibe die neuen Wörter auf Karteikarten oder benutze ein Vokabellernprogramm.
– Ordne die Wörter paarweise an:
 la fille – le garçon.
– Ordne die Wörter in einer Mindmap. Das Thema steht in der Mitte.

b À toi! | Probiere es gleich aus und ergänze diese Mindmap zu Levallois.

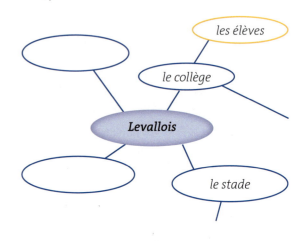

32 trente-deux

S'entraîner | Trainieren

8 a Ils habitent où? | Wo wohnen sie? Partner B: Schlage S. 146 auf.
Partner A: In einem deutsch-französischen Blog stellen sich Jugendliche vor. Du willst wissen, wo sie wohnen. Stelle Partner B die Fragen 1–5. B antwortet.

A: Marie habite à Levallois.
C'est où?
B: C'est près de Paris.

1. Marie / Levallois
2. Tilo / Immenstadt
3. Fabian / Potsdam
4. Léa / Saint-Étienne
5. Louisa / Pipriac

b Beantworte nun die Fragen von Partner B mit folgenden Städten:

6. Marseille   7. Düsseldorf   8. Limoges   9. Toulouse   10. Bochum

9 Fragt und erklärt euch gegenseitig, woher ihr kommt und wo euer Wohnort / euer Wohnviertel liegt.

- Tu es d'où? Tu habites où?
- Je suis de Bochum. J'habite à Meerbusch. C'est près de Düsseldorf. Et toi?
- Je suis de Berlin. J'habite à Charlottenburg. C'est un quartier de Berlin.

10 a Qu'est-ce qui va ensemble? | Was passt zusammen? Es gibt mehrere Möglichkeiten. ▶ Repères, p. 37/3

Je/J'	habites aussi à Levallois?
Tu	cherche une librairie.
Marie	passent par le roller parc.
Il	cherchons la rue Gabriel Péri.
On	rentre à pied.
Nous	habite à côté.
Vous	passe par la boulangerie.
Robin et Nicolas	rentrez ensemble?

b Lerne drei Sätze von **a** auswendig und schreibe sie in dein Heft. Kontrolliert euch gegenseitig.

11 a Um zu sagen, wo du wohnst, brauchst du das Verb *habiter* (wohnen). Würfelt zu dritt:

⚀ je   ⚁ tu   ⚂ il/elle/on   ⚃ nous   ⚄ vous   ⚅ ils/elles

A würfelt. B bildet die passende Form von *habiter*. C schlägt die ▶ Repères, p. 37/3 auf und kontrolliert. Wechselt euch ab.

⚁ tu → tu habites

b Würfelt weiter. Bildet nun Sätze mit dem Verb *habiter*.

à Levallois   rue Victor Hugo   près de Paris   à côté   ___

3 | EXERCICES

APPROCHES · TEXTE · **EXERCICES** · LA FRANCE EN DIRECT · REPÈRES · POUR LE PLAISIR

▍ Écouter | Hören

DELF

12 Écoute. Qui habite où? | Hör dir die vier Dialoge an. Wer hat die unten angegebenen Adressen?
Schreibe nur die Namen auf. ▶ p. 150

> Überlege **vor dem Hören**, was du wissen willst: hier die Namen und die Adressen. Achte beim Hören nur auf diese Informationen.

| 6, rue Anatole France | 8, rue Gabriel Péri | 4, avenue Georges Pompidou | 3, rue du Parc |

▍ Parler | Sprechen

13 a Trouve les réponses aux questions. | Finde zu jeder Frage die passende Antwort.

1. Tu habites où?
2. Tu es de Marseille?
3. Il y a une boulangerie dans le quartier?
4. Levallois, c'est où?
5. Il y a un cinéma à Levallois?
6. Qu'est-ce que vous cherchez, monsieur?

A Oui, rue Victor Hugo.
B Un hôtel.
C 9, rue Gabriel Péri.
D Oui, elle est entre le cinéma et la librairie.
E C'est près de Paris.
F Non, je suis de Levallois. ▶ p. 151

b Vergleicht eure Ergebnisse zu zweit.

c Jouez les dialogues. | Lernt mindestens drei Minidialoge von **a** auswendig und tragt sie vor. Ihr könnt sie für das Rollenspiel (in der Aufgabe **14**) verwenden.

▍ À toi: Joue une scène «Après le collège»

14 Die Schule ist zu Ende. Ihr geht nach Hause. Wählt die Situation 1 oder 2 aus dem Text, S. 30, aus und schreibt sie auf euren Wohnort um. Lernt den Dialog auswendig und spielt ihn frei vor. Euer Rollenspiel könnt ihr beim nächsten Klassenfest oder Schulfest aufführen. ▶ Méthodes, p. 166

> – Denkt an Körperbewegungen und an euren Gesichtsausdruck.
> – Braucht ihr Gegenstände, die zu eurer Szene passen? Bringt sie mit.

> Du wohnst im Haus Nummer 34? Finde heraus, wo du die Zahl auf Französisch in deinem Buch finden kannst.

> **Überprüfe, ob du das jetzt kannst:**
> – Sprich über dich: Sage, woher du kommst und gib deine Adresse an.
> – Frage einen Mitschüler / eine Mitschülerin, was es in seinem/ihrem Wohnort gibt. Erstelle dazu eine Mindmap und erläutere sie.

Ça va à Levallois?

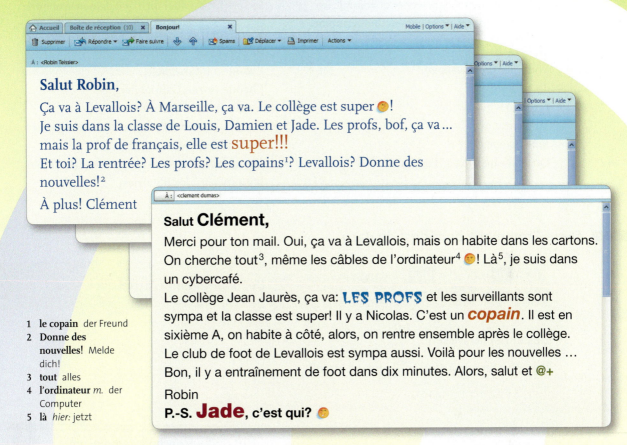

1 **le copain** der Freund
2 **Donne des nouvelles!** Melde dich!
3 **tout** alles
4 **l'ordinateur** m. der Computer
5 **là** hier: jetzt

Apprendre à apprendre: lire | Leseverstehen trainieren

1 So kannst du einen französischen Text verstehen ▶ Méthodes, S. 170

a Du musst nicht jedes Wort kennen, um einen Text zu verstehen. Achte zuerst auf die Gestalt des Textes. Gibt es eine Überschrift oder Bilder? Was sind das hier für Texte? Woran erkennst du das? Wer hat sie geschrieben?

b Lies beide Texte. Was erfährst du über die einzelnen Personen? Lege eine Mindmap an.

Was bedeuten *carton*, *câble*, *entraînement*, *minute*? Woher weißt du das?

c Vergleicht eure Mindmaps zu zweit.

Écrire | Schreiben

2 À toi! Écris un e-mail à un ami / une amie. | Schreibe einem Freund / einer Freundin eine E-Mail. Welche Ausdrücke aus den beiden E-Mails (oben) kannst du wiederverwenden?   ▶ p. 151

17|10

3 REPÈRES

Das kannst du jetzt sagen

1 So fragst du jemanden, woher er kommt, wo er wohnt und was es in seinem Wohnort gibt:

Tu es de (Paris)?
Vous êtes de (Levallois)?
Tu es d'où?
C'est où?
Tu habites où?
Vous habitez où?
Qu'est-ce qu'il y a à (Levallois)?

So sprichst du über dich und deinen Wohnort:

Je suis de (Levallois).
C'est près de (Paris).
J'habite à (Marseille).
J'habite (5, rue Gabriel Péri).
À (Levallois), il y a (un stade).
Dans le quartier, il y a aussi (un collège).
(La boulangerie) est à côté.
(Le cinéma) est entre (le métro) et (la Seine).
Il y a même (des librairies).

Diese Grammatik benötigst du dazu

2 Il y a **un** collège et **une** boulangerie.
Il y a même **des** librairies. Der unbestimmte Artikel *un*, *une*, *des*

Das musst du wissen:

Der unbestimmte Artikel im Singular (Einzahl)

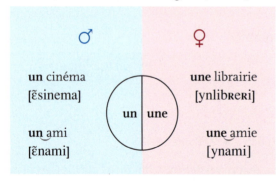

Der unbestimmte Artikel im Plural (Mehrzahl)

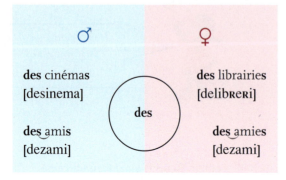

Übt und wiederholt gemeinsam

1 a Übersetzt:
 eine Schülerin, Schülerinnen, ein Mädchen, Mädchen, ein Junge, Jungen, Freundinnen, ein Bruder, ein Park, Lehrer, eine Schwester, eine Bäckerei, ein Stadtviertel, Kinos.
b Vergleicht und besprecht eure Ergebnisse zu zweit.
c Überprüft sie nun gemeinsam mit Hilfe der Lösungen. ▶ Solutions, p. 222
2 Lest folgende Nomen mit den Artikeln laut vor. Denkt an die Bindung: *des élèves, des croissants, des amis, des collèges, des avenues, des hôtels, des boulangeries.*

Weitere Übungen dazu
im Buch: S. 28/4 + 5, S. 29/7 a
im Carnet: S. 13/1 + 2

APPROCHES   TEXTE   EXERCICES   LA FRANCE EN DIRECT   **REPÈRES**   POUR LE PLAISIR   **3**

3

J'habite à Kempten.
Tu habites où?

→ **Die Verben auf -er**

Das musst du wissen:

Die Verben auf -er

chercher (suchen)			habiter (wohnen)		
je	cherch	e	j'	habit	e
tu	cherch	es	tu	habit	es
il/elle/on	cherch	e	il/elle/on	habit	e
nous	cherch	ons	nous	habit	ons
vous	cherch	ez	vous	habit	ez
ils/elles	cherch	ent	ils/elles	habit	ent

Übt und wiederholt gemeinsam

1 a Seht euch die Formen von *chercher* in Ruhe an. Schlagt das Buch zu und schreibt sie auf.
  b Tauscht eure Blätter aus. Korrigiert euch gegenseitig.
  c Konjugiert nun das Verb *regarder*.
  ▶ Solutions, p. 222

Weitere Übungen dazu
im Buch: S. 33/8 + 9 + 10 + 11
im Carnet: S. 16/7 + 8

4

J' habite à Berlin.
Tu es le frère **d'** Océane?
Qu'est-ce **qu'**il y a?

→ **Der Apostroph**

Das musst du wissen:

l'hôtel   le frère **d'**Océane
l'avenue   **J'h**abite à Levallois.

Übt und wiederholt gemeinsam

1 a Schreibt in jede Spalte fünf Namen von Mitschülern, Freunden und Verwandten:

beginnt mit Vokal	beginnt mit Konsonant
Anna	Marius
—	—

b Fragt nun abwechselnd nach ihren Freunden und Geschwistern. Achtet darauf, ob ihr apostrophieren müsst.
A: *L'amie d'A*nna, c'est qui?
B: *C'est Yvonne.*

Weitere Übungen dazu
im Carnet: S. 13/2, S. 14/2

3

facultatif   **POUR LE PLAISIR**

Bienvenue à Levallois!

1 a Schau dir die Homepage von Levallois an. Gehe dazu auf: www.cornelsen.de/webcodes
Was ist das Maskottchen von Levallois?   Gib folgenden Webcode ein: ATOI-1-38

b Schau dir nun den Stadtplan von Levallois an. Dazu klickst du auf:

– Nenne zwei Nachbarstädte von Levallois.
– Finde heraus, in welcher Straße sich das Collège Jean Jaurès befindet.

2 a Suche jeweils die Namen eines Kinos, einer Bäckerei, einer Buchhandlung und eines Hotels in Levallois. Dazu kannst du z. B. auf die französischen „Gelben Seiten" gehen. Sie heißen *„Pages Jaunes"*.

À Levallois, il y a une boulangerie. C'est la boulangerie Bineau.

b Was hast du gefunden? Berichte über deine Ergebnisse.

3 Auf dieser Internetseite kannst du auch virtuell durch Levallois spazieren gehen. Finde heraus, wie das funktioniert und sieh dich dort um.

Tipp für die Internetrecherche:
Überfliege erst die Seite und suche nach Begriffen, die für deine Suche wichtig sind.

facultatif **RÉVISIONS 1**

Hier kannst du die Vokabeln und die Grammatik wiederholen, die du in den Unités 1–3 gelernt hast.
Das Arbeitsblatt zu Révisions 1 findest du unter www.cornelsen.de/webcodes ATOI-1-39.

> Zur Erinnerung: Du lernst Vokabeln leichter, wenn du sie in Wortpaaren aufschreibst.

Vocabulaire | Wortschatz

1 Qu'est-ce qui va ensemble? | Was passt zusammen?
Schreibe die Wortpaare in dein Heft oder in dein Lerntagebuch.

madame – monsieur

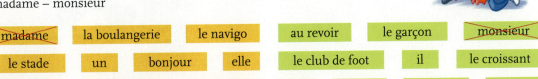

madame	la boulangerie	le navigo	au revoir	le garçon	monsieur
le stade	un	bonjour	elle	le club de foot	il	le croissant
le frère	les élèves	la fille	une	le bus	la sœur	le prof

2 a Trouve les mots. | Was siehst du auf dem Bild?
Schreibe mindestens zehn Nomen mit dem unbestimmten Artikel *(un, une, des)* auf. Wer findet mehr?

b Betrachtet das Bild zehn Sekunden lang. Klappt eure Bücher zu. Wer kann sich an die meisten Dinge erinnern und sie benennen?

3 Trouve les rimes. | Finde die Wörter, die sich reimen. Sprich sie dir dazu laut vor. Ein Wort passt nicht.

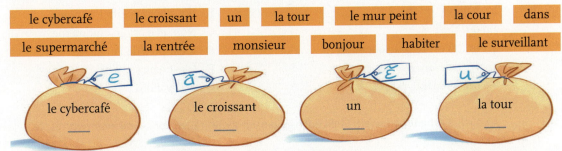

trente-neuf **39**

RÉVISIONS 1   facultatif

Grammaire | Grammatik

4 Écoute. | Hör dir die zehn Sätze an. Schreibe auf, ob du einen Frage- oder einen Aussagesatz hörst.
▶ Repères, p. 12/2

	Frage	Aussage
1.		x
2.		

5 a Complète. | Ergänze die Sätze mit den Artikeln *un*, *une*, *des* und *le*, *la*, *les*. ▶ Repères, p. 36/2

1. À Levallois, il y a [?] rue.
2. Dans [?] rue, il y a [?] collège.
3. Dans [?] collège, il y a [?] élèves.
4. Ce sont [?] élèves de la cinquième B.

b À toi! | Denke dir eine Kette von Sätzen mit den Artikeln wie in **a** aus.

6 Complète. | Ergänze die Sätze mit den Personalpronomen *il*, *elle*, *ils*, *elles*. ▶ Repères, p. 23/2

1. C'est la rentrée. Voilà Thomas, Maxime et Anissa. [?] sont en cinquième.
2. Voilà Marie. [?] est en sixième A.
3. Voilà Nicolas. [?] est dans la classe de Marie et Laurine.
4. Regarde les filles dans la cour. [?] sont en sixième.
5. Et les garçons? [?] sont aussi en sixième?

7 Complète. | Ergänze die Sätze mit der passenden Verbform in deinem Heft. ▶ Repères, p. 37/3

1. Robin [?] *(cherches/cherche/cherchons)* la rue Danton. C' [?] *(est/es/être)* où?
2. Marie et Laurine [?] *(rentres/rentrent/rentre)* ensemble.
3. – Et vous? Vous [?] *(rentrer/rentrons/rentrez)* aussi?
   – Oui. Et on [?] *(passons/passent/passe)* par la librairie.
4. – Robin [?] *(es/est/êtes)* nouveau?
   – Oui, il [?] *(sont/suis/est)* de Marseille.
5. Les profs [?] *(sommes/sont/êtes)* dans la cour et nous [?] *(suis/sommes/sont)* dans la classe.

8 a Questions et réponses. | Stelle zuerst die Fragen wieder her und finde dann die passenden Antworten.

1. qui c'est ?
2. habites où tu ?
3. où c'est ?
4. tu qu'est-ce que cherches ?
5. en sixième Anissa est ?
6. qu'est-ce qu' à Paris il y a ?

A Le navigo de Max.
B Il y a la tour Eiffel, la Seine …
C Non, elle est en cinquième.
D C'est près de Paris.
E C'est Anissa.
F À Levallois.

b À vous! | Arbeitet zu zweit. Stellt euch gegenseitig die Fragen von **a** und beantwortet sie.

40 quarante

facultatif RÉVISIONS 1

Erfindet euer Lernspiel!

Im Laufe dieses Schuljahres erfahrt ihr eine Menge über Frankreich und die französische Sprache. In jeder Unité eures Französischbuches lernt ihr neue Themen und damit neue Wörter kennen.

Nach den **Unités 3, 6** und **9** überprüft ihr in den **RÉVISIONS** euer Wissen. Am Ende der **RÉVISIONS** könnt ihr euch Zeit nehmen, um ein Spiel zu gestalten bzw. um an eurem Spiel weiter zu arbeiten. In diesem Spiel bringt ihr das Wissen unter, das ihr in diesem Schuljahr erwerbt. Das Spiel wächst mit eurem Wissen. Nach den **RÉVISIONS 3** sollte euer Spiel fertig sein.
Dieses Spiel übergebt ihr an kommende Klassen, die dann damit ihr Wissen überprüfen können.

Wie geht ihr vor?

Arbeitet in Gruppen und überlegt zuerst, was für ein Spiel ihr erfinden wollt. Euer Spiel könnte z. B. ein Kartenspiel, ein Brettspiel, ein Memory, ein Computerspiel … sein. Lasst eurer Fantasie freien Lauf!

Hier ein Beispiel:

Ihr wollt ein Brettspiel basteln.
- Heute stimmt ihr euch über die Gestaltung des Spielbretts und die Anzahl der Felder ab. Welche Spielzüge und Hindernisse soll es geben?
- Dann beginnt ihr mit der Gestaltung: DIN A3-Blatt oder Karton? Tusche oder Marker? Platzeinteilung? Spielfiguren? …
- Denkt euch im Anschluss z. B. acht Fragen oder Aufgaben aus, die zu den **Unités 1–3** passen. Löst die Aufgaben und schreibt die Lösungen auf ein Extrablatt.
- Nun schreibt ihr eure Aufgaben auf die ersten acht Spielfelder bzw. auf Spielkärtchen aus Karton.
- Die nächsten Aufgaben bzw. Fragen für euer Spiel bearbeitet ihr nach der **Unité 6** (**RÉVISIONS 2**, p. 83–85)

Viel Spaß!

Unité 4 — Ma famille et moi

La famille de Nicolas et d'Océane

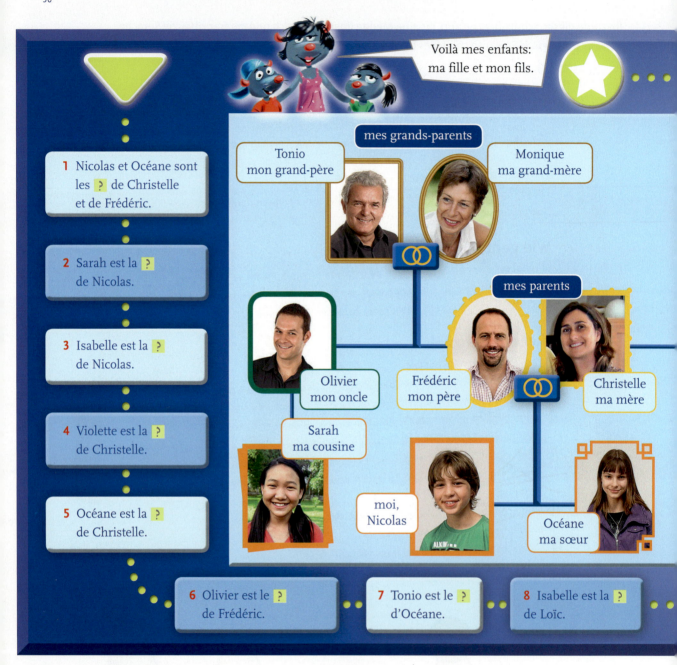

Voilà mes enfants : ma fille et mon fils.

mes grands-parents
- Tonio, mon grand-père
- Monique, ma grand-mère

mes parents
- Olivier, mon oncle
- Frédéric, mon père
- Christelle, ma mère

- Sarah, ma cousine
- moi, Nicolas
- Océane, ma sœur

1. Nicolas et Océane sont les ? de Christelle et de Frédéric.
2. Sarah est la ? de Nicolas.
3. Isabelle est la ? de Nicolas.
4. Violette est la ? de Christelle.
5. Océane est la ? de Christelle.
6. Olivier est le ? de Frédéric.
7. Tonio est le ? d'Océane.
8. Isabelle est la ? de Loïc.

Écouter et comprendre | Hören und verstehen

1
a. Nicolas stellt seine Familie vor. Arbeitet zu zweit. Hört zu und zeigt euch gegenseitig auf dem Stammbaum die Person, von der Nicolas gerade spricht.

b. Écoute et répète. | Hör dir an, was Nicolas sagt. Sprich nach.

c. Écoute et complète. | Hör zu und ergänze die fehlenden Wörter. Sprich sie laut.

APPROCHES | TEXTE | EXERCICES

Nach Unité 4 kannst du eine E-Mail schreiben, in der du dich und deine Familie, deine Freunde und deine Haustiere vorstellst.

4

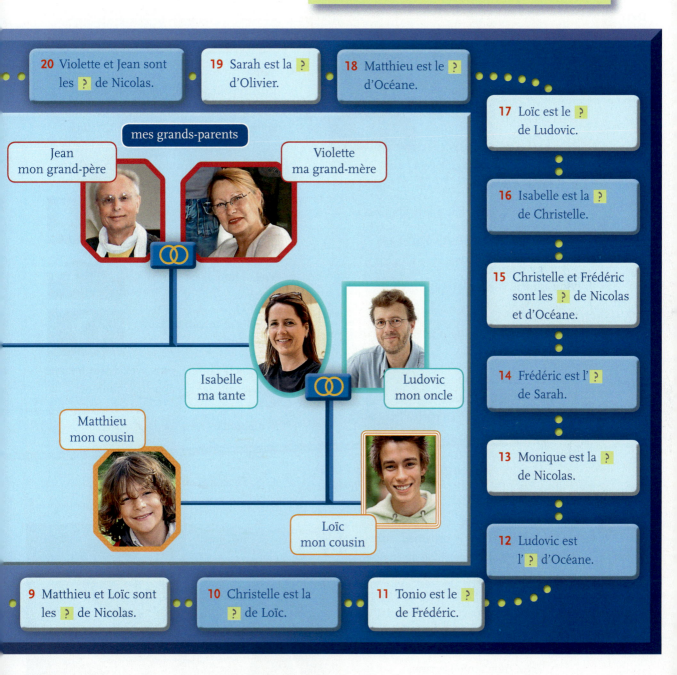

20 Violette et Jean sont les ? de Nicolas.

19 Sarah est la ? d'Olivier.

18 Matthieu est le ? d'Océane.

17 Loïc est le ? de Ludovic.

mes grands-parents

Jean mon grand-père

Violette ma grand-mère

16 Isabelle est la ? de Christelle.

15 Christelle et Frédéric sont les ? de Nicolas et d'Océane.

Isabelle ma tante

Ludovic mon oncle

14 Frédéric est l' ? de Sarah.

Matthieu mon cousin

13 Monique est la ? de Nicolas.

Loïc mon cousin

12 Ludovic est l' ? d'Océane.

9 Matthieu et Loïc sont les ? de Nicolas.

10 Christelle est la ? de Loïc.

11 Tonio est le ? de Frédéric.

Jouer | Spielen

2 À vous! | Spielt in Gruppen. Wählt einen Spielleiter / eine Spielleiterin. Ihr braucht einen Würfel und Spielfiguren. Würfelt, setzt und vervollständigt den Satz mündlich. Der Spielleiter / Die Spielleiterin überprüft die Antwort (▶ Solutions, p. 222). Ist der Satz falsch, so geht der Spieler / die Spielerin zum Start zurück. Wer ist zuerst am Ziel?

20|1
20|2
20|3

4 Ça, c'est moi!

1

Mon nom: Nicolas Moreau

Mon adresse: 9, avenue de l'Europe, à Levallois

Mon âge: douze ans

5 **Mon père:** Frédéric.
Il travaille dans un collège à Paris.
Il est prof de sport.

Ma mère: Christelle. Elle a une librairie.

Ma sœur: Océane. Elle a quatorze ans
10 et un copain, Mehdi.

Mon animal: Nous avons un chien,
il s'appelle Confetti!

Mes copains et mes copines: Robin, Marie
et Laurine.

15 Mon oncle Olivier habite en Allemagne.
Il parle bien allemand.
Et toi? Tu as quel âge? Tu parles français?
Tu as des frères et sœurs? Ils ont quel âge?
Tu as un animal?

20 À plus! Nicolas

2

▶ **Salut,**
je m'appelle Robin, j'ai douze ans et je suis en sixième B. Mon collège, c'est le collège Jean Jaurès. J'habite à Levallois
25 avec mon père. Ma mère est à Marseille. Nous avons trois animaux: deux cochons d'Inde et une perruche.

Voilà Peggy. Elle chante même la nuit! C'est
30 l'horreur!

Voilà Flûte. Il est sympa, non?

Et voilà le copain de Flûte. **C'est Zut!**

35 Et dans ta famille, vous avez des animaux?
Et ton collège? Il s'appelle comment?
Et tes amis?
À bientôt!

Robin

40 P.-S. Tu as des questions?

3

▶ 1 J'ai treize cousins et cousines: onze cousins et deux cousines! J'ai aussi une sœur, elle s'appelle Flora et elle a vingt ans. Elle habite à Paris avec sa copine
45 Lucie. À Levallois, il y a mes parents, ma grand-mère, son chat Pistache, ses perruches Dalida et Adamo … et bien sûr, mon amie Laurine!

2 Parle plus fort!

3 Je parle un peu allemand. Et toi? Sprichst du Französisch?

| APPROCHES | TEXTE | **EXERCICES** | LA FRANCE EN DIRECT | REPÈRES | POUR LE PLAISIR | **4** |

Lire et comprendre | Lesen und verstehen

1 a Suche dir einen der drei Texte auf S. 44 aus und löse die dazugehörige Aufgabe.

DELF

21|1

1
Nicolas

Vrai ou faux? | Korrigiere die falschen Aussagen.

1. Nicolas habite 12, rue de l'Europe.
2. Il a treize ans.
3. Le père de Nicolas est prof de sport.
4. La sœur de Nicolas a quinze ans.
5. L'oncle de Nicolas parle bien allemand.

2
Robin

C'est qui? | Wer ist das?

1. Il est en sixième B.
2. Elle habite à Marseille.
3. C'est une perruche.
4. Il a douze ans et il habite avec son père.
5. Il est sympa et c'est le copain de Zut.

3
Marie

Was erfährst du über sie? Fertige eine Mindmap an.

 b Sucht euch jemanden, der den gleichen Text bearbeitet hat. Vergleicht eure Ergebnisse.

 c Stellt nun „eure" Person der Klasse vor.

Répéter | Nachsprechen

1
42

2 a Hier hörst du Wörter mit dem Laut [ɔ̃] (wie *oncle*) und Wörter mit dem Laut [ɑ̃] (wie *tante*). Wenn du [ɔ̃] hörst, hebe den rechten Arm, bei [ɑ̃] den linken.

1 m**on** **on**cle	2 ma t**an**te
3 mes par**en**ts	4 allem**an**d
5 le garç**on**	6 fr**an**çais

b Hör noch einmal zu und sprich nach.

1
43

c Sprich diese Zungenbrecher richtig aus. Wer spricht sie am schnellsten?

[ɔ̃] M**on on**cle Gast**on** habite à Ly**on** avec s**on** coch**on**.

[ɑ̃] Les **en**f**an**ts de ma t**an**te ch**an**t**en**t **en**semble à N**an**tes.

d Du kannst jetzt auch schon die folgenden Wörter aussprechen. Was bedeuten sie?

| 1 la chambre | 2 le sal**on** |
| 3 l'appartem**en**t | 4 pard**on** |

4 EXERCICES

APPROCHES　　TEXTE　　**EXERCICES**　　LA FRANCE EN DIRECT　　REPÈRES　　POUR LE PLAISIR

S'entraîner au dialogue | Dialoge trainieren

3 Écoute, lis et répète. | Hör zu und lies mit. Da, wo eine Lücke ist, hörst du zu und sprichst dann nach.

21|2

Wie alt bist du?

– Bonjour Noah, [——]?
– [——]. Et toi?
– Moi, j'ai 13 ans. Et [——]?
– Oui, [——].

Hast du Haustiere?

– Damien, [——]?
– Oui, [——].
– Un chat … Et [——]?
– Il s'appelle Toulouse et [——]!

Découvrir | Entdecken

4 a Am Ende dieser Unité stellst du deine Familie vor. Dafür musst du z. B. wissen, wie man „mein" auf Französisch sagt. Betrachte die Beispiele:
Wann benutzt man *mon*, *ma*, *mes*?

> Voilà **ma mère** et **mon père**; voilà **mes frères** et voilà **mes sœurs**.

 b Besprecht zu zweit, wann ihr *mon*, *ma*, *mes* verwendet. Erklärt dann den anderen, was ihr herausgefunden habt.

 c Complète. | Setze *mon*, *ma*, *mes* ein.

22|3

la famille – **ma** famille; le frère – [?] frère; l'âge – [?] âge; l'adresse – [?] adresse;
les parents – [?] parents; les cousines – [?] cousines; les animaux – [?] animaux;
le quartier – [?] quartier; le collège – [?] collège;
le copain – [?] copain; la copine – [?] copine;
le chien – [?] chien; le navigo – [?] navigo;
le club de foot – [?] club de foot

 ▶ p. 151

> Vor Nomen, die mit einem Vokal oder stummem *h* beginnen, verwendest du im Singular *mon*, z. B. mon‿adresse.

5 Betrachte diese Beispiele: Wann verwendest du *ton*, *ta*, *tes*?

> C'est **ton cousin**? C'est **ta cousine**?
> Ce sont **tes grands-parents**?

> Und wie sagst du „deine Adresse" auf Französisch?

| APPROCHES | TEXTE | **EXERCICES** | LA FRANCE EN DIRECT | REPÈRES | POUR LE PLAISIR | **4** |

 6 Complète. | Hier werden Tom und Lola vorgestellt. Setze *son*, *sa*, *ses* ein. Was fällt dir auf?

Tom habite à Eltmann avec **son** père, **sa** mère, **?** sœur et **?** grands-parents. **?** âge: 13 ans.

Lola habite à Paris avec **son** père, **?** mère, **?** sœur et **?** grands-parents. **?** âge: 12 ans.

▶ p. 152

S'entraîner | Trainieren

 7 C'est qui? | Jede/r schreibt auf einen Zettel die Namen von fünf Mitgliedern seiner Familie. Dann tauscht ihr die Zettel. Stellt euch gegenseitig Fragen.
▶ Repères, p. 51/2

22|4

1. – Karin, c'est **ta** grand-mère?
   – Oui, c'est **ma** grand-mère.

2. – Jonas, c'est **ton** frère?
   – Non, c'est **mon** cousin.

 8 *Son*, *sa*, *ses*. Complétez. | Daniel und Julia suchen Freunde in einem Internetforum. Arbeitet zu zweit. Stellt sie euch gegenseitig vor. Verwendet *son*, *sa*, *ses*. ▶ Repères, p. 51/2   ▶ p. 152

22|5

Daniel habite à Berlin avec **son père**, **sa mère** …

Brieffreunde suchen / Chercher des corres

Daniel: Salut, je m'appelle Daniel. J'habite à Berlin avec **mon père**, **ma mère**, **mes deux sœurs** et **mon chat**. **Mes copains**, ce sont Ali et Leo. **Mon quartier**, c'est Kreuzberg.

Julia: Salut, je m'appelle Julia. J'habite à Hambourg avec **mon père**, **ma mère**, **mes trois frères** et **mon chien**. **Mes copines**, ce sont Kim et Mona. **Mon quartier**, c'est Altona.

 9 Écoute et répète. | Mit diesem Rap übst du das Verb *avoir*. Hör zu und sing mit. ▶ Repères, p. 52/3

1|45

 10 Le verbe *avoir*. Complète. | Ergänze mit der passenden Form von *avoir*. ▶ Repères, p. 52/3

23|7

1. – Tu **?** quel âge?
   – J' **?** douze ans.

2. – Vous **?** des animaux?
   – Oui, nous **?** trois chats.

3. – Elle **?** une sœur?
   – Non, elle **?** un frère.

4. – Ils **?** un chien?
   – Non, ils **?** une perruche.

quarante-sept **47**

4 | EXERCICES

11 Être ou *avoir*? | „Sein" oder „haben"? Wähle das richtige Verb aus. ▶ Repères, p. 52/3

1. Je/J' ? (ai/suis) en sixième.
2. Tu ? (as/es) un frère?
3. Elle ? (a/est) une librairie.
4. On ? (a/est) de Levallois.
5. Nous ? (avons/sommes) un chien.
6. Vous ? (avez/êtes) prof de sport?
7. Ils ? (ont/sont) en Allemagne.
8. Tim et Lea ? (ont/sont) treize ans.

12 a Répète les chiffres. | Du willst sagen, wie alt du bist. Hör zu und sprich die Zahlen bis 20 nach.

b Spielt zu zweit. Zählt abwechselnd von 1 bis 20. Dabei dürft ihr jeweils um eine oder maximal zwei Zahlen erhöhen. Wer zuerst zwanzig sagen muss, hat verloren.

Vocabulaire | Wortschatz

13 a Finde auf dem Spielbrett und im Text, S. 42–44, alle Nomen zu den Themen *la famille* und *les animaux*. Erstelle eine Mindmap. ▶ Méthodes, p. 161

Dein Lieblingstier ist nicht dabei? Schau in einem Wörterbuch oder in der **Banque de mots** auf S. 188 nach.

b Du willst dich und deine Familie vorstellen. Sammle alle Wendungen, die du dafür brauchst, in deinem Heft.

Apprendre à apprendre: le vocabulaire | Vokabeln lernen

14 So kannst du dir Vokabeln besser merken (2) ▶ Méthodes, p. 161

a Welche Methoden kennst du schon? Zähle sie auf. Hier zwei weitere Tipps:
– Sprich dir die Wörter vor: laut, leise, zornig usw. Du kannst vor dem Spiegel üben.
– Gestalte die Vokabeln zeichnerisch in einem Wortbild (*mot-image*).

b À toi! | Gestalte drei Wörter aus der Übung **13 a** als Wortbild.

Écouter | Hören

15 Écoute. C'est la famille Calvet ou la famille Borel? | Hör zu. Welche Familie wird vorgestellt?

DELF

la famille Calvet

la famille Borel

| APPROCHES | TEXTE | **EXERCICES** | LA FRANCE EN DIRECT | REPÈRES | POUR LE PLAISIR | **4** |

Écouter et parler | Hören und sprechen

16 Écoute et réponds. | Gib Auskunft über dich. Hör zu und antworte.
▶ Méthodes, p. 164

Tu parles un peu français?

Oui, un peu.

▶ p. 152

Parler | Sprechen

17 a Voilà Mehdi et Laurine. | Partner B schlägt S. 147 auf.
Partner A: Laurine stellt sich in diesem Steckbrief vor. Beantworte die Fragen von Partner B.

▶ p. 147

b Partner B hat Mehdis Steckbrief. Stelle B Fragen zu Mehdi. Schreibe die Antworten auf.

nom:	Laurine
classe:	sixième A
âge:	onze ans
sœur:	Camille
frères:	Maxime, Théo
adresse:	6, rue Anatole France, à Levallois
copine:	Marie
animal:	un chat

- Il a quel âge?
- Il habite où?
- Il a un animal?
- Sa copine, c'est qui?
- Il a des frères et sœurs?
- Sa sœur s'appelle comment?

c Tauscht eure Ergebnisse aus und korrigiert euch gegenseitig.

18 a Du hast eine Minute Zeit. Was kannst du über deinen Nachbarn / deine Nachbarin erfahren? Stelle so viele Fragen wie möglich. Schreibe die Antworten auf. ▶ Méthodes, p. 164

Tu as ___?
Il/Elle s'appelle comment?
Tu habites où?
Tu es de ___?
Tu parles ___?
Tes grands-parents habitent où?
___

b Stelle deinen Nachbarn / deine Nachbarin der Klasse vor. Wer hat die meisten Informationen herausgefunden?

À toi: Présente ta famille

19 Antworte auf Robins E-Mail (S. 44). Stelle dich mit deinen Verwandten, Freunden und Haustieren vor. Wähle dafür eine Form, die dir gefällt, z. B. einen Steckbrief, ein Poster oder eine E-Mail. Du kannst dich auch filmen. Schau in deinen Notizen zu Übung 13 (S. 48) nach.

Du kannst dir auch eine Fantasiefamilie ausdenken!

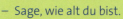

Überprüfe, ob du das jetzt kannst:
– Sage, wie alt du bist.
– Stelle zwei Mitglieder deiner Familie vor.

quarante-neuf **49**

4 — LA FRANCE EN DIRECT

APPROCHES TEXTE EXERCICES REPÈRES POUR LE PLAISIR

Votez pour l'animal le plus sympa !

La photo du premier du concours sera publiée dans le magazine 30 Millions d'amis et son propriétaire se verra récompensé par de sympathiques lots …

Mon ANIMAL
Le CONCOURS
Chien   Chat
Cheval   Lapin
Les lots   Règlement
Voir les gagnants du concours précédent   Nous contacter

Les CONSEILS de TIFOU & POMPON

1er
Zénon
2260 voix

2ème
Dandy
2010 voix

3ème
Milou
1835 voix

LE CONSEIL DE TIFOU

4ème
Gitane
1822 voix

5ème
Tango
1813 voix

6ème
Pamina
1789 voix

7ème
Ulysse
1687 voix

Actuellement il y a 2749 joueur(s)

> Was machst du, wenn du das französische Wort für „Kaninchen" nicht weißt?

1
a Schau dir die Internetseite an. Worum geht es? Was kannst du alles verstehen?

b Erstelle einen Steckbrief von deinem Haustier oder einem Haustier, das du gerne haben möchtest.

c Organisiert einen Wettbewerb in der Klasse. Stellt dazu eure Tiere anhand der Steckbriefe vor und wählt das Tier aus, das euch am besten gefällt.

Mon animal, c'est ___.
J'ai un/une ___.
Il/Elle s'appelle ___.
Il/Elle est | sympa.
             | drôle*.
             | super.
Il/Elle a ___ ans.

* **drôle** lustig

APPROCHES TEXTE EXERCICES LA FRANCE EN DIRECT **REPÈRES** POUR LE PLAISIR **4**

Das kannst du jetzt sagen

1 So sprichst du über deine Familie:

Voilà (ma famille).
C'est (mon père). Il est prof.
Ce sont (mes grands-parents).
(Olivier) est le frère de mon père.
(Isabelle) est la fille de (Jean).
(Ma mère) travaille dans (une librairie).
J'ai un (chat). Il s'appelle (Caramel).

So fragst du jemanden nach seinen Familienmitgliedern:

Tu as des frères et sœurs?
C'est ton père / ta mère?
Ce sont tes grands-parents?
(Tom), c'est ton frère?
Tu as des animaux?

So fragst du nach dem Alter und antwortest darauf:

Tu as quel âge?
J'ai (12) ans.
Il/Elle a (14) ans.

So fragst du nach dem Namen und antwortest darauf:

Il/Elle s'appelle comment?
Il s'appelle (Mehdi).

So gibst du an, welche Sprachen du sprichst:

Je parle bien (allemand).
Je parle un peu (français).

Diese Grammatik benötigst du dazu

2 Voilà **mon** père.
C'est **ta** tante?
Et voilà **ses** grands-parents.

 Die Possessivbegleiter *mon*, *ton*, *son* …

Das musst du wissen:

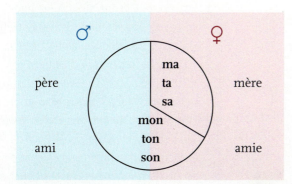

▶ *son*, *sa*, *ses*

Achte auf die Aussprache:
mon ami / mon amie [mɔnami]
mes amis / mes amies [mezami]

Schau dir die Bilder an. Wann verwendest du *son*, *sa*, *ses*? ▶ Solutions, p. 222

son père – <u>sein</u> Vater

son père – <u>ihr</u> Vater

sa mère – <u>seine</u> Mutter

sa mère – <u>ihre</u> Mutter

ses cousins – <u>seine</u> Cousins

ses cousins – <u>ihre</u> Cousins

Übt und wiederholt gemeinsam

1 Setze *mon*, *ma* oder *mes* ein:
  ? oncle, ? famille, ? copain, ? copines, ? cochon d'Inde, ? perruche, ? frère, ? sœur, ? cousins.

2 Setze *son*, *sa* oder *ses* ein:
  Nicolas et ? cousin, Océane et ? mère, Sarah et ? cousins, Matthieu et ? cousins, Océane et ? oncle, Nicolas et ? oncle.

3 Vergleicht eure Ergebnisse zu zweit.
  ▶ Solutions, p. 222

Weitere Übungen dazu
im Buch: S. 42/1b + 1c, S. 46/4 + 5, S. 47/6 + 7 + 8
im Carnet: S. 22/3 + 4 + 5

3

J'ai 12 ans.
Tu as des frères et sœurs?
Elle a quel âge?

→ **Das Verb** *avoir*

Das musst du wissen:

avoir (haben)

J'	**ai**	une sœur.
Tu	**as**	quel âge?
Il/Elle/On	**a**	un frère.
Nous	**avons**	un chien.
Vous	**avez**	des animaux?
Ils/Elles	**ont**	des copains.

Unterscheide die Aussprache von:
– *ils <u>o</u>nt* [ilzɔ̃] (sie haben)
  ils sont [ilsɔ̃] (sie sind)
– *elles <u>o</u>nt* [ɛlzɔ̃] (sie haben)
  elles sont [ɛlsɔ̃] (sie sind)

Übt und wiederholt gemeinsam

1 Ergänzt die Dialoge mit den richtigen Formen von *avoir* und schreibt sie in euer Heft:
  – Vous ? un chien? – Nous ? deux chiens.
  – J' ? une sœur. – Elle ? quel âge?
  – Tu ? deux chats? – Non! Mes grands-parents ? deux chats. ▶ Solutions, p. 222

2 Überprüft, ob ihr die Formen von *avoir* schon gut beherrscht: Klappt euer Buch zu. A sagt ein Personalpronomen und B nennt die passende Form von *avoir*. Wechselt euch ab. Wer hat die meisten richtigen Formen gebildet?

Weitere Übungen dazu
im Buch: S. 47/9 + 10, S. 48/11
im Carnet: S. 23/7 + 8

facultatif **POUR LE PLAISIR** **4**

🎧 Le téléphone sonne[1]

Laurine: Alors, mon histoire[2]. Mercredi[3], je suis chez moi[4]. Le téléphone sonne et … c'est qui?

Le portable d'Océane sonne.

Océane: Zut! Mon portable[5] …
5 **Anissa:** Pas mal, ta sonnerie![6] Lalalla … toi plus moi …
Océane: *(à Anissa)* Chut! *(dans son portable)* Allô, maman, oui, je suis dans le métro … Parle plus fort! … Oui, j'ai ma clé[7]… Salut!
10 *(à Anissa)* Ma mère … elle rentre tard[8].
Laurine: *(continue[9])* Bon, alors hier, le téléphone sonne, je décroche[10] et …

Le portable d'Océane sonne.

Océane: *(à son père)* Oui, papa, je suis dans le
15 métro … Quoi[11]? … Oh zut, coupé[12]!
Laurine: *(continue)* Alors, vous écoutez[13] mon histoire, oui ou non?
Anissa: Mais oui, c'est l'histoire de …

Le portable d'Océane sonne.

20 **Anissa:** *(à Océane)* Ce sont encore tes parents?
Océane: *(dans son portable)* Oui! *(à Anissa)* Non.
Anissa: Alors, c'est qui?
Océane: *(à Anissa)* C'est … C'est ton frère!
25 **Anissa et Laurine:** Mehdi?!

1 **le téléphone sonne** das Telefon klingelt
2 **l'histoire** *f.* die Geschichte
3 **mercredi** Mittwoch
4 **chez moi** *hier:* zu Hause
5 **le portable** das Handy
6 **la sonnerie** der Klingelton
7 **la clé** der Schlüssel
8 **tard** spät
9 **continuer qc** etw. fortsetzen
10 **décrocher** abheben
11 **Quoi?** *fam.* Was?
12 **coupé!** *hier:* unterbrochen
13 **écouter qn/qc** jdm./etw. zuhören

▬ Jouer une scène | Eine Szene spielen

🎧 **1 a** Hört euch die Szene an und lest mit. Was geschieht hier? Klärt gemeinsam, was ihr verstanden habt.

b Verteilt nun die Rollen und lest die Szene laut. Entscheidet vorher, an welchen Stellen ihr laut, leise, überrascht oder ungeduldig sprechen wollt.

c Führt die Szene auf. ▶ Méthodes, p. 166

Ihr könnt die Szene auch für Jungen umschreiben.

▶ p. 152

BILAN 1 facultatif

Hier kannst du überprüfen, welche Kompetenzen du in den Unités 1–4 erworben hast.
Das Arbeitsblatt zu Bilan 1 findest du unter www.cornelsen.de/webcodes   ATOI-1-54.

Compréhension écrite | Leseverstehen

DELF 1 Regarde le prospectus et réponds aux questions. | Schau dir den Prospekt an und beantworte die Fragen.

1. Wofür wirbt die Anzeige?
a eine Tierhandlung
b Bücher über Tiere
c die Internetseite eines Zoos

2. Du hast 10 € in der Tasche. Was könntest du dir laut dieser Anzeige kaufen?

3. a Wo kannst du weitere Informationen zu diesem Thema finden?
b Wo kannst du das Produkt kaufen?

2 C'est qui? | Finde die passenden Paare.

1. le frère de mon père	A mon frère
2. la fille de ma mère	B mon grand-père
3. le père de ma mère	C mon cousin
4. le fils de mon père	D mon oncle
5. la sœur de ma mère	E ma tante
6. le fils de mon oncle	F ma sœur

Production écrite | Schriftlicher Ausdruck

DELF 3 Voilà mon copain! Voilà ma copine! | Wähle Enzo oder Charlotte aus und stelle ihn/sie vor. Erfinde Informationen über ihn/sie (Familie, Freunde, Haustier, Wohnort, Schule ...).
Schreibe mindestens fünf Sätze in dein Heft.

Charlotte

Enzo

facultatif **BILAN 1**

Compréhension orale | Hörverstehen

 4 Écoute. Vrai ou faux? | Hör dir das Gespräch an. Überprüfe, ob die folgenden Aussagen richtig sind.

1. Die Szene spielt auf dem Schulhof.
2. Drei Schüler unterhalten sich.
3. Der Junge heißt Pierre.
4. Das Mädchen heißt Julie.
5. Die Schüler sprechen über die Schule.
6. Sein/Ihr Cousin ist in der 5e A.

 5 Écoute et remets dans l'ordre. | Hör zu und ordne die Bilder der Familien in der Reihenfolge, in der sie vorgestellt werden.

DELF

la famille Ballaud

la famille Perrotin

la famille Dupuis

Production orale | Mündlicher Ausdruck und Sprachmittlung

 6 Présentez-vous en français. | Stellt euch auf Französisch vor. Fragt und antwortet.

DELF

– Nennt Namen und Adresse.
– Sagt, in welcher Klasse ihr seid.
– Sagt, wer eure Freunde sind.
– Stellt eure Familie vor.
– Erzählt, was es in eurem Wohnort gibt.

 7 Jeu de rôle. | Ihr lernt im Urlaub einen Franzosen kennen. Dein Freund spricht kein Französisch, hat aber viele Fragen. Frage für ihn und dolmetsche die Antworten. Spielt zu dritt.

DELF

Wie heißt er?
Wie alt ist er?
In welcher Klasse ist er?
Wo wohnt er?
Hat er Geschwister?
Hat er ein Haustier?

Salut!

Unité 5 Chez les Fournier

Moi et ma chambre

Préparer la lecture | Das Lesen vorbereiten

1. Regarde les chambres. | Schau dir die Zimmer an.
   Welche Gegenstände kennst du bereits auf Französisch? Nenne sie.

1 L'armoire: sous l'armoire, il y a une boîte.
2 Laurine est souvent devant son miroir!
3 La boîte: dans la boîte, il y a des photos.
4 Le lit: le lecteur mp3 est sur le lit.
5 la chaise

5 APPROCHES   TEXTE   EXERCICES   LA FRANCE EN DIRECT   REPÈRES   POUR LE PLAISIR

Écouter et comprendre | Hören und verstehen

2 a Regarde les chambres et écoute. | Schau dir die Zimmer an (S. 56–57) und hör zu. Wo befinden sich die Gegenstände? Zeige sie auf dem Bild. Vergleiche mit deinem Nachbarn / deiner Nachbarin.

b Übt zu zweit. A nennt einen Gegenstand, B zeigt ihn. Wechselt euch ab.

Vocabulaire | Wortschatz

3 Écoute, chante et mime. | Hör zu, sing mit und führe die Bewegungen aus. ▶ Méthodes, p. 161

devant   derrière   sur   sous   à gauche   à droite   entre

4 a Fais un associogramme. | Finde auf den S. 56–57 alle Wörter zum Thema *la chambre*. Erstelle eine Mindmap. ▶ Méthodes, p. 161

Schreibe alle **männlichen** Nomen **blau** und alle **weiblichen** Nomen **rot**.

le lit — *la chambre*

b Qu'est-ce qu'il y a dans ta chambre? | Schreibe Gegenstände von a auf, die sich auch in deinem Zimmer befinden.

Dans ma chambre, il y a | un ___.
                            | une ___.
                            | des ___.

S'entraîner | Trainieren

5 Spielt „Kofferpacken". Nennt abwechselnd Gegenstände, die sich in euren Zimmern befinden.

> Dans ma chambre, il y a un lit.

> Dans ma chambre, il y a un lit et ___.

6 Où sont les objets? | Schau dir noch einmal die Zimmer von Laurine und Maxime an (S. 56–57). Sage, wo sich die Gegenstände befinden.

La console		la porte.
Les photos	sur	le bureau.
Le VTT est	sous	la boîte.
La boîte sont	devant	le lit.
Les mangas	derrière	l'armoire.
___	dans	___.

| APPROCHES | TEXTE | EXERCICES | LA FRANCE EN DIRECT | REPÈRES | POUR LE PLAISIR | **5** |

7 À gauche ou à droite? | Arbeitet zu zweit. Stellt euch abwechselnd Fragen und antwortet.

29|3

1. – Où est Nicolas?
   – Il est à droite.

2. – Où sont Laurine et Océane?
   – Elles sont ___.

Nicolas   Laurine et Océane   Marie   Anissa et Mehdi   Maxime et Thomas   Robin

Parler | Sprechen

8 a Où sont les photos de Robin? | Partner B: Schlage S. 147 auf. Partner A: In Robins Zimmer herrscht Chaos. Beantworte die Fragen von Partner B.

B ▶ p. 147

B: Où est le poster de Robin?
A: Sur l'étagère, à gauche.

sous
devant
dans
à gauche

sur
derrière
entre
à droite

b Frage nun Partner B, wo sich die folgenden Gegenstände befinden.

le lecteur mp3   les livres   les DVD   le miroir   la console   la perruche

5

APPROCHES TEXTE EXERCICES LA FRANCE EN DIRECT REPÈRES POUR LE PLAISIR

Où sont mes clés?

Zum Frühstück trinkt man in Frankreich seinen Kakao, Kaffee oder Tee häufig aus einem *bol*.

1 Dans la cuisine

1 Où sont Maxime et Laurine?

2 Maxime est dans son lit. Il a cours à dix heures.

3 Et Laurine est devant son miroir.

4 Théo, mange ta tartine.

2 Dans le salon

5 Maman, où est mon sac de sport?

6 Et moi, je cherche mon navigo …

7 Je ne sais pas … Regardez dans le couloir, à côté de la porte!

8 Mon sac est à gauche de l'armoire, comme toujours.

3 Dans la chambre des garçons

9 Voilà ton sac de sport. Là, à côté du bureau! Écoute, Théo. Ce soir, tu ranges ta chambre!

10 C'est ma chambre!

4 Devant la porte de la salle de bains

11 Qui est dans la salle de bains?

12 Moi!

13 Laurine! Dépêche-toi!

5 Devant la porte de l'appartement

14 Où sont mes clés?

APPROCHES　TEXTE　**EXERCICES**　LA FRANCE EN DIRECT　REPÈRES　POUR LE PLAISIR　**5**

Lire et comprendre | Lesen und verstehen

DELF 1 a Schau dir die Bilder an und überfliege den Text. Worum geht es hier?

30|1

b Réponds aux questions. | Lies den Text und beantworte die Fragen.

1. Qui est dans la cuisine?
2. Qui est dans son lit?
3. Qui cherche son sac de sport?
4. Qui cherche son navigo?
5. Qui est dans la salle de bains?
6. Qui cherche ses clés?

C'est / Ce sont ___.

> Beim Überfliegen eines Textes achtest du zunächst auf Überschriften und Bilder. Sie geben dir Informationen über den Inhalt. Achte dann beim Lesen auf die Wörter, die du verstehst und die dir wichtige Hinweise zum Inhalt geben könnten (Schlüsselwörter). Welche Schlüsselwörter findest du im Text, S. 60?

c Où sont les clés de Madame Fournier?

Répéter | Nachsprechen

2 a Écoute et répète. | Hör zu und sprich nach. Im Französischen gibt es mehrere Möglichkeiten, den Buchstaben „g" auszusprechen.

30|2

[ʒ] le collège
     tu ranges
     nous mangeons

[g] Regardez.
     le navigo
     Gustave

> **g** vor **i** und **e** sprichst du [ʒ] wie in Garage.
> **g** vor **a**, **o** und **u** sprichst du [g] wie in Garage.

b Übe diesen Zungenbrecher. Wer spricht ihn am schnellsten richtig aus?

La girafe Georges et la girafe Gustave mangent des mangas.

c À toi! | Schreibe selbst einen Zungenbrecher mit den Lauten [ʒ] und [g]. ▶ Liste des mots, p. 178

S'entraîner au dialogue | Dialoge trainieren

3 Écoute, lis et répète. | Hör zu und lies mit. Da, wo eine Lücke steht, sprichst du nach. Wo ist das Bad?

30|3

– Où est la salle de bains?
– Là, [——].
– Et la cuisine?
– La cuisine? [——].

Où est la salle de bains?

soixante et un **61**

5 EXERCICES

APPROCHES   TEXTE   **EXERCICES**   LA FRANCE EN DIRECT   REPÈRES   POUR LE PLAISIR

Vocabulaire | Wortschatz

4 a Retrouve les mots. | Finde die Wörter wieder und schreibe sie mit dem bestimmten Artikel (*le*, *la*, *l'*) auf.

COULOIRCHAMBRESALLEDEBAINSAPPARTEMENTCUISINESALON

b À toi! | Erstelle selbst eine Wortschlange für deinen Nachbarn / deine Nachbarin. ▶ Liste des mots, p. 188

5 Où est Maxime? | Hör dir die Geräusche an und sage, wo Maxime ist.

> Maxime est dans la salle de bains.

Apprendre à apprendre: le vocabulaire | Vokabeln lernen

6 So kannst du dir Vokabeln besser merken (3) ▶ Méthodes, p. 162

a Welche Methoden kennst du schon?
Hier lernst du eine weitere Methode kennen:
Schreibe die Vokabeln, die du dir merken willst, auf Klebezettel. Bringe die Merkzettel an verschiedenen Stellen in deinem Zimmer oder auch in eurer Wohnung so an, dass du sie häufig siehst.
Auf diese Weise prägst du dir die Wörter gut ein.

b À toi! | In dieser Unité funktioniert das besonders gut! Fertige acht Merkzettel mit Vokabeln an, die du in deinem Zimmer anbringen kannst.

Découvrir | Entdecken

7 a Schau dir die Beispiele an. Wann verwendest du *de la*, *du*, *de l'* und *des*?

Le chat est ...

      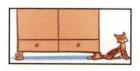 

... à côté **de la** porte.   ... à côté **du** bureau.   ... à côté **de l'**armoire.   ... à côté **des** livres.

b Wofür stehen *du* und *des*? Ergänze die Regel im blauen Kasten.

> *du* steht für *de* + ?
> *des* steht für *de* + ?

| APPROCHES | TEXTE | **EXERCICES** | LA FRANCE EN DIRECT | REPÈRES | POUR LE PLAISIR | **5** |

S'entraîner | Trainieren

8 Qu'est-ce qu'il y a à côté de la chaise? | Schreibe auf, was sich wo befindet. ▶ Repères, S. 66/2

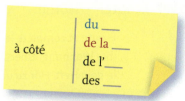

à côté | du ___
| de la ___
| de l' ___
| des ___

À côté de la chaise, il y a un miroir. À côté du miroir, il y a …

la chaise — le miroir — l'armoire — le bureau — les boîtes — l'étagère — les livres — la console

9 Où sont Flûte et Zut? | Wo sind Flûte und Zut?
Verwende *à gauche de* und *à droite de*. ▶ Repères, S. 66/2

à gauche | du ___
à droite | de la ___
| de l' ___
| des ___

Flûte est à gauche de la porte. Zut est ? .

10 a Ihr hört verschiedene Aufforderungen. Führt die entsprechende Bewegung nur dann aus, wenn vor der Aufforderung *Jacques a dit** gesagt wird. ▶ Repères, S. 67/3

* **Jacques a dit** [ʒakadi] Jacques hat gesagt (französisches Spiel)

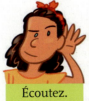

Regardez. — Parlez. — Écoutez. — Travaillez. — Mangez. — Chantez.

b Continuez. | Eine/r gibt Anweisungen, die anderen reagieren.

5 | APPROCHES TEXTE **EXERCICES** LA FRANCE EN DIRECT REPÈRES POUR LE PLAISIR

Écouter | Hören

11 Écoute et complète le plan. | Laurine beschreibt ihre Wohnung. Übertrage den Wohnungsgrundriss in dein Heft. Hör zu und trage die Zimmer ein.

DELF

▶ p. 153

Parler | Sprechen

12 À l'auberge de jeunesse. | Du bist in einer Jugendherberge und erklärst einem französischen Jugendlichen, wo sich welche Räume befinden.

DELF

▶ p. 153

Il y a une cuisine. Elle est à côté de la chambre des garçons.

Il y a un/une ___.
C'est le/la ___.

Il/Elle
Le/La ___ | est | à gauche de ___.
à droite de ___.
à côté de ___.
entre ___ et ___.

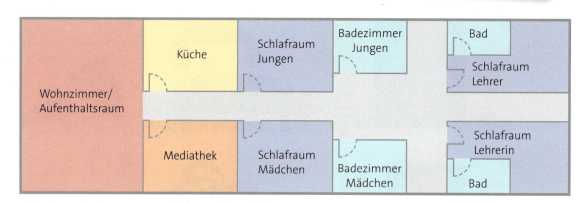

À toi: Présente ta chambre ou ton appartement

13 a Wie sieht dein Zimmer oder deine Wohnung aus? Erstelle eine Collage: Du kannst zeichnen und Bilder oder Fotos aufkleben. Schreibe Erklärungen dazu. Schau auch in deinen Notizen zu Übung 4 (Approches, S. 58) nach. ▶ Méthodes, p. 165

Du kannst auch dein Traumzimmer oder deine Traumwohnung beschreiben!

Überprüfe, ob du das jetzt kannst:
– Sage, dass in deinem Zimmer das Regal neben dem Schreibtisch steht.
– Sage, dass sich die Küche rechts vom Wohnzimmer befindet.
– Fordere deinen Nachbarn / deine Nachbarin auf, zuzuhören.

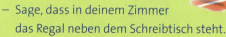
b Setzt euch in Gruppen zusammen. Stellt euch eure Zimmer/Wohnungen anhand der Collagen vor.

64 soixante-quatre

Un bureau au top!

Tu cherches désespérément* ta console?
Tu ne trouves pas tes mangas?
Pas de panique!
Voilà la solution pour ranger ta chambre!

lampe de table
3,50 €

range-revues
8,95 €/2pcs
Coton, carton.
Rouge foncé

table 19 €
Pour ordinateur portable.
L 60 x P 50, H 51–81 cm.
Rouge

rangement accessoires bureau
9,90 €
Polyuréthane. L 32 x P 10,
H 20 cm. Noir

2 sacs pour câbles
9,90 €
Polyester, polyuréthane

pêle-mêle 7 photos
7,99 €
Plastique acrylique.
Pour photos 10 x 15 cm.
L 13 x H 113 cm. Noir

* désespérément verzweifelt

1 Was ist die Botschaft dieser Katalogseite? Erkläre sie einem Freund / einer Freundin, der/die kein Französisch versteht.

2 Findet alle Wörter, die ihr kennt oder erschließen könnt. Schreibt sie mit ihrer deutschen Bedeutung in die Tabelle. Erklärt, warum ihr sie versteht. ▶ Méthodes, p. 168

Französisches Wort	Bedeutung im Deutschen	Wieso kann ich es verstehen?
la table	der Tisch	englisch: the table

Das kannst du jetzt sagen

1 So sprichst du über dein Zimmer:

Dans ma chambre, il y a (deux lits).
Sous (l'armoire), il y a (une boîte).
(Mon lecteur mp3) est sur (le lit).
Je suis souvent devant (le miroir).
(Le VTT) est derrière (la porte).

So sagst du jemandem, was er tun soll:

Range (ta chambre). Écoutez.
Mange (ta tartine). Regardez (sous le lit).

So sprichst du über deine Wohnung:

(Ma chambre) est à gauche de (la cuisine).
(La salle de bains) est à droite de (ma chambre).
Là, à côté du salon, il y a (la salle de bains).

So fragst du, wo jemand/etwas ist:

Où est (mon sac de sport)?
Où sont (Maxime et Laurine)?
Qui est dans (la salle de bains)?

Diese Grammatik benötigst du dazu

2 Là, à côté **du** bureau, il y a un sac de sport.
Regardez dans le couloir à côté **de la** porte.   Der zusammengezogene Artikel mit der Präposition *de*

Das musst du wissen:

Singular (Einzahl)

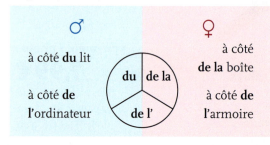

Plural (Mehrzahl)

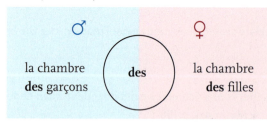

de + le = **du**   de + l' = de l'
de + la = de la   de + les = **des**

Übt und wiederholt gemeinsam

1 a Übersetzt: *neben dem Bett, neben dem Schrank, rechts vom Computer, links von der Tür, neben den Büchern*
b Vergleicht eure Ergebnisse und überprüft sie gemeinsam.
▶ Solutions, p. 222

2 Zeichnet gemeinsam ein möbliertes Zimmer von oben. Nehmt dann eine kleine Münze. A legt sie „im Zimmer" ab.
B sagt, wo sich die Münze befindet. Wechselt euch ab.

Weitere Übungen dazu
im Buch: S. 62/7, S. 63/8 + 9
im Carnet: S. 31/5

| APPROCHES | TEXTE | EXERCICES | LA FRANCE EN DIRECT | REPÈRES | POUR LE PLAISIR | **5** |

3 Range ta chambre.
Regardez. → **Der Imperativ**

Das musst du wissen:

Regardez, madame, c'est ma chambre.

Regardez la cuisine.

Range ta chambre.

Rangeons la cuisine.

Übt und wiederholt gemeinsam

1 a Übersetzt jede/r für sich die Beispielsätze. Überlegt, wie ihr *Regardez* in den Beispielen 1 und 2 übersetzt. Wie übersetzt ihr *Rangeons la cuisine*?
b Vergleicht eure Ergebnisse und überprüft sie gemeinsam.
▶ Solutions, p. 222

Weitere Übungen dazu
im Buch: S. 63/10
im Carnet: S. 32/7

4 Je mange une tartine.
Ils rangent leur chambre. → **Die Verben** *manger* **und** *ranger*

Das musst du wissen:

manger (essen)

Je	mang	**e**	un croissant.
Tu	mang	**es**	sur ton lit.
Il/Elle/On	mang	**e**	dans sa chambre.
Nous	mang	**eons**	ensemble.
Vous	mang	**ez**	des tartines.
Ils/Elles	mang	**ent**	dans le salon.

Übt und wiederholt gemeinsam

1 Seht euch die Formen von *manger* an. Es gibt eine Besonderheit. Welche? Erklärt sie euch. ▶ p. 61/2a
2 a Das Verb *ranger* (aufräumen) wird genauso konjugiert. Schlagt das Buch zu und schreibt die Formen von *ranger* auf.
b Tauscht eure Blätter. Korrigiert euch gegenseitig.
▶ Solutions, p. 222

Weitere Übungen dazu
im Carnet: S. 32/8

soixante-sept **67**

5   facultatif   POUR LE PLAISIR

Ta chambre est le miroir de ta personnalité!

Tu es dans ta chambre:

- **A** Tu écoutes un CD sur ton lit et tu regardes par la fenêtre[1].
- **B** Tu téléphones ou tu chattes avec tes copains.
- **C** Tu fais tes devoirs[2].
- **D** Tu ranges ton bureau et tu fais[3] ton lit.

Tu cherches ton sac de sport. Il est …

- **A** … sous le bureau, à côté du lit ou[4] derrière la porte.
- **B** … chez un/e ami/e.
- **C** … à la médiathèque!
- **D** … dans l'armoire, comme toujours!

C'est important pour toi[5]:

- **A** Les photos et ton lit.
- **B** Le téléphone et Internet.
- **C** Ton bureau, l'ordinateur et les livres.
- **D** Ton armoire, les boîtes et les sacs.

La phrase[6] de tes parents, c'est:

- **A** «Travaille et range ta chambre!»
- **B** «Tes amis sont encore[7] là?»
- **C** «Bravo pour tes notes!»
- **D** «Où est l'aspirateur[8]?»

Tu as un maximum de A:
Tu rêves[9] souvent et ta chambre est ton univers.

Tu as un maximum de B:
Les copains, c'est très important pour toi.

Tu as un maximum de C:
Ton univers, c'est le collège, pas ta chambre.

Tu as un maximum de D:
Tu ranges, tu ranges, rêve un peu!

1 **par la fenêtre** aus dem Fenster
2 **Tu fais tes devoirs.** Du machst deine Hausaufgaben.
3 **tu fais** du machst
4 **ou** oder
5 **C'est important pour toi.** Das ist dir wichtig.
6 **la phrase** der Satz
7 **encore** *hier:* immer noch
8 **l'aspirateur** *m.* der Staubsauger
9 **rêver** träumen

Lire et comprendre | Lesen und verstehen

1   Fais le test. Quel est ton résultat? | Mach den Test. Was erfährst du über dich?

68 soixante-huit

facultatif LECTURE

1 pour tout le monde für alle
2 la mamie die Oma
3 rigolo lustig
4 jouer spielen
5 la fête die Feier, die Party
6 bientôt bald
7 l'anniversaire *m.* der Geburtstag
8 Comment faire? Wie mache ich das?
9 ici, c'est trop petit hier ist es zu klein

À suivre …

Die Geschichte zum Comic findest du unter www.cornelsen.de/webcodes
Gib folgenden Webcode ein: ATOI-1-69

1 Worum geht es hier? Erzähle nach.

Unité 6 — C'est la fête!

C'est quand, ton anniversaire?

1 C'est quand, l'anniversaire d'Anissa?
2 C'est le 21 mars!

APPROCHES TEXTE EXERCICES

Nach Unité 6 kannst du
- sagen, wann du Geburtstag hast und jemandem zum Geburtstag gratulieren,
- sagen, was du an deinem Geburtstag (nicht) machen möchtest,
- sagen, was du dir wünschst.

6

3 C'est mardi ... Est-ce qu'elle organise une fête?

4 Je ne sais pas!

Lire et comprendre | Lesen und verstehen

1 a Schaut euch die Wochentage und Monate an. Welche könnt ihr verstehen? Warum?

38|1   b Schau dir nun das Foto an und lies die Texte in den Sprechblasen. Wer hat Geburtstag und wann?

soixante et onze **71**

6 APPROCHES — TEXTE EXERCICES LA FRANCE EN DIRECT REPÈRES POUR LE PLAISIR

Répéter | Nachsprechen

2 Écoute et répète le poème.

Les mois[1] de l'année[2]

Écoute d'abord[3] et répète[4] après[5] !
Chante avec moi les mois en français[6] !
Janvier, février, mars, avril,
Regarde, c'est facile ![7]
5 Mai, juin, juillet, août,

Ensemble, on fait la route ![8]
Septembre, octobre, novembre, décembre,
Brrrrr, on reste[9] dans sa chambre !
Écoute d'abord et répète après !
10 Chante avec moi les mois en français !

1 **le mois** der Monat	6 **en français** auf Französisch
2 **l'année** *f.* das Jahr	7 **c'est facile** das ist leicht
3 **d'abord** zuerst	8 **Ensemble, on fait la route!**
4 **répéter qc** etw. wiederholen	Wir gehen den Weg gemeinsam!
5 **après** danach	9 **rester** bleiben

3 a Répète les chiffres. | Um zu sagen, wann du Geburtstag hast, brauchst du die Zahlen bis 31. Hör dir die Zahlen und Monate an und sprich sie nach.

b Jede/r schreibt zehn Zahlen von 1 bis 31 auf. Diktiert sie euch gegenseitig.

S'entraîner au dialogue | Dialoge trainieren

4 Écoute, lis et répète.

Wann hast du Geburtstag?
– Robin, c'est quand, [——] ?
– C'est [——].
– Est-ce que [——] ?
– Non, je suis à Marseille.

Machst du eine Party?
– Thomas, [——] ?
– [——].
– [——] ?
– Oui, samedi.

Écouter | Hören

5 Retrouve les dates. | Anissa hat ihren Geburtstagskalender verloren. Hör dir die Gespräche an und schreibe die Geburtstage von Anissas Freunden in dein Heft.

Marie: 22 octobre
Laurine:
Robin:
Nicolas:

Thomas:
Maxime:
Océane:

> So gibst du das Datum an:
> le 1er janvier
> le 2 janvier
> Hinter der Zahl steht kein Punkt.
> Der Monat wird kleingeschrieben.

APPROCHES TEXTE EXERCICES LA FRANCE EN DIRECT REPÈRES POUR LE PLAISIR 6

S'entraîner | Trainieren

6 a Posez des questions et répondez. | Fragt fünf Mitschüler und Mitschülerinnen, wann sie Geburtstag haben. Schreibt euch die Daten auf. ▶ Méthodes, p. 172

   A: C'est quand, ton anniversaire?   B: C'est le 22 janvier.

b Tragt eure Ergebnisse zusammen und erstellt eine Geburtstagsliste eurer Klasse.

7 a C'est quel jour? | Dein Computer spielt verrückt. Finde die Wochentage wieder und bringe sie in die richtige Reihenfolge. ▶ Liste des mots, p. 192

| 1 vndrd | 2 lnd | 3 jd | 4 dmnch | 5 mrd | 6 smd | 7 mrcrd |

b Nennt euch abwechselnd einen Wochentag. Euer Nachbar / Eure Nachbarin wiederholt ihn und fügt die beiden darauffolgenden Wochentage hinzu.

   A: mercredi   B: mercredi, jeudi, vendredi

8 a Posez des questions. | Du möchtest mehr über deinen Nachbarn / deine Nachbarin erfahren. Stellt euch gegenseitig die folgenden Fragen mit *est-ce que* und antwortet.

   A: Est-ce que tu as un chat?   B: Oui./Non.

   1. Tu as un chat?
   2. Tu as des frères et sœurs?
   3. Ta grand-mère a un lecteur mp3?
   4. Tu as des posters dans ta chambre?
   5. Tu rêves souvent sur ton lit?
   6. Tu ranges souvent ta chambre?

b Continuez. | Stellt euch weitere Fragen mit *est-ce que* über eure Freunde, Familie und Haustiere und antwortet.

Parler | Sprechen

9 a C'est quand, la fête? | Partner B: Schlage S. 148 auf. Partner A: Wann ist die Geburtstagsfeier? Beantworte die Fragen von Partner B.

   B: L'anniversaire de Maxime, c'est quand?
   A: C'est le 29 avril.
   B: Est-ce qu'il organise une fête?
   A: Oui.
   B: Super! Et c'est quand?
   A: C'est mercredi.

   1 Maxime 29 avril mer.
   2 Laurine 10 juillet ven.
   3 Marie 22 octobre jeu.
   4 Nicolas 26 décembre sam.

b Frage nun Partner B, wann die folgenden Jugendlichen Geburtstag haben und wann sie ihre Party machen.

   5 Robin   6 Thomas   7 Océane   8 Mehdi

6

APPROCHES   TEXTE   EXERCICES   LA FRANCE EN DIRECT   REPÈRES   POUR LE PLAISIR

On fait la fête!

Dimanche, chez Anissa.
Anissa a un problème. Elle est sur son lit. Elle ne travaille pas. Elle ne range pas sa chambre. Elle ne fait pas ses devoirs. Et elle
5 ne regarde pas ses livres. Elle regarde le mur. Anissa rêve: «Mardi, c'est mon anniversaire. Je voudrais des cadeaux: *La bédé des filles* ou un poster de Soha. Je voudrais organiser une fête samedi ... Et je voudrais inviter mes
10 copains ...»
Mais ce n'est pas possible. Ses parents ne sont pas d'accord. Ils travaillent le week-end.

Qu'est-ce que je fais pour mon anniversaire?

▶ **Lundi, chez Océane.**
Océane a une idée: Elle organise, chez elle,
15 une fête-surprise pour Anissa! Les parents d'Océane sont d'accord. Ils ne travaillent pas le week-end. Océane invite Anissa et les copains samedi à cinq heures! Maxime apporte des CD. Laurine et Marie font un
20 gâteau. Nicolas fait une salade. Alors, Océane fait le numéro de Mehdi sur son portable ...

▶ **Samedi, chez Océane.**
Les copains sont déjà là.
Laurine: Thomas, qu'est-ce que tu fais?
25 **Thomas:** Je cherche les bougies.
Marie: Voilà le gâteau!
Océane: Maxime, est-ce que tu as les CD?
Maxime: Oui, écoute ... c'est joli, non?...
Mehdi: Tu danses avec moi, Océane?
30 *Dring!!!*
Robin: Anissa arrive!

▶ **Anissa:** Mais qu'est-ce que vous faites ici?
Les amis chantent: Joyeux anniversaire,
    Joyeux anniversaire,
35 Joyeux anniversaire, Anissa!
    Joyeux anniversaire!
Anissa: Oh merci! C'est sympa!

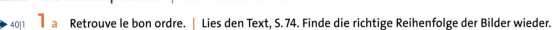

APPROCHES TEXTE **EXERCICES** LA FRANCE EN DIRECT REPÈRES POUR LE PLAISIR **6**

Lire et comprendre | Lesen und verstehen

1 a Retrouve le bon ordre. | Lies den Text, S. 74. Finde die richtige Reihenfolge der Bilder wieder.

b Raconte l'histoire. | Finde zu jedem Bild von a mindestens einen passenden Satz im Text. Schreibe die Sätze in der richtigen Reihenfolge auf.

c Comparez vos résultats. | Vergleicht zu zweit eure Ergebnisse.

Répéter | Nachsprechen

2 a Hier hörst du Wörter mit dem Laut [ʃ] (wie in Ta**sch**e) und Wörter mit dem Laut [ʒ] (wie in Gara**g**e). Schreibe die beiden Laute auf zwei Zettel. Halte immer den Laut hoch, den du hörst.

b Écoute et répète.

je ran**g**e	nous man**g**eons	**J**oyeux anniversaire!	la **ch**ambre
ju**i**n	**ch**ez	vous **ch**er**ch**ez	la perru**ch**e	**j**anvier
le **ch**at	le co**ch**on d'Inde	le **ch**ien	la bou**g**ie	**j**uillet

c Lis. | Lies den Zungenbrecher laut. Wer kann ihn aufsagen, ohne zu stocken?

Mon chien chante «Joyeux anniversaire!» et cherche des bougies pour ma perruche.

S'entraîner au dialogue | Dialoge trainieren

3 Écoute, lis et répète.

Ich möchte ein Handy haben.
– Pour mon anniversaire, [——]. Et toi?
– Moi, pour mon anniversaire, [——].
– Est-ce que [——]?
– Non.

Ich möchte Freunde einladen.
– C'est quand, [——]?
– C'est dimanche. Et [——].
– [——]?
– Oui, et [——].

6 EXERCICES

Vocabulaire | Wortschatz

4 a Note les noms avec l'article indéfini (*un*, *une*, *des*).

CADEAUXCDCOPAINSFÊTEIDÉEGÂTEAUXNUMÉROSALADE

b Retrouve les verbes. | Finde im Buchstabensalat die fünf Verben wieder. Schreibe sie mit den passenden Nomen von **a** in dein Heft. Es gibt mehrere Möglichkeiten.

faire une salade

c Écris cinq phrases. | Schreibe fünf Sätze mit den Wortgruppen von **b**.

Je fais une salade pour la fête.

Diese Sätze kannst du in der Aufgabe **14** wiederverwenden.

Apprendre à apprendre: le vocabulaire | Vokabeln lernen

5 So kannst du Vokabeln festigen ▶ Méthodes, p. 162

a Wenn du dir Aufgaben für andere ausdenkst, übst du selbst noch einmal intensiv. Das kann z. B. ein Kreuzworträtsel, ein Wortgitter oder eine Wortschlange sein.

b À toi! | Probiere es gleich aus: Verstecke für deinen Nachbarn / deine Nachbarin acht Wörter aus der Unité 6 in einem Wortgitter.

Découvrir | Entdecken

6 a Finde im Text auf S. 74 (Zeilen 1–5) drei Sätze, in denen gesagt wird, was Anissa nicht tut. Schreibe sie auf.

b Wie sagst du, dass jemand etwas nicht tut?

c Verneine die folgenden Sätze.

Marie rêve. → Marie ne rêve pas.

1. Marie rêve.
2. Thomas travaille.
3. Mehdi range son bureau.
4. Maxime fait ses devoirs.
5. Anissa danse avec Robin.
6. Laurine cherche son portable.

76 soixante-seize

| APPROCHES | TEXTE | **EXERCICES** | LA FRANCE EN DIRECT | REPÈRES | POUR LE PLAISIR | **6** |

S'entraîner | Trainieren

7 a Qu'est-ce qu'ils ne font pas? Qu'est-ce qu'ils font? Écris dans ton cahier.
▶ Repères, p. 81/3 ▶ p. 153

Océane ne travaille pas, elle rêve.

1	2	3	4	5	6
~~travailler~~ / rêver	~~ranger~~ / regarder une bédé	~~manger~~ / écouter un CD	~~rêver~~ / faire ses devoirs	~~danser~~ / manger	~~ranger le salon~~ / danser

b C'est dimanche. Qu'est-ce que tu fais? Qu'est ce que tu ne fais pas? | Schreibe in dein Heft.

ranger ma chambre   regarder une bédé
danser   rêver   travailler   ___

C'est dimanche. Je ne range pas ma chambre, je rêve.

8 a La chanson du verbe *faire*. Écoute et chante.
▶ Chanson, p. 223

b Jouez à deux. | A würfelt und konjugiert *être*, *avoir* oder *faire*. B bildet einen Satz. ▶ Verbes, p. 176

 il/être → il est → Il est dans la cour.

| être | dans la cour
de Paris
en sixième
sur le lit | avoir | 12 ans
cours
un chat
trois frères | faire | une fête
un gâteau
une salade
les devoirs |

9 Mime. | Stelle die Tätigkeiten pantomimisch dar. Die anderen erraten, was du vorspielst.

A: Qu'est-ce que je fais?
B: Tu travailles?
A: Oui.

travailler	écouter un CD
manger	parler	ranger la cuisine
faire un gâteau	___

10 Qu'est-ce que tu voudrais faire? | Was möchtest du an deinem Geburtstag machen?

Pour mon anniversaire, je voudrais organiser une fête.

6 EXERCICES

APPROCHES TEXTE **EXERCICES** LA FRANCE EN DIRECT REPÈRES POUR LE PLAISIR

11 Spielt zu zweit „Kofferpacken". Nennt abwechselnd die Geschenke mit dem Preis. Rechnet mit. Wer über 30 Euro kommt, hat verloren.

A: Pour mon anniversaire, je voudrais le CD à 10 €*.
B: Pour mon anniversaire, je voudrais le CD à 10 € et le poster à 5 €.

* un euro [ɛ̃nøʀo] ein Euro

 12 a La liste des cadeaux. | Schreibe fünf Dinge auf, die du dir zum Geburtstag wünschst.
 42|8   ▶ Banque de mots, p. 195

Pour mon anniversaire, je voudrais une console.

b Stellt eure Wünsche in der Klasse vor. Erstellt eine Hitliste der fünf beliebtesten Geschenke.

Parler | Sprechen

 13 a Fais le dialogue. | Was sagen die beiden? Formuliere das Gespräch auf Französisch.

– A fragt B, wann er/sie Geburtstag hat.
– B sagt, wann er/sie Geburtstag hat.
– A fragt B, ob er/sie eine Party macht.
– B bejaht.
– A fragt B, ob seine/ihre Eltern damit einverstanden sind.
– B bejaht und sagt, wie viele Freunde er/sie einlädt.

 ▶ p. 154

b Jouez le dialogue. | Spielt den Dialog vor.   ▶ Méthodes, p. 166

À toi: Écris une histoire

 14 a Schreibe eine Bild- oder Fotogeschichte «*Une fête-surprise pour …*» und gestalte sie. Wenn du Ideen suchst, sieh dir noch einmal den Text auf S. 74 an. Verwende auch die Sätze aus der Übung 4.

Überprüfe, ob du das jetzt kannst:
– Gratuliere deinem Freund / deiner Freundin zum Geburtstag.
– Sage, wann du Geburtstag hast und was du dir zum Geburtstag wünschst.
– Sage, was du an deinem Geburtstag machen möchtest / nicht machen möchtest.

b Sammelt eure Arbeiten in einem gemeinsamen Ordner und stellt sie am Tag der offenen Tür aus.

| APPROCHES | TEXTE | EXERCICES | **LA FRANCE EN DIRECT** | REPÈRES | POUR LE PLAISIR | **6** |

On invite les copains!

On prépare une méga surprise pour son anniversaire!

On t'invite à l'anniversaire de **Robin**
le dimanche 5 juillet à 11 heures
chez Laurine: 6, rue Anatole France
Tél.: 01. 22. 25. 30. 26
On compte sur toi!

13 ans

Marie, Laurine et Nicolas

Cher Mehdi,
Je t'invite à mon anniversaire,

le samedi 28 février
de 15 h à 20 h
chez moi: 9, avenue de l'Europe

Je compte sur toi!

Océane

Merci de confirmer ta présence
01. 21. 24. 29. 31

1 a Arbeitet zu zweit. Schaut euch jede/r eine der Karten an und erklärt euch gegenseitig auf Deutsch: Wer lädt wann und wohin ein? Was versteht ihr noch?

b À toi! | Lade deine Freunde zu deiner Party ein. Gib Uhrzeit und Adresse an. Du kannst dafür das Muster aus dem Internet verwenden.

www.cornelsen.de/webcodes
Gib folgenden Webcode ein: ATOI-1-79

soixante-dix-neuf **79**

6

APPROCHES   TEXTE   EXERCICES   LA FRANCE EN DIRECT   **REPÈRES**   POUR LE PLAISIR

Das kannst du jetzt sagen

1   **So sprichst du über deinen Geburtstag:**

C'est quand, ton anniversaire?
Mon anniversaire, c'est le (21 mars).
Pour mon anniversaire, je voudrais (des cadeaux).
Je voudrais (inviter mes copains).

So sagst du, wann etwas stattfindet:

C'est quand?
C'est le 29 janvier.
C'est le 1er mars.
C'est mardi.

So sprichst du über einen Geburtstag:
C'est quand, l'anniversaire (de Mehdi)?
Son anniversaire, c'est le (20 août).
Est-ce qu'il/elle organise une fête?
Il/Elle invite ses copains (jeudi à 17 heures).
Il/Elle fait (un gâteau).

So einigst du dich mit jemandem:

Est-ce que tu es / vous êtes d'accord?
Oui, je suis d'accord.
Non, je ne suis pas d'accord.
Je ne sais pas.
C'est possible.
Ce n'est pas possible.

So gratulierst du zum Geburtstag:

Joyeux anniversaire!

Diese Grammatik benötigst du dazu

2   Est-ce que tu es d'accord? **Die Frage mit** *est-ce que*

Das musst du wissen:

Aussagesatz	Fragesatz
Tu organises une fête.	→ **Est-ce que** tu organises une fête?
Vous dansez.	→ **Est-ce que** vous dansez?
Il fait un gâteau.	→ **Est-ce qu'**il fait un gâteau?

Zu *est-ce que* gehört immer ein Fragezeichen.

Übt und wiederholt gemeinsam

1 Erklärt euch gegenseitig, wie man eine Frage mit *est-ce que* bildet.

2 a Bildet aus folgenden Sätzen Fragen mit *est-ce que* und korrigiert euch gegenseitig.
  1. *Robin habite à Levallois.*
  2. *Tu as treize ans.*
  3. *On rentre ensemble.*

b Stellt euch gegenseitig die folgenden Fragen mit *est-ce que* und antwortet.
  1. *Organisierst du eine Party?*
  2. *Lädst du deine Freunde ein?*
  3. *Machst du einen Kuchen?*
  4. *Tanzt du mit mir?*   ▶ Solutions, p. 222

Weitere Übungen dazu
im Buch: S. 73/8
im Carnet: S. 39/7

80 quatre-vingts

APPROCHES   TEXTE   EXERCICES   LA FRANCE EN DIRECT   **REPÈRES**   POUR LE PLAISIR   **6**

3   Je **ne** suis **pas** d'accord.   →   **Die Verneinung**

Das musst du wissen:

Mehdi travaille.   Anissa **ne** travaille **pas**.
Océane habite à Levallois.   Sarah **n'** habite **pas** à Levallois.
Je suis d'accord.   Tu **n'** es **pas** d'accord?

Übt und wiederholt gemeinsam

1 Wann verwendest du *n'* bei der Verneinung?
▶ Solutions, p. 222
2 Schreibt alle Verben der Unité 6 auf. Stellt euch mit diesen Verben abwechselnd Fragen, z. B.: *Est-ce que tu ranges ta chambre?* Werft eine Münze und antwortet:
Oui, je ? *. = Zahl – Non, je ne* ? *pas. = Kopf*

Weitere Übungen dazu
im Buch: S. 76/6, S. 77/7
im Carnet: S. 41/5

---

4   Il **fait** un gâteau.   →   **Das Verb *faire***

Das musst du wissen:

faire (machen)

Je	**fais**	mes devoirs.
Tu	**fais**	ton lit?
Il/Elle/On	**fait**	la fête.
Nous	**faisons**	une salade.
Vous	**faites**	un gâteau?
Ils/Elles	**font**	deux gâteaux.

Übt und wiederholt gemeinsam

1 A klappt das Buch zu und sagt die Formen von *faire* auf. B kontrolliert. Dann tauscht die Rollen.
2 Vervollständigt die Sätze mit den Formen von *faire*.
1. *Est-ce que vous* ? *une salade?*
2. *Je* ? *mon lit.*
3. *Est-ce que tu* ? *aussi ton lit?*
4. *Nous* ? *un gâteau.*
▶ Solutions, p. 222

Weitere Übungen dazu
im Buch: S. 77/8 + 9
im Carnet: S. 41/6, S. 42/7

Merke:
*ils ont, ils sont,
ils font.*

quatre-vingt-un **81**

6   facultatif   POUR LE PLAISIR

🎧 C'est ton anniversaire!

Refrain:
Elle a 13 ans
Et toutes ses dents[1],
Ce n'est pas une enfant,
5   Elle a 13 ans!

Tes parents sont là,
Ta sœur et ton frère,
Le gâteau est pour toi,
C'est ton anniversaire!

10   **Refrain**

Bonbons ou chocolat,
Qu'est-ce que tu préfères[2]?
Le cadeau est pour toi,
C'est ton anniversaire!

15   **Refrain**

Tes amis sont là,
Qu'est-ce que tu voudrais faire?
Ce slow est pour toi!
C'est ton anniversaire!

20   **Refrain**

1   **avoir toutes ses dents**   *hier:* schon groß sein
2   **préférer qc**   etw. lieber mögen

🎧 **1**   Écoute et chante. | Hör zu und sing mit.

2   Le blog d'Anissa. | Schreibe für Anissas Blog ein bis zwei Sätze zu jedem Foto.

facultatif **RÉVISIONS 2**

Hier kannst du die Vokabeln und die Grammatik wiederholen, die du in den Unités 4–6 gelernt hast.
Das Arbeitsblatt zu Révisions 2 findest du unter www.cornelsen.de/webcodes ATOI-1-83.

Vocabulaire | Wortschatz

1 a Classe les mots. | Erstelle eine Tabelle und schreibe die Wörter in die passenden Spalten.

la cuisine	le chien	dimanche	lundi	ranger	la bougie
la salle de bains	le cochon d'Inde		le grand-père		la perruche
le chat	la fête	la mère	la fille	le bureau	les clés
août	le cadeau	inviter	février	le frère	jeudi
la chambre	les parents	l'armoire			

la famille	les animaux	l'appartement	la date*	l'anniversaire
le grand-père	le chien	la cuisine	dimanche	la bougie

* **la date** das Datum

b Complète. | Ergänze die Sätze mit passenden Wörtern von **a**.

1. Mon oncle a une ? . C'est ma cousine Pauline.
2. La ? de mon grand-père chante même la nuit. Elle s'appelle Kiwi.
3. Ma mère cherche les ? de l'appartement. Comme toujours!
4. Pour mon anniversaire, je voudrais organiser une ? .
5. Mon anniversaire, c'est le 20 ? .

c À vous! | Schreibt weitere Wörter, die in die Tabelle von **a** passen, auf ein Blatt. Tauscht dann eure Blätter aus und tragt die Wörter in die passenden Spalten ein.

2 a Qu'est-ce qu'il y a sur les dessins? | Was siehst du auf den Bildern? Sammle alle Wörter, die du kennst. Schreibe sie in dein Heft.

b Décris les dessins. | Beschreibe nun die Bilder mit den Wörtern von **a**.

Dans la cuisine, il y a ___ .

RÉVISIONS 2 facultatif

3 Qu'est-ce qu'on dit? | Wie sagt man es auf Französisch? Ergänze die fehlenden Wörter und schreibe die passenden Paare in dein Heft.

1. Ich frage, wie jemand heißt.
2. Ich sage, dass etwas furchtbar ist.
3. Ich frage, wo meine Sporttasche ist.
4. Ich sage, dass etwas nicht möglich ist.
5. Ich sage, dass ich mir ein Buch wünsche.
6. Ich gratuliere jemandem zum Geburtstag.

A Où est mon ? ?
B Joyeux ? !
C Je ? un livre.
D Ce n'est pas ? .
E Il s'appelle ? ?
F C'est l' ? .

Grammaire | Grammatik

4 Complète. | Ergänze die Sätze mit der passenden Verbform. Schreibe sie in dein Heft.
▶ Repères, p. 52/3, 81/4

1. Marie et Laurine ? *(être)* devant l'ordinateur.
2. Qu'est-ce que vous ? *(faire)* ce soir?
3. Elle n' ? *(avoir)* pas douze ans. Elle ? *(avoir)* treize ans.
4. Les garçons ? *(faire)* une salade.
5. Le lecteur mp3 de Laurine n' ? *(être)* pas sur son bureau. Il est sur son lit.
6. Nicolas et Océane ? *(avoir)* cours.
7. Maxime ne ? *(faire)* pas son lit. Il rêve.
8. Je voudrais organiser une fête. Mes parents ? *(être)* d'accord.
9. Monique et Tonio ne ? *(être)* pas les parents de Nicolas. Ce sont ses grands-parents.

5 Regarde le dessin et complète. | Schau dir das Bild an und sage, wo sich die Dinge befinden. Ergänze die Sätze.

Les livres sont ? armoire, ? boîte. Le lecteur mp3 est ? bureau, ? ordinateur. ? bureau, il y a un VTT. Le chat est ? lit. La chaise est ? bureau.

facultatif RÉVISIONS 2

6 Complète. | Laurine zeigt Marie Fotos von ihrer Familie. Ergänze die Sätze mit *mon*, *ma*, *mes* / *ton*, *ta*, *tes* / *son*, *sa*, *ses*. Schreibe in dein Heft. ▶ Repères, p. 51/2

Laurine: Regarde. Là, ce sont ? parents.
Marie: Et là? C'est ? frère?
Laurine: Oui, c'est ? frère, Théo. Et à gauche, c'est ? copain Noah.
Marie: Et là, c'est ? sœur?
Laurine: Oui, c'est ? sœur avec ? perruches. Regarde! Il y a aussi une photo de ? cousins. Ils sont super!

7 a Océane se présente. Complète. | Océane stellt sich vor. Ergänze die Sätze in deinem Heft.

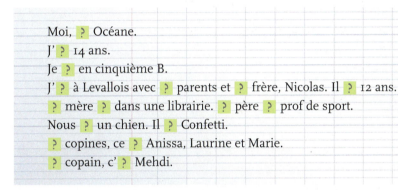

Moi, ? Océane.
J' ? 14 ans.
Je ? en cinquième B.
J' ? à Levallois avec ? parents et ? frère, Nicolas. Il ? 12 ans.
? mère ? dans une librairie. ? père ? prof de sport.
Nous ? un chien. Il ? Confetti.
? copines, ce ? Anissa, Laurine et Marie.
? copain, c' ? Mehdi.

b À toi. | Stelle dich vor. Schreibe in dein Heft.

8 Attention au virus! | Vorsicht Virus! Dein französischer Brieffreund Hugo hat dir eine E-Mail geschrieben. Leider kann man nicht jedes Wort lesen. Stelle den Text wieder her und schreibe ihn in dein Heft.

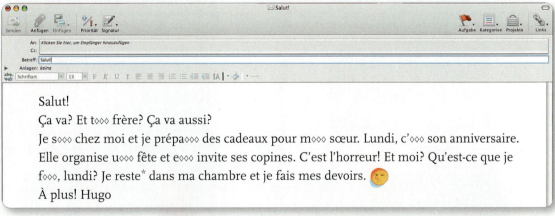

Salut!
Ça va? Et t◊◊◊ frère? Ça va aussi?
Je s◊◊◊ chez moi et je prépa◊◊◊ des cadeaux pour m◊◊◊ sœur. Lundi, c'◊◊◊ son anniversaire. Elle organise u◊◊◊ fête et e◊◊◊ invite ses copines. C'est l'horreur! Et moi? Qu'est-ce que je f◊◊◊, lundi? Je reste* dans ma chambre et je fais mes devoirs.
À plus! Hugo

* **rester** bleiben

À vous! Macht jetzt mit eurem Lernspiel weiter! Zur Erinnerung könnt ihr noch einmal die Hinweise auf Seite 41 nachlesen.

Unité 7 — Mes hobbys!

Qu'est-ce que tu aimes?

1 J'adore regarder la télé et chatter avec mes copines!

Océane

2 J'aime le sport, les animaux et la nature.

Anissa

3 J'adore le rap et je n'aime pas la musique de Soha.

Mehdi

4 Mon hobby, c'est le sport. J'aime le skate, le tennis, le basket … et j'adore le foot!

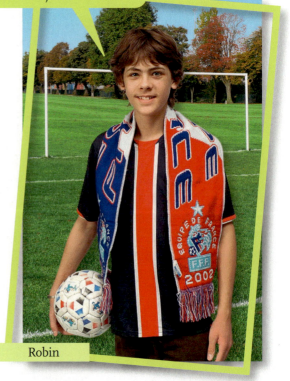

Robin

APPROCHES | TEXTE | EXERCICES

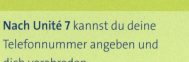

Nach Unité 7 kannst du deine Telefonnummer angeben und dich verabreden.
Außerdem lernst du zu sagen:
– was du magst und was du nicht magst,
– wohin du gehst.

7

5 J'aime faire la cuisine, j'adore les spaghettis! Miam, c'est bon!

6 J'aime chanter et j'adore dessiner! Avec ma copine Laurine, on dessine des mangas.

Nicolas

7 Moi, j'aime le VTT et les ordinateurs.

Marie

8 Mon hobby, c'est le cheval! J'adore aussi la photo. Je n'aime pas ranger ma chambre.

Maxime

Laurine

Et toi, qu'est-ce que tu aimes?

Écouter et comprendre | Hören und verstehen

1 C'est qui? | Wer ist das? Lies die Texte. Hör dir dann die verschiedenen Geräusche an und ordne sie den Jugendlichen zu.

7 APPROCHES | TEXTE   EXERCICES   LA FRANCE EN DIRECT   REPÈRES   POUR LE PLAISIR

Écouter | Hören

2 a Écoute les interviews. | Hör dir die Interviews an. Wer hat welche Hobbys? Ordne zu. ▶ Méthodes, p. 163

| 1 Rémi | 2 Manon | 3 Noémie | 4 Véra | 5 Karim | 6 Tom |

A   B   C   D

E   F   G   H

▶ p. 154

b Vergleicht eure Ergebnisse zu zweit. Findet heraus, welche Personen die gleichen Hobbys haben.

Parler | Sprechen

3 a Et toi? Qu'est-ce que tu aimes? Qu'est-ce que tu n'aimes pas? | Du bereitest dich auf ein Interview vor. Was magst du? Was magst du nicht? Formuliere Sätze.

> Moi, j'aime le sport.

	le foot.
J'aime	les animaux.
Je n'aime pas	la musique.
J'adore	dessiner.
	regarder la télé.
	chatter avec mes copains.
	____.

> Qu'est-ce que tu aimes? Qu'est-ce que tu n'aimes pas?

> Moi, j'aime chanter et je n'aime pas le skate. Et toi?

b Geht im Klassenraum umher und befragt euch gegenseitig zu euren Hobbys. ▶ Méthodes, p. 172

c Stellt die Ergebnisse eurer Umfrage der Klasse vor.

Sven aime le skate. Maria et Nabil n'aiment pas faire la cuisine.

Écrire | Schreiben

4 a Présente-toi sur un forum Internet. | Du suchst einen Brieffreund / eine Brieffreundin. Schreibe über dich, deine Familie und deine Hobbys. Was magst du? Was machst du gern? Was nicht? Stelle auch Fragen.

▶ p. 154

b Stelle deinen Text in eine Austauschbörse ein.

88 quatre-vingt-huit

Un stage de quad!

C'est mercredi après-midi. Robin ne va pas à l'école. Il est dans sa chambre. Il prépare un exposé. Son portable sonne.

Robin: Allô?
Nicolas: Salut, Robin, c'est Nico! Qu'est-ce que tu fais aujourd'hui? Tu vas au club de foot?
Robin: Non, je vais à la médiathèque. Je cherche des idées pour mon exposé.
Nicolas: Super, moi aussi! Tu passes d'abord chez moi?
Robin: D'accord! À quelle heure?
Nicolas: À trois heures, ça va?
Robin: D'accord! Alors, à plus!

Das *collège* ist eine Ganztagsschule. Nur am Mittwochnachmittag haben die Schüler/innen keinen Unterricht.

▶ *Trois heures. Nicolas et Robin vont à la médiathèque. Là, ils surfent sur Internet.*

Robin: Nicolas! Regarde, un stage pour les treize à quinze ans: quad et tennis!

Nicolas: Pas mal, j'adore le quad! Et c'est quand?
Robin: En juillet, deux semaines …
Nicolas: Super! En août, nous allons aux Deux-Alpes avec mes parents, mais en juillet, j'ai le temps! Et vous? Vous êtes là en juillet? Vous n'allez pas à Marseille?
Robin: Non … Mais Nico … euh … Il y a un problème, je n'ai pas encore treize ans.
Nicolas: Moi non plus, et alors?
Robin: Hum, je ne sais pas … quand même …
Nicolas: Regarde les photos, Robin! Un stage de quad, c'est super!
Robin: Non, Nicolas! Ce n'est pas possible!
Nicolas: Écoute, j'ai une idée! Tu as ton portable?
Robin: Oui. Tu as le numéro?
Nicolas: Oui, c'est le 01.45.71.98.85.

Robin: Allô … Oui. Bonjour, madame, c'est pour le stage de quad et tennis. J'ai une question …

7 APPROCHES TEXTE **EXERCICES** LA FRANCE EN DIRECT REPÈRES POUR LE PLAISIR

Lire et comprendre | Lesen und verstehen

1 a Qu'est-ce qui va ensemble? | Was passt zusammen? Lies den Text, S. 89, und ordne zu. ▶ p. 155

1. Robin est …	a … les photos d'un stage de quad.
2. Il prépare …	b … sonne.
3. Son portable …	c … au club de foot aujourd'hui.
4. C'est …	d … dans sa chambre.
5. Robin ne va pas …	e … un exposé.
6. Robin et Nicolas vont …	f … à la médiathèque.
7. Là, ils surfent …	g … son copain Nicolas.
8. Ils regardent …	h … sur Internet.

b Nicolas und Robin haben ein Problem. Lest den Text noch einmal und besprecht zu zweit folgende Fragen:

1. Was ist das Problem?
2. Wie reagieren Robin und Nicolas?
3. Was würdest du an ihrer Stelle tun?

Répéter | Nachsprechen

2 a Écoute et répète.

b [wa] ou [v]? Répète. | Sprich den Zungenbrecher nach.

[wa] moi l'armoire soixante-trois ce soir

Je rêve souvent dans le couloir devant le miroir de l'armoire.

S'entraîner au dialogue | Dialoge trainieren

3 Lis, écoute et répète.

Gehen wir ins Stadion?

– Salut, Léo! [——]?
– Aujourd'hui? [——]?
– [——].

Vocabulaire | Wortschatz

4 a Qu'est-ce qui va ensemble? | Was passt zusammen? Ordne zu. Es gibt mehrere Möglichkeiten.

regarder aller préparer aimer surfer avoir faire chercher	12 ans son portable la télé sur Internet au collège un exposé ses devoirs la photo

b Welche Wörter kennst du noch, die zu den Verben von a passen? Schreibe sie auf. ▶ Liste des mots, p. 178

c Fais des phrases. | Schreibe Sätze. Wer bildet den längsten Satz mit den Wörtern von a und b?

Nous regardons la télé et …

Découvrir | Entdecken

5 a Um dich zu verabreden und zu sagen, wohin du gehen willst, brauchst du die Präposition *à*. Betrachte die Beispiele.

le club de foot	→	Je vais **au** club de foot.
la médiathèque	→	Je vais **à la** médiathèque.
l'école	→	Je vais **à l'**école.
les Deux-Alpes	→	Je vais **aux** Deux-Alpes.

Erinnere dich:
de + le = *du*
de + les = *des*
Was stellst du fest?

b Wofür steht *au*? Wofür steht *aux*? Formuliere eine Regel. Besprecht dann die Regel zu zweit.

S'entraîner | Trainieren

6 Tu vas au stade? | Spielt zu zweit. A wählt einen Ort aus der Tabelle aus und behält ihn für sich. B errät ihn. Wechselt euch ab. ▶ p. 155

au	à la	à l'	aux
cinéma	boulangerie	hôtel	Deux-Alpes
club de foot	librairie	école	
cybercafé	médiathèque		
roller parc	cuisine		
stade	salle de bains		
supermarché			

Tu vas au supermarché?
Non.
Au cinéma.

7 a Ils vont où? Complète par les formes du verbe *aller*. ▶ Repères, p. 95/2

| vais | vas | va | allons | allez | vont |

1 – Tu ? à la boulangerie?
– Non, je ? à la médiathèque.

2 – Vous ? aux Deux-Alpes?
– Non, nous ? à Marseille.

3 – Ils ? au collège?
– Non, ils ? au roller parc.

4 – Elle ? au lit?

b Et toi? Tu vas où après l'école?

7 EXERCICES

APPROCHES · TEXTE · **EXERCICES** · LA FRANCE EN DIRECT · REPÈRES · POUR LE PLAISIR

8 a Écoute les numéros et décode le message. | Auf deiner Mailbox hörst du eine geheimnisvolle Zahlenfolge. Hör dir die Zahlen an und schreibe sie auf.

b Note. | Schreibe dann die dazugehörigen Buchstaben auf. Wie lautet die Botschaft?

A	B	C	D	E	F	G	H	I	J	K	L	M	N	O	P	Q	R	S	T	U	V	W	X	Y	Z
18	25	43	52	53	54	55	56	59	63	65	69	71	72	73	74	79	80	81	82	89	91	92	94	98	99

c Erfinde nun eine geheime Nachricht für deinen Nachbarn / deine Nachbarin und diktiere sie ihm/ihr.
▶ Nombres, p. 175

9 Le domino des chiffres. | Spielt Zahlendomino. Setzt die Reihe fort.

Apprendre à apprendre: écouter | Hörverstehen trainieren

10 So bereitest du dich auf das Hören eines französischen Textes vor ▶ Méthodes, p. 163

a Du hast schon Erfahrungen mit dem Hören französischer Texte gesammelt. Wie bist du dabei vorgegangen? Tausche dich mit deinem Nachbarn / deiner Nachbarin aus.

b Hier weitere Tipps:
– Lies dir die Aufgabenstellung vor dem Hören gründlich durch. Sie gibt dir Auskunft darüber, was du hören wirst: ein Telefongespräch, ein Interview … Achte auch auf Bilder und Fotos.
– Lies dir die Aufgabenstellung noch einmal genau durch: Oft geht es darum, dem Hörtext nur ganz bestimmte Informationen zu entnehmen. Welche Informationen sollst du heraushören?
– Bereite eine Tabelle vor, in die du die gesuchten Informationen eintragen kannst.

c À toi! | Probiere die Tipps in den Aufgaben **11** und **12** gleich aus.

Écouter | Hören

11 a C'est quoi, ton numéro? Écoute. | Anissa hat ihr Handy verloren. Sie speichert die Nummern ihrer Freunde in ihr neues Handy. Hör zu und achte dabei nur auf Namen und Telefonnummern. Schreibe die Telefonnummern mit den passenden Namen in dein Heft.

In Frankreich ist es üblich, Telefonnummern in zweistelligen Zahlen anzusagen.

Robin	Marie	Maxime

▶ p. 155

b Continuez. | Übt zu zweit. Diktiert euch eure Telefonnummern wie in Frankreich üblich. Schreibt sie auf und kontrolliert euch gegenseitig. ▶ Nombres, p. 175

92 quatre-vingt-douze

| APPROCHES | TEXTE | **EXERCICES** | LA FRANCE EN DIRECT | REPÈRES | POUR LE PLAISIR | **7** |

12 Hier verabreden sich Freunde am Telefon. Hör dir die drei Gespräche an und bringe die Bilder in die richtige Reihenfolge.

Écrire | Schreiben

13 Un texto. | Verabredet euch mit eurem Nachbarn / eurer Nachbarin per SMS.

1. Cybercafé?
2. Oui.
3. Quand?
4. 16h00?
5. Non. Pas possible :-(
6. 17h00?
7. Super!
8. @ +

Stellt vorher auf euren Handys die französische Sprachfunktion ein.

Parler | Sprechen

14 Findet alle Wendungen im Text (S. 89, Z. 1–13), die ihr brauchen könnt, um euch zu verabreden. Schreibt sie in euer Heft.

15 a Donnez-vous rendez-vous. | Verabredet euch. Partner B schlägt S. 148 auf.
▶ p. 148
A: Lies dir deine Rollenkarte durch und bereite den Dialog vor. Benutze die Wendungen aus der Übung **14**.

b Setzt euch Rücken an Rücken und spielt das Telefongespräch.

c Spielt eure Telefonate der Klasse vor. Benutzt dazu den Kniff mit dem Knick. ▶ Méthodes, p. 167

Du willst dich verabreden und wählst Bs Nummer. B beginnt und meldet sich.
(B: Allô!)
A: Du meldest dich. Du sagst, wer du bist und fragst, was B gerade tut.
(B: Je regarde la télé.)
A: Du schlägst vor, ins Internetcafé zu gehen.
(B: Super! À quelle heure?)
A: Du schlägst drei Uhr vor.
(B: D'accord! Tu passes chez moi?)
A: Du sagst, dass du einverstanden bist und verabschiedest dich.
(B: À plus!)

À toi: Donne rendez-vous à un copain / une copine

16 Eine Verabredung mit Hindernissen! Stell dir vor: Es ist Freitagnachmittag und du willst dich mit jemandem treffen. Dein Freund / Deine Freundin hat etwas anderes vor. Du versuchst dein Glück bei mehreren Freunden. Schreibt die Szene, übt sie ein und spielt sie vor. ▶ Méthodes, p. 166

Überprüfe, ob du das jetzt kannst:
– Sage, dass du Tiere magst und dass du nicht gerne kochst.
– Gib deine Telefonnummer an.
– Schlage einem Freund / einer Freundin vor, um fünf Uhr ins Kino zu gehen.

quatre-vingt-treize 93

7 — LA FRANCE EN DIRECT

APPROCHES · TEXTE · EXERCICES · REPÈRES · POUR LE PLAISIR

Qu'est-ce que tu fais pendant les vacances?

On fonce!
- Activité: quad-VTT
- Âge: 13 à 15 ans
- Lieu: Drôme
- Date: du 24 avril au 1er mai

C'est mon dada!
- Activité: équitation
- Âge: 12 à 17 ans
- Lieu: Yvelines
- Date: du 24 avril au 1er mai

Fan de manga!
- Activité: dessin
- Âge: 12 à 15 ans
- Lieu: Deux-Sèvres
- Date: du 19 au 23 avril

La traversée du Grand-Blanc
- Activité: ski et chiens de traineau
- Âge: 12 à 15 ans
- Lieu: Haute-Savoie
- Date: du 17 au 23 avril

DELF 1 Qui fait quoi? | Welcher Ferienkurs passt zu Maxime? Welcher zu Anissa? Und welcher zu den anderen? Suche für sie aus.

DELF 2 Et toi? | An welchem Ferienkurs würdest du gerne teilnehmen? Begründe.

1 **je choisis** ich wähle aus
2 **parce que** weil

Moi, j'aime / j'adore ___, alors je fais le stage «___».
Moi, je choisis[1] «___» parce que[2] j'aime / j'adore ___.

94 quatre-vingt-quatorze

APPROCHES   TEXTE   EXERCICES   LA FRANCE EN DIRECT   **REPÈRES**   POUR LE PLAISIR   **7**

Das kannst du jetzt sagen

1

So sprichst du über das, was du magst / nicht magst:

J'aime / J'adore (le sport).
J'aime / J'adore (dessiner).
Moi aussi.
Je n'aime pas (le rap) / (chanter).
Moi non plus.
Mon hobby, c'est (le cheval).

So fragst du jemanden nach seinen Hobbys:

Qu'est-ce que tu aimes?
Est-ce que tu aimes (la nature)?
Je n'aime pas (chatter). Et toi?

So schlägst du etwas vor und verabredest dich mit jemandem:

On va (au roller parc)?
Oui. / Non, je vais (au club de foot).
Non, ce n'est pas possible.
Tu passes chez moi?
D'accord. / Oui, c'est possible.
Tu as le temps?
À quelle heure?
À 11 heures.
À plus!

So meldest du dich am Telefon:

Allô! / Allô, c'est moi. / Allô, c'est (Max).

Diese Grammatik benötigst du dazu

2

Je vais à la médiathèque.
Tu vas au parc?
On va au cinéma.

 Das Verb *aller*

Das musst du wissen:

	aller (gehen)	
Je	**vais**	à la médiathèque.
Tu	**vas**	au collège?
Il/Elle/On	**va**	au cinéma.
Nous	**allons**	aux Deux-Alpes.
Vous	**allez**	au parc?
Ils/Elles	**vont**	à l'école.

Übt und wiederholt gemeinsam

1. Lest die Reime laut und lernt sie auswendig.
2. Sagt sie als Partnergedicht auf: Jeder sagt abwechselnd eine Zeile.
3. Denkt euch weitere Reime mit *aller* aus.

*Je vais,
tu vas,
on va
au cinéma.
Nous allons,
vous allez,
ils vont
à Avignon.*

Weitere Übungen dazu
im Buch: S. 91/6 + 7
im Carnet: S. 49/5

Merke:
*ils ont, ils sont,
ils font, ils vont.*

7

APPROCHES   TEXTE   EXERCICES   LA FRANCE EN DIRECT   **REPÈRES**   POUR LE PLAISIR

3   Je vais **au** stade.
Vous allez **aux** Deux-Alpes?
→ **Der zusammengezogene Artikel mit der Präposition** *à*

Das musst du wissen:

Singular (Einzahl)

♂ ♀
au stade — au | à la — **à la** cuisine
— à l' —
à l' hôtel — **à l'** école

Plural (Mehrzahl)

♂ ♀
aux parcs — aux — **aux** Deux-Alpes

Übt und wiederholt gemeinsam

1 Mit welchen Artikeln ziehst du die Präposition *à* zusammen? Mit welchen nicht?
2 Ihr kennt schon eine französische Präposition, die auch zusammengezogen wird. Welche ist das?
3 Fragt und antwortet abwechselnd:
— *Tu vas où?*
— *Je vais à la boulangerie.*

1. la boulangerie   4. les Deux-Alpes
2. le collège   5. l'école
3. la librairie   6. le stade

▶ Solutions, p. 222–223

Weitere Übungen dazu
im Buch: S. 91/5+6
im Carnet: S. 48/3

4   Anissa **aime le sport**.
Marie **aime chanter**.
→ *aimer* + **Nomen und** *aimer* + **Infinitiv**

Das musst du wissen:

	aimer	+	Nomen
Robin	aime		**le basket.**
Mehdi	n'aime pas		**le tennis.**

	aimer	+	Infinitiv
Océane	aime		**chatter.**
Laurine	n'aime pas		**travailler.**

Übt und wiederholt gemeinsam

Weitere Übungen dazu
im Buch: S. 88/3+4
im Carnet: S. 46/2b, S. 47/3

facultatif   POUR LE PLAISIR   **7**

On est fan!

MUSIQUE

Le meilleur rappeur[1] français, c'est lui!

Oxmo Puccino est né[2] au Mali et habite aujourd'hui à Paris. Il a 35 ans et il est *rappeur* depuis 15 ans. Le secret de son succès[3]? **Des textes originaux[4].**

1 **le meilleur rappeur** der beste Rapper
2 **il est né** er ist geboren
3 **le succès** der Erfolg
4 **originaux** *pl.* originelle

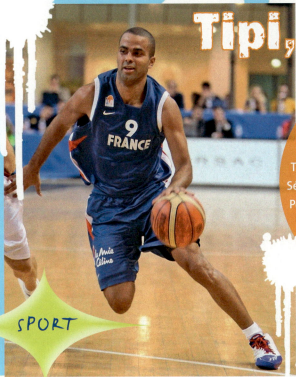

Tipi, le roi du basket

Tony Parker

Anniversaire: 17 mai
Taille: 1,88 m. Poids: 79 kg
Sélections en équipe de France[1]: 96
Poste: meneur de jeu[2]
Numéro: 9
Hobby: le hip-hop

SPORT

1 **sélections en équipe de France** Länderspiele
2 **le meneur de jeu** der Spielmacher

1 Mehdi adore le rap et il est fan d'Oxmo. Le hobby de Thomas, c'est le basket. Il adore Tony Parker. Et toi, tu es fan de qui? Présente ton idole! | Gestalte eine Seite über dein Idol.

quatre-vingt-dix-sept **97**

LECTURE facultatif

facultatif LECTURE

1 ensuite anschließend
2 seulement nur
3 À ta santé! Auf dein Wohl!

1 Was hat Serge falsch gemacht? Erstelle einen Stammbaum der Familie von Mamimo. Auf wie viele Personen kommst du?

Unité 8 — Planète collège

🎧 Il est quelle heure?

Préparer la lecture | **Das Lesen vorbereiten**

1 a Regarde le plan du collège. | Die Bezeichnungen für die meisten Räume in einem *collège* kannst du schon verstehen. Schreibe sie aus dem Grundriss ab und notiere die deutschen Entsprechungen dahinter.

b Was sind *le CDI* und *la salle de permanence*?
▶ Civilisation, p. 174

1 — Il est huit heures. — 8:00
2 — Il est huit heures et demie. — 8:30
3 — Il est midi vingt-cinq. — 12:25
4 — Il est une heure moins cinq. — 12:55

les toilettes des filles
les toilettes des garçons
la cour
la salle des professeurs
le secrétariat
le CDI

APPROCHES | TEXTE | EXERCICES

Nach Unité 8 kannst du
- nach einem Grund fragen und etwas begründen,
- sagen, wie spät es ist,
- einen typischen Schultag deiner Klasse in einer Präsentation vorstellen.

8

Il est cinq heures moins le quart.

Il est cinq heures et quart.

Lire et comprendre | Lesen und verstehen

2 a Regarde les photos. | Schau dir die Fotos an. Welcher Satz passt zu welchem Foto?

1 E 8:00: Il est huit heures. Maxime est au lit.

A Maxime et Anissa rentrent à pied.
B Maxime et Marie sont à la cantine.
C La cinquième B a anglais* avec Madame Taylor.
D La cinquième B a sport.
E Maxime est au lit.
F Maxime arrive au collège.

* **anglais** Englisch (das Fach)

b Écoute. | Hör zu und überprüfe, ob du die Sätze von **a** richtig zugeordnet hast.

c Écoute et répète.

cent un **101**

8 APPROCHES TEXTE EXERCICES LA FRANCE EN DIRECT REPÈRES POUR LE PLAISIR

S'entraîner | Trainieren

 3 a Écoute. | Hör dir die Uhrzeiten an und bringe sie in die richtige Reihenfolge. Wie lautet das Lösungswort?

| a | t | è | n | p | l | e |

b Il est quelle heure? | Jede/r schreibt sechs Uhrzeiten auf einen Zettel. Tauscht die Zettel aus. Fragt euch gegenseitig nach der Uhrzeit.

Il est quelle heure? — Il est deux heures et demie.

 4 Décris la journée d'Anissa. | Wo ist Anissa um sieben Uhr? Wohin geht sie dann? Beschreibe ihren Tagesablauf.

Anissa est / va — au ___. / à la ___. / à l'___. / aux ___.

1. Il est sept heures. Anissa est au lit.
2. Il est huit heures moins le quart. Anissa va au collège.

▶ p. 156

Écrire | Schreiben

5 a À toi. Décris ta journée. | Was machst du zu welcher Uhrzeit? Beschreibe deinen Tagesablauf wie in der Übung 4.

> **Mon lundi**
> *Il est sept heures et quart. Je suis au lit.*
> *Il est huit heures moins le quart. Je vais au collège …*

être au lit / au gymnase
aller au collège / au club de foot / à la boulangerie / ___
manger (à la cantine / chez moi)
avoir cours
faire la cuisine   faire mes devoirs
regarder la télé   chatter
ranger ma chambre
___

 b Stellt euch gegenseitig euren Tagesablauf vor.

Ce n'est pas son jour!

1

C'est mardi. Le mardi, la sixième A a toujours cours à neuf heures moins cinq. Aujourd'hui, Marie est en retard. Elle va chez le CPE.

Marie: Euh … Pardon. Je suis en retard.
5 **Le CPE:** Et pourquoi est-ce que tu es en retard?
Marie: Parce que ma montre ne marche pas.
Le CPE: Hum … Voilà ton mot d'excuse …
Marie: Merci, monsieur.

2

10 Le mardi, la sixième A a toujours histoire-géo à onze heures moins vingt. Aujourd'hui, il y a une interro-surprise!

La prof: Notez vos réponses sur la feuille. Vous pouvez utiliser votre atlas. Vous avez
15 quinze minutes.
Marie: Madame, je ne peux pas faire l'interro.
La prof: Et pourquoi est-ce que tu ne peux pas faire l'interro?
Marie: Parce que je n'ai pas mon atlas.

3

20 À treize heures, Marie, Laurine et leurs copains mangent à la cantine. Après, ils ont sport. Mais aujourd'hui, ils ne peuvent pas entrer dans le gymnase.

Le surveillant: Pourquoi est-ce que vous n'êtes
25 pas dans le gymnase?
Marie: Parce que notre prof n'est pas là. Alors on ne peut pas entrer.

4

Le mardi, la sixième A a toujours maths à seize heures dix. Les élèves adorent leur prof
30 de maths.

Marie: Monsieur, vous avez nos interros?
Le prof: Oui, bien sûr! … Et maintenant corrigez vos fautes, s'il vous plaît.
Marie: Monsieur, je ne peux pas …
35 **Le prof:** Et pourquoi est-ce que tu ne peux pas?
Marie: Parce que j'ai 20 sur 20!

In Frankreich ist 20 die beste Note,
0 die schlechteste.

8 EXERCICES

APPROCHES TEXTE **EXERCICES** LA FRANCE EN DIRECT REPÈRES POUR LE PLAISIR

Lire et comprendre | Lesen und verstehen

1 a Vrai ou faux? | Richtig oder falsch? Korrigiere die falschen Aussagen.

1. Marie arrive au collège à huit heures.
2. Marie est en retard parce qu'elle n'a pas sa montre.
3. Il y a une interro-surprise de maths.
4. Marie n'a pas son atlas.
5. Les élèves ne peuvent pas entrer dans le CDI.
6. Les élèves n'aiment pas leur prof de maths.
7. Marie ne peut pas corriger son interro.

b „Ce n'est pas son jour!" ist der Titel des Textes. Warum? Begründe.

Répéter | Nachsprechen

2 a Hier hörst du Wörter mit dem Laut [s] (wie in Ku**ss**) und Wörter mit dem Laut [z] (wie in Ro**s**e). Schreibe die beiden Laute auf zwei Zettel und halte immer den Laut hoch, den du hörst.

b Écoute et répète. | Hör dir die Wörter noch einmal an und sprich sie nach.

| 1 Salut! | 2 garçon | 3 monsieur | 4 les enfants | 5 À plus! | 6 Zut! | 7 danser |
| 8 à deux heures | 9 soixante | 10 quinze | 11 organiser | 12 ils sont | 13 ils ont |

Vocabulaire | Wortschatz

3 a Um über deinen Schulalltag sprechen zu können, benötigst du Wörter zum Thema *le collège*. Suche die Wörter auf den S. 100, 101 und 103. Erstelle eine Mindmap. ▶ Méthodes, p. 161

b Vergleicht und ergänzt eure Ergebnisse zu zweit.

c Erfindet für eure Mitschüler/Mitschülerinnen ein Kreuzworträtsel mit den Wörtern von a.
▶ Méthodes, p. 163

Découvrir | Entdecken

4 a Am Ende dieser Unité beschreibst du euren Schulalltag. Dafür musst du z. B. wissen, wie man „unser" auf Französisch sagt. Betrachte die Beispiele. Wann benutzt du *notre*, wann *nos*?

 Voilà **notre** prof.    Voilà **nos** profs.

b Qu'est-ce qui va ensemble? | Was passt zusammen? Es gibt mehrere Möglichkeiten.

Où sont		salle de classe	
C'est		prof de français	
Rangeons	notre	interros	.
Voilà	nos	livres de maths	?
Nous cherchons		CDI	

| APPROCHES | TEXTE | **EXERCICES** | LA FRANCE EN DIRECT | REPÈRES | POUR LE PLAISIR | **8** |

S'entraîner | Trainieren

 5 Notre collège est super! | Unsere Schule ist toll!
 In einer E-Mail stellt eure Partnerklasse ihre Schule vor und stellt euch Fragen. Ergänzt die Sätze mit *notre*, *nos* und *votre*, *vos*. ▶ Repères, p. 110/4

notre, *nos* = „unser/e"
votre, *vos* = **?**

1. Dans **notre** collège, **?** profs sont sympa. → Dans **votre** collège: est-ce que **?** profs sont sympa?
2. **?** ordinateurs corrigent **?** interros. → Est-ce que vous corrigez **?** interros?
3. Dans **?** cour, il y a un roller parc. → Qu'est-ce qu'il y a dans **?** cour?
4. **?** surveillants sont super. → Et **?** surveillants?
5. — → —

6 Complète. | Hier wird die 5ᵉ C des Collège Blaise Pascal vorgestellt. Ergänze mit *leur*, *leurs*.
▶ Repères, p. 110/4

Voilà les élèves de la 5ᵉ C et **leur** prof.

Voilà **?** copains.

leur livre   leurs livres

Voilà **?** collège. C'est le collège Blaise Pascal.

Voilà **?** livres d'allemand.

Voilà **?** interros.

Voilà **?** salle de classe.

7 On va au cinéma, lundi?

Du möchtest dich mit einem Freund / einer Freundin verabreden, aber er/sie hat immer sehr viel vor. Formuliere deine Vorschläge und die Antworten. ▶ Repères, p. 109/2

– On va au cinéma, lundi?
– Non, je ne peux pas. Le lundi, je vais toujours au roller parc.

lundi = am Montag (einmalig)
le lundi = montags (jeden Montag)

va au cinéma	(le) lundi	je vais toujours au roller parc
↓	↓	↓
va à la médiathèque	(le) mardi	j'ai toujours mon cours de tennis
rentre ensemble	(le) mercredi	je vais toujours au CDI
regarde la télé ensemble	(le) jeudi	je mange toujours chez ma grand-mère
fait la cuisine ensemble	(le) vendredi	je range toujours ma chambre

8

a On va au CDI? | Partner B: Schlage S. 149 auf. Partner A: Du machst Partner B Vorschläge. Er/Sie lehnt ab und sagt, warum er/sie nicht kann.

A: On va au CDI, mardi?
B: Non, je ne peux pas.
A: Pourquoi est-ce que tu ne peux pas?
B: Parce que le mardi, j'ai toujours cours de tennis.

1. aller au CDI, mardi?
2. préparer notre exposé, jeudi?
3. rentrer ensemble, vendredi?
4. faire la cuisine ensemble, dimanche?

b Nun macht Partner B dir Vorschläge. Du antwortest.

5. le lundi = n'avoir pas le temps
6. le mercredi = aller toujours chez mon grand-père
7. le jeudi = aller toujours au club de foot
8. le samedi = aller toujours au cybercafé

9

a Du kennst bereits die Form *je peux* (ich kann). Schreibe nun die restlichen Formen von *pouvoir* aus dem Text, S. 103 heraus.

b Qu'est-ce qu'on peut faire? | Ihr habt Zeit und viele gute Ideen. Macht Vorschläge. Verwendet *pouvoir*. ▶ Repères, p. 109/3

Ils peuvent préparer des spaghettis.

Je		préparer des spaghettis.
Tu		aller au roller parc.
Il/Elle/On	*pouvoir*	regarder la télé.
Nous		aller au CDI.
Vous		faire les devoirs.
Ils/Elles		chatter.

pouvoir
je ?
tu ?
il/elle/on ?
nous pouvons
vous ?
ils/elles ?

| APPROCHES | TEXTE | **EXERCICES** | LA FRANCE EN DIRECT | REPÈRES | POUR LE PLAISIR | **8** |

Écouter | Hören

10 a Tarik présente sa journée au collège. | Tarik stellt seinen Tagesablauf in der Schule vor. Hör zu und ordne die Bilder in der richtigen Reihenfolge.

1   **2**   **3**   **4**

b Hör noch einmal zu und achte auf die Uhrzeiten.
Schreibe sie mit der Nummer des passenden Fotos in dein Heft. ▶ p. 156

À toi : Présente ta classe

11 a Ein typischer Tag in eurer Klasse. Stellt einer französischen Klasse euren Tagesablauf zu verschiedenen Uhrzeiten vor. Ihr könnt Fotos machen und kurze Texte oder Erklärungen dazu schreiben.
▶ Banque de mots, p. 203

le lundi/mardi/___, ___
à ___ heure/s, ___
nous avons (toujours)/allemand/
sport/___ avec Madame/Monsieur ___.

Nous sommes | à la cantine.
            | au gymnase.
            | à la médiathèque.
            | dans notre salle de classe.
            | dans la cour.
            | ___.

Le mardi, nous avons toujours français à huit heures et quart. Là, nous sommes dans notre salle de classe. À droite, c'est Madame Schüller, notre prof de français …

b Ihr könnt die Präsentation eurer Klasse ins Internet stellen und euch damit für einen Austausch mit einer französischen Schulklasse bewerben. Stellt auch Fragen.

Überprüfe, ob du das jetzt kannst:
– Frage jemanden, wie spät es ist.
– Sage, was du freitags um 8 Uhr und um 15 Uhr machst.
– Sage, dass du am Samstag nicht ins Kino gehen kannst und begründe.

cent sept **107**

8   LA FRANCE EN DIRECT

Au collège

**Tu es nouveau au collège Jean Jaurès?
Voici des endroits importants du collège:**

La permanence
Ton prof n'est pas là? Va en permanence. Dans la salle de permanence, il y a nos surveillants: Élodie, Anna, Marc …

L'infirmerie
Ça ne va pas? Va à l'infirmerie[1]. Là, il y a Madame Malivet, notre infirmière. Elle est sympa et elle aime aider[2] les élèves!

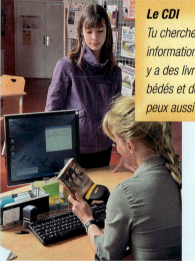

Le CDI
Tu cherches un livre ou une information? Va au CDI. Là, il y a des livres, des revues, des bédés et des DVD. Au CDI, tu peux aussi surfer sur Internet!

Le bureau de la vie scolaire
Tu es en retard? Tu as des problèmes avec des élèves du collège? Va au bureau de la vie scolaire. Là, il y a Monsieur Morin, notre CPE.

1 **l'infirmerie** *f.* das Krankenzimmer
2 **aider qn** jdm helfen

Apprendre à apprendre: la médiation | Sprachmittlung trainieren

1   **So kannst du französische Texte auf Deutsch wiedergeben**

   a   Wenn du einen französischen Text auf Deutsch wiedergeben möchtest, musst du nicht jedes Wort übersetzen. Es genügt, die wichtigsten Informationen zusammenzufassen.

    b   **À toi!** | Probiere es gleich aus! Du kannst auf dieser Internetseite schon viel verstehen. Erkläre einem Freund / einer Freundin, der/die kein Französisch versteht, worum es hier geht.

APPROCHES TEXTE EXERCICES LA FRANCE EN DIRECT **REPÈRES** POUR LE PLAISIR **8**

Das kannst du jetzt sagen

1 **So sprichst du über die Uhrzeit:**

Il est quelle heure?
Il est (huit heures et demie).
La 6ᵉ A a cours à (neuf heures moins cinq).

So sprichst du über deine Schule und fragst jemanden nach seiner Schule:

Notre collège, c'est (le collège Jean Jaurès).
Nos profs sont sympa.
Dans notre collège, il y a (un CDI).
Et votre collège?
Est-ce que vos profs sont sympa?

So sprichst du über deine Woche / deinen Tagesablauf:

Le (lundi), j'ai cours à (huit heures).
Le (mardi), je suis toujours (chez ma mère).
(Mercredi), je vais au cinéma.
(À midi), je mange à la cantine.

So fragst du jemanden nach einem Grund und gibst einen Grund an:

Pourquoi est-ce que (vous ne pouvez pas entrer)?
Parce que (notre prof n'est pas là).
Pourquoi est-ce que (tu ne peux pas faire l'interro)?
Parce que (je n'ai pas mon atlas).

Diese Grammatik benötigst du dazu

2 **Le jeudi,** on a toujours maths.   **Wochentage mit dem bestimmten Artikel**

Das musst du wissen:

Le mardi, nous avons toujours français.
Dienstags haben wir immer Französisch.
Mardi, on va au cinéma.
(Am) Dienstag gehen wir ins Kino.

regelmäßig → Wochentag **mit** Artikel
ein Mal → Wochentag **ohne** Artikel

3 **Je** ne **peux** pas faire l'interro.
Tu peux travailler au CDI.   **Das Verb** *pouvoir*

Das musst du wissen:

pouvoir (können)

Je	**peux**	faire mes devoirs.
Tu	**peux**	entrer.
Il/Elle/On	**peut**	aller au CDI.
Nous	**pouvons**	chatter.
Vous	**pouvez**	utiliser un atlas.
Ils/Elles	**peuvent**	noter les réponses.

Übt und wiederholt gemeinsam

1 Spielt zu zweit. A würfelt. B konjugiert das Verb *pouvoir*. A kontrolliert. Wechselt euch ab.

Weitere Übungen dazu
im Buch: S. 106/9
im Carnet: S. 60/7

cent neuf **109**

8

APPROCHES   TEXTE   EXERCICES   LA FRANCE EN DIRECT   **REPÈRES**   POUR LE PLAISIR

4   Voilà **notre** prof.
Ce sont **vos** élèves?
Voilà les élèves de la 6ᵉ A et **leur** prof.   ➔   **Die Possessivbegleiter** *notre, votre, leur ...*

Das musst du wissen:

♂	notre / votre / leur	♀		♂	nos / vos / leurs	♀
livre		montre		livres		montres
ami		amie		amis		amies

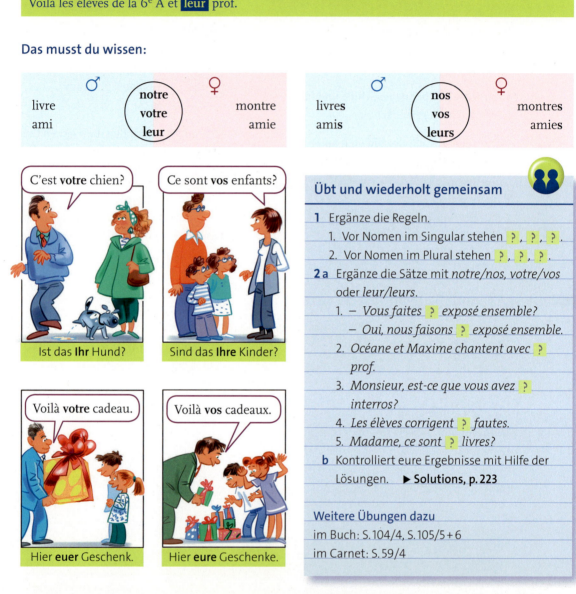

C'est **votre** chien?
Ist das **Ihr** Hund?

Ce sont **vos** enfants?
Sind das **Ihre** Kinder?

Voilà **votre** cadeau.
Hier **euer** Geschenk.

Voilà **vos** cadeaux.
Hier **eure** Geschenke.

Übt und wiederholt gemeinsam

1 Ergänze die Regeln.
 1. Vor Nomen im Singular stehen ?, ?, ?.
 2. Vor Nomen im Plural stehen ?, ?, ?.

2 a Ergänze die Sätze mit *notre/nos, votre/vos* oder *leur/leurs*.
 1. – *Vous faites* ? *exposé ensemble?*
    – *Oui, nous faisons* ? *exposé ensemble.*
 2. *Océane et Maxime chantent avec* ? *prof.*
 3. *Monsieur, est-ce que vous avez* ? *interros?*
 4. *Les élèves corrigent* ? *fautes.*
 5. *Madame, ce sont* ? *livres?*

b Kontrolliert eure Ergebnisse mit Hilfe der Lösungen.   ▶ **Solutions, p. 223**

Weitere Übungen dazu
im Buch: S. 104/4, S. 105/5 + 6
im Carnet: S. 59/4

5   **Quand est-ce que** tu as cours?   ➔   **Die Frage mit Fragewort und** *est-ce que*

Das musst du wissen:

Pourquoi est-ce que vous n'entrez pas dans le CDI?   Warum geht ihr nicht ins CDI hinein?
Où est-ce que tu habites?   Wo wohnst du?
Comment est-ce que vous rentrez?   Wie geht ihr nach Hause?
Quand est-ce qu'ils vont à la cantine?   Wann gehen sie in die Kantine?

facultatif | POUR LE PLAISIR | 8

Le nouveau prof

* **en face** gegenüber

Lire une bédé | Einen Comic lesen

1 Lis la bédé. | Lies den Comic. Was passiert hier? Erzähle nach.

In der französischen Stadt Angoulême findet jedes Jahr das bedeutendste Comicfestival Europas statt.

BILAN 2 facultatif

Hier kannst du überprüfen, welche Kompetenzen du in den Unités 5–8 erworben hast.
Das Arbeitsblatt zu Bilan 2 findest du unter www.cornelsen.de/webcodes   ATOI-1-112.

Compréhension écrite | Leseverstehen

1 Où sont les jeunes? | Wo sind die Jugendlichen? Schreibe zu jedem Satz den passenden Buchstaben auf.

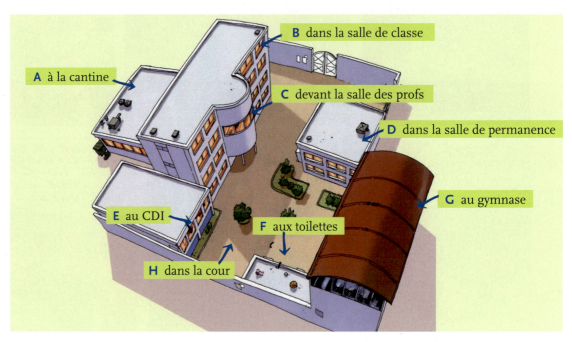

1. À midi, les élèves mangent ensemble.
2. Robin surfe sur Internet.
3. Océane cherche sa prof de français.
4. Anissa fait ses devoirs.
5. La 5e B a sport.
6. Les élèves de la 6e A ont allemand avec Madame Fischer.
7. Il y a deux portes: une pour les filles et une pour les garçons.
8. Il y a des surveillants et des élèves et les élèves ne travaillent pas.

Production écrite | Schriftlicher Ausdruck

2 Réponds aux questions. | Du hast dich in einem Internet-Forum vorgestellt und hast nun eine E-Mail von Amélie bekommen. Beantworte ihre Fragen.

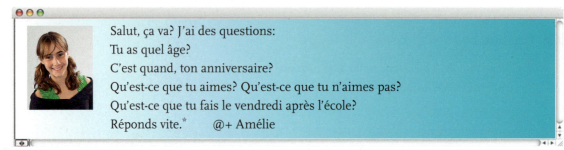

* **Réponds vite.** Antworte schnell.

 facultatif BILAN 2

Compréhension orale | Hörverstehen

 3 Trouve les huit différences. | Jérémy beschreibt sein Zimmer. Höre die Beschreibung zwei Mal und finde die acht Unterschiede! Schreibe die Nummern der Gegenstände auf, die nicht an ihrem Platz sind.

Production orale | Mündlicher Ausdruck und Sprachmittlung

 4 Posez des questions et répondez. | Arbeitet zu dritt.
Deine Mutter kann kein Französisch, möchte aber viel über den Geburtstag deines französischen Brieffreundes Benoît erfahren, der bei euch zu Besuch ist. Stelle ihre Fragen auf Französisch und erkläre ihr die Antworten.

Deine Mutter fragt:
– ob er eine Party macht,
– um wie viel Uhr,
– wo er die Party macht,
– warum er denn bei seiner Tante feiert,
– ob er Freunde einlädt,
– was sie machen.

Benoît antwortet:
– Oui, samedi.
– À 16 heures.
– On fait la fête chez ma tante.
– Parce que mes parents travaillent.
– Oui, j'invite treize copains.
– On regarde un DVD et on danse.

cent treize **113**

Unité **9** — Qu'est-ce qu'on mange ce soir?

Océane a faim!

- beaucoup de beurre
- un pot de confiture
- un yaourt
- un peu de fromage
- un kilo de tomates
- une bouteille d'eau minérale
- un litre de lait
- six œufs
- une bouteille de jus d'orange

J'ai soif. Qu'est-ce qu'il y a dans le frigo?

Écouter et comprendre | Hören und verstehen

 1 a Regarde l'image et écoute. | Schau dir das Bild an und hör zu. Zeige auf die Lebensmittel, die genannt werden. Vergleiche mit deinem Nachbarn / deiner Nachbarin.

 b Écoute et répète.

2 Vrai ou faux? | Richtig oder falsch? Hör zu und vergleiche mit dem Bild.

Il y a trois pommes sur la table. — Oui, c'est vrai[1].

Il y a un yaourt dans le frigo. — Non, c'est faux[2], il y a quatre yaourts dans le frigo.

[1] **vrai** richtig
[2] **faux** falsch

9 APPROCHES | TEXTE EXERCICES LA FRANCE EN DIRECT REPÈRES POUR LE PLAISIR

S'entraîner | Trainieren

 3 a Écoute le rap.

 b À vous! Chantez le rap.

> J'ai faim. Tu as faim?
> Robin! On a faim!
> J'ai soif. Tu as soif?
> Gustave! On a soif!
> Qu'est-ce qu'il y a dans le frigo?
> Un peu de lait et des gâteaux.
> C'est bon, Manon?
> Miam, c'est bon!

4 Qu'est-ce que tu achètes? | Du kaufst ein. Wie viel kaufst du von jeder Sache? Schreibe einen Einkaufszettel. ▶ Repères, p. 123/2

1. 18 sachets de bonbons
2. ___

un litre de/d'
un kilo de/d'
un pot de/d'
une bouteille de/d'
un peu de/d'
un sachet de/d'

+

oranges   pommes
bananes   lait
eau minérale   beurre
confiture   fromage
jus d'orange   tomates
bonbons

Parler | Sprechen

 5 a Trouvez les dix différences. | Findet die zehn Unterschiede. Partner B: Schlage S. 149 auf.
Partner A: Hör zu, was Partner B über sein/ihr Bild sagt und sage dann, was auf deinem Bild zu sehen ist.

B: Sur ma table, il y a cinq bananes.
A: Sur ma table, il y a trois bananes.

b À vous! Continuez. | Bereitet für eure Mitschüler / Mitschülerinnen ein Bilderrätsel wie in **a** vor und spielt weiter.

APPROCHES | TEXTE | EXERCICES | LA FRANCE EN DIRECT | REPÈRES | POUR LE PLAISIR

9

Le dîner est prêt!

1

Nicolas et Océane rentrent à la maison.

Océane: Ah, il y a un message.

Coucou, les enfants, c'est maman. Je rentre à
5 sept heures. Est-ce que vous pouvez acheter six œufs et faire une quiche aux légumes, s'il vous plaît? Il y a
10 vingt euros sur mon bureau. Merci et à plus!

2

Nicolas et Océane ne sont pas contents. Ils ne veulent pas de légumes. Et ils ne veulent pas faire la cuisine.

15 **Océane:** Zut! Ça fait beaucoup de travail.
Nicolas: Oh non! Je ne veux pas de quiche aux légumes! On mange trop de légumes dans notre famille! On peut peut-être acheter un poulet et un sachet
20 de frites.
Océane: C'est cher, un poulet! On a assez d'argent?
Nicolas: Hum, oui. On a vingt euros.
Océane: D'accord. Alors, moi, j'achète les
25 frites et toi, tu achètes le poulet?
Nicolas: D'accord. Elle est formidable, notre idée! À plus!

Et qu'est-ce qu'on fait comme dessert?

3

▶
30 **Nicolas:** Bonjour, monsieur, combien est-ce qu'ils coûtent, vos poulets?
Vendeur: 6 euros 50!
Nicolas: Alors, je voudrais deux poulets et six œufs!
35 **Vendeur:** Et avec ça?
Nicolas: Merci, c'est tout. Ça fait combien?
Vendeur: Ça fait 15 euros 40.
Nicolas: Voilà.
Vendeur: Merci et au revoir!
40 **Nicolas:** Au revoir, monsieur!

4

Salut, les enfants! Alors, la quiche est prête?

In Frankreich isst man abends meist etwas Warmes. Wie ist es bei euch?

cent dix-sept **117**

9 EXERCICES

APPROCHES TEXTE **EXERCICES** LA FRANCE EN DIRECT REPÈRES POUR LE PLAISIR

Lire et comprendre | Lesen und verstehen

1 a Complète le texte.

Nicolas et Océane rentrent à la maison et il y a **?** de leur mère. «Est-ce que vous pouvez acheter **?** et préparer **?**, s'il vous plaît?» Océane et Nicolas **?** parce que **?**. Ils veulent acheter un poulet et un sachet de frites. Océane achète **?**. Nicolas achète **?**. Madame Moreau rentre **?**. **?** est prêt mais **?**.

1. le dîner   2. une quiche aux légumes
3. ça fait beaucoup de travail
4. un sachet de frites   5. ne sont pas contents
6. il n'y a pas de quiche   7. six œufs
8. deux poulets   9. un message
10. à 19 heures

b Est-ce que Madame Moreau est contente? Pourquoi? Pourquoi pas? Répondez.

Répéter | Nachsprechen

2 a Écoute et répète.

[i] le kilo   la quiche   [y] sur   les légumes   [ɥ] la cuisine   huit   les fruits

b À vous! | Schreibt jede/r einen Satz mit mindestens vier Wörtern von a. Tauscht eure Sätze und lest sie euch laut vor.

S'entraîner au dialogue | Dialoge trainieren

3 Lis, écoute et répète.

Zwei Kilo Orangen, bitte!

– Bonjour! Je voudrais [——].
– [——]?
– Merci, c'est tout. [——]?
– [——].
– Voilà …
– [——]! Au revoir!

Vocabulaire | Wortschatz

4 Au marché. | Auf dem Markt. Findet die Reihenfolge der Sätze wieder und übt das Gespräch zu zweit.

1. – C'est tout, merci. Ça fait combien?   2. – Au revoir.   3. – Voilà.
4. – Ça fait deux euros.   5. – Bonjour. Je voudrais un kilo de pommes, s'il vous plaît.
6. – Merci, au revoir.   7. – Et avec ça?   8. – Bonjour, monsieur.

9

APPROCHES TEXTE **EXERCICES** LA FRANCE EN DIRECT REPÈRES POUR LE PLAISIR

Découvrir | Entdecken

 5 a *Vouloir* wird wie *pouvoir* konjugiert. Ergänze die fehlenden Formen und schreibe sie in dein Heft.

vouloir
je ?   nous voulons
tu ?   vous ?
il/elle/on ?   ils/elles ?

 b Complète les phrases. | Ergänze die Sätze. Verwende die passenden Formen von *vouloir*.

1. Tu ? une orange?
2. Vous ? un peu de fromage?
3. Océane et Nicolas ne ? pas de quiche.
4. Nous ? acheter un poulet.
5. Madame Moreau ? manger une quiche aux légumes.
6. Je ne ? pas aller au supermarché maintenant.
7. Nicolas ? faire une salade.

S'entraîner | Trainieren

 6 Vous voulez faire beaucoup de choses. Mais vous ne pouvez pas. | Arbeitet zu zweit. A sagt, was er/sie tun will. B sagt, warum das nicht geht.

A: Je veux <mark>acheter des bonbons</mark>.
B: Mais tu ne peux pas parce que tu n'as <mark>pas d'argent</mark>.

1. ~~acheter des bonbons~~ 2. faire une salade	~~pas d'argent~~ pas d'atlas
3. faire un gâteau 4. faire des tartines	pas d'œufs pas de tomates
5. préparer mon exposé 6. ___	pas de confiture ___

 7 Complète les phrases. | Vervollständige die Sätze. Es gibt mehrere Möglichkeiten. ▶ Repères, p. 123/2

1. Ils ont beaucoup de travail.   ▶ p. 157

| beaucoup de/d' | trop de/d' | n'… pas de/d' | un peu de/d' |
| trois bouteilles de/d' | trois kilos de/d' | trois litres de/d' | trois sachets de/d' |

1. Ils ont ? travail!   2. Il ? a ? argent.   3. Ils mangent ? frites.

4. Dans le frigo, il y a ? tomates.   5. Il achète ? fromage.   6. Elle achète ? eau minérale.

cent dix-neuf 119

8 C'est un garçon ou une fille? | Diese französischen Namen werden gleich ausgesprochen. Hör zu und sage, ob es um einen Jungen oder ein Mädchen geht. Achte darauf, wie die Adjektive ausgesprochen werden. ▶ Repères, p. 124/4

Dominique	Dominique
Daniel	Danielle
Michel	Michèle
Pascal	Pascale

9 Ils sont contents. | Bei Familie Moreau sind alle zufrieden. Ergänze die Sätze mit den richtigen Formen der Adjektive. ▶ Repères, p. 124/4

1. Madame Moreau est ? *(content)*: Le dîner est ? *(prêt)*.
2. Les enfants sont ? *(content)*: Leur idée est ? *(formidable)*.
3. Nicolas est ? *(content)*: Il n'y a pas de quiche aux légumes!
4. Océane aussi est ? *(content)*: Il y a des frites!
5. Nicolas: «Voilà les frites! Elles sont ? *(prêt)*.»
6. Madame Moreau et Océane sont ? *(content)*: Elles adorent le poulet … et les frites!
7. Monsieur Moreau est ? *(content)*: «Nos enfants sont ? *(formidable)*».

 ▶ p. 157

Apprendre à apprendre: écouter | Hörverstehen trainieren

10 So machst du dir beim Hören Notizen ▶ Méthodes, p. 164

a Wie du dich auf das Hören eines Textes vorbereitest, weißt du schon (▶ S. 92).
Hier weitere Tipps für das Hören:
– Hör dir den Text einmal an und konzentriere dich nur auf die Informationen, nach denen in der Aufgabe gefragt wird.
– Hör dir den Text noch einmal an und mache dir Notizen.
  1. Schreibe nur Stichwörter auf, keine ganzen Sätze.
  2. Kürze lange Wörter ab.
  3. Verwende auch Zeichen, z. B. **+** oder **=** oder 😊.

b À toi! | Probiere es in den Aufgaben **11** und **12** gleich aus.

Anissa achète un kilo de pommes et trois bananes.

	Anissa
il/elle achète	1 kg pom. + 3 ban.

120 cent vingt

Écouter | Hören

11 Au marché. | Was ist heute im Angebot? Zu welchem Preis? Hör zu und schreibe in dein Heft.

12 a Qu'est-ce qu'ils achètent? | Was kaufen sie? Übertrage die Tabelle in dein Heft.
Hör dir die Gespräche an und vervollständige die Tabelle.

 ▶ p. 157

	Monsieur Fournier	Madame Moreau	Marie	Nicolas
il/elle achète				

b Ça fait combien? | Wie viel kostet das?
Hör dir die Gespräche noch einmal an und ordne die passenden Preise zu.

7 € 20	3 € 20
4 € 25	6 € 40

Parler | Sprechen

13 a Sagt euch gegenseitig, was ihr einkaufen sollt.
Partner B: Gehe auf S. 149.
Partner A: Sage Partner B, was er einkaufen soll.

B ▶ p. 149

> tomates: 1 kg   jus d'orange: 1 bouteille
> œufs: 6   lait: 1 litre
> confiture: 1 pot

A: Tu peux acheter un kilo de tomates, s'il te plaît?

b Partner B sagt dir, was du einkaufen sollst. Hör zu und schreibe einen Einkaufszettel.

c Kontrolliert eure Einkaufszettel gegenseitig.

À toi: Au marché

14 a La liste des courses. | Du willst auf dem Markt fünf Dinge einkaufen. Schreibe einen Einkaufszettel wie in der Übung 13. ▶ Banque de mots, p. 207

b Au marché. | Bereitet zu zweit das Gespräch auf dem Markt vor. Ihr könnt die Sätze aus der Übung 4 verwenden.

c Jouez la scène. | Spielt die Szene vor.

 ▶ p. 158

> **Überprüfe, ob du das jetzt kannst:**
> – Sage, dass du Hunger hast.
> – Sage, dass du einen Apfel, eine Flasche Orangensaft und eine Tüte Bonbons möchtest.
> – Frage, wie viel das kostet.

cent vingt et un

Recette: La quiche aux légumes

Pour quatre personnes, il faut:

- 200 grammes de farine[1]
- 100 grammes de beurre
- un peu de sel et un peu de poivre
- 3 œufs
- 100 ml d'eau
- 2 tomates
- 1 pot de crème fraîche
- 2 courgettes[2]

1

Mélange[3] le beurre, la farine, le sel et un peu d'eau pour faire la pâte[4].

2

Étale[5] la pâte, beurre[6] le moule[7] et pose la pâte sur le moule. Pique la pâte avec une fourchette[8]. Pose les courgettes et les tomates sur la pâte.

3

Mélange les œufs, la crème fraîche, un peu de sel et un peu de poivre avec une fourchette.

4

Verse[9] le mélange sur les légumes. Allume[10] le four[11] (200 degrés). Laisse au four pendant 30 minutes.

Tu peux manger la quiche avec une salade.

Bon appétit!

1 la farine das Mehl	7 le moule die Form
2 la courgette die Zucchini	8 la fourchette die Gabel
3 mélanger qc etw. mischen	9 verser qc etw. gießen
4 la pâte der Teig	10 allumer qc etw. einschalten
5 étaler qc etw. ausrollen	
6 beurrer qc etw. einfetten	11 le four der Ofen

1 Du bist mit deinem Bruder / deiner Schwester zu Hause und ihr wollt eine Gemüse-Quiche backen. Was braucht ihr? In welcher Menge? Erkläre ihm/ihr das Rezept.

2 À toi! Fais une quiche aux légumes et apporte-la en classe. | Backe für deine Klasse eine Gemüse-Quiche und bringe sie mit.

APPROCHES   TEXTE   EXERCICES   LA FRANCE EN DIRECT   **REPÈRES**   POUR LE PLAISIR   **9**

Das kannst du jetzt sagen

1   **So führst du ein Einkaufsgespräch:**

Bonjour, je voudrais (deux bananes).
Je voudrais aussi un kilo de (pommes).
Et avec ça?
Merci, c'est tout.
Ça fait combien?
Ça fait (quatorze euros quatre-vingts).
C'est cher. / Ce n'est pas cher.

So sagst du, dass du Hunger und Durst hast:

J'ai faim.
J'ai soif.

Diese Grammatik benötigst du dazu

2   Il achète **un kilo de** tomates.
Nicolas mange **beaucoup de** spaghettis. **Mengenangaben mit** *de*
Océane **ne** mange **pas de** légumes.

Das musst du wissen:

Nicolas a	**un sachet de** bonbons.
Il achète	**un kilo de** tomates.
Océane cherche	**un pot de** confiture.
Elle achète	**un litre de** lait.
J'achète	**une bouteille d'**eau minérale.
Nicolas mange	**beaucoup de** spaghettis.
Il y a	**un peu de** fromage.
Marie a	**trop de** travail.
Nicolas **n'**a	**pas d'**idée.

Übt und wiederholt gemeinsam

1 a Ergänzt die Sätze mit den Angaben in Klammern.
1. *Dans le frigo, il y a* (ein bisschen Käse, ein Liter Milch, eine Flasche Orangensaft, viele Äpfel und ein Kilo Tomaten).
2. *Monsieur Moreau mange* (zu viel Gemüse).
3. *Nicolas veut acheter* (einen Beutel Pommes frites).
4. *Aujourd'hui, il ne veut* (keine Spaghetti).

b Vergleicht eure Ergebnisse zu zweit. Dann kontrolliert anhand der Lösungen.
▶ **Solutions, p. 223**

Weitere Übungen dazu
im Buch: S. 116/4+5, S. 119/6+7
im Carnet: S. 66/4

3 Je veux aller au supermarché.
Vous voulez un peu de fromage? **Das Verb** *vouloir*

Das musst du wissen:

vouloir (wollen)

Je	veux	aller au supermarché.
Tu	veux	un yaourt?
Il/Elle/On	veut	acheter une pomme.
Nous	voulons	faire une quiche.
Vous	voulez	un peu de fromage?
Ils/Elles	veulent	manger un poulet.

Übt und wiederholt gemeinsam

1 Lernt das Gedicht.
   Je veux, tu veux, il veut, elle veut,
   nous voulons et vous voulez
   beaucoup de frites et un poulet.
   Ils veulent toujours manger!
2 Schreibt die Formen des Verbs *vouloir* aus dem Kopf auf. Korrigiert euch gegenseitig.

Weitere Übungen dazu
im Buch: S. 119/5 + 6
im Carnet: S. 68/4

---

4 Océane est contente.
Ils ne sont pas contents. **Das Adjektiv**

Das musst du wissen:

Einzahl (Singular)

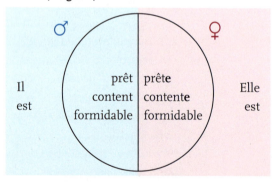

Mehrzahl (Plural)

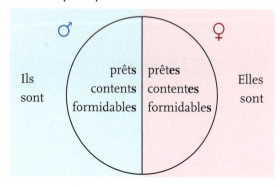

Übt und wiederholt gemeinsam

1 a Jede/r schreibt drei Sätze auf, in denen er/sie sagt, dass …
   1. … er/sie zufrieden ist,
   2. … er/sie nicht fertig ist,
   3. … sein Freund / ihre Freundin toll ist.
  b Korrigiert euch gegenseitig. Achtet darauf, welche Adjektive verändert werden und wie sie verändert werden.
  c Kontrolliert eure Lösungen.
   ▶ Solutions, p. 223

Weitere Übungen dazu
im Buch: S. 120/8 + 9
im Carnet: S. 68/6

facultatif POUR LE PLAISIR 9

Le petit-déjeuner[1]

C'est important pour bien commencer la journée!
Qu'est-ce qu'il y a sur la table et dans les bols[2]?

Au petit-déjeuner, je prends[3] des céréales[4] avec un peu de lait et une banane ou une pomme. Parfois, je mange aussi un yaourt avec un peu de confiture.

Moi, au petit-déjeuner, je prends un bol de muesli, un jus d'orange et un yaourt. Voilà!

Guillaume, Lausanne (Suisse)

Rose, Bruxelles (Belgique)

Pauline, Toulouse (France)

Benoît, Lyon (France)

Pour moi, le petit-déjeuner, c'est super important! Je prépare un bol de chocolat et deux tartines avec un peu de beurre et beaucoup de confiture. Miam, c'est bon!

J'adore le petit-déjeuner le dimanche parce que, dans ma famille, on mange toujours des croissants et on reste longtemps[5] à table. En semaine, le petit-déjeuner dure[6] cinq minutes et c'est fini[7]! Mais le dimanche, c'est super!

1 Qui prend quoi au petit-déjeuner?
Wer isst was zum Frühstück? Ergänze die Tabelle.

Guillaume	Rose	Pauline	Benoît

1 le petit-déjeuner das Frühstück
2 le bol die (Trink-)Schale
3 je prends hier: ich esse
4 les céréales f. pl. die Cornflakes
5 longtemps lange
6 durer dauern
7 c'est fini es ist vorbei

2 a Vergleicht euer Frühstück mit dem von Guillaume, Rose, Pauline und Benoît.

b Arbeitet zu viert. Gestaltet eine ähnliche Collage und stellt sie der Klasse vor. ▶ Méthodes, p. 172

cent vingt-cinq 125

RÉVISIONS 3 facultatif

Hier kannst du die Vokabeln und die Grammatik wiederholen, die du in den Unités 7–9 gelernt hast.
Das Arbeitsblatt zu Révisions 3 findest du unter www.cornelsen.de/webcodes   ATOI-1-126.

Vocabulaire | Wortschatz

1 a Fais le puzzle et trouve les mots. | Setze die Puzzleteile zu Wörtern zusammen. Schreibe sie mit dem bestimmten Artikel (*le, la, l', les*) in dein Heft.

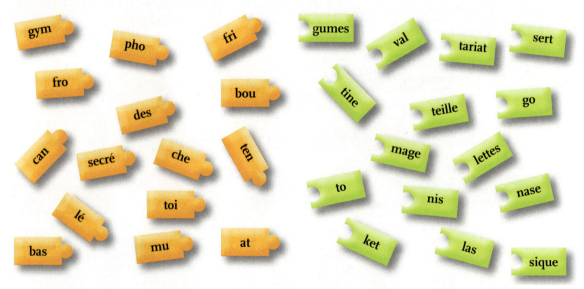

b Classe les mots. | Erstelle eine Tabelle. Ordne die Wörter von **a** den passenden Oberbegriffen zu.

les hobbys	le collège	la cuisine
le basket		

c Bilde mindestens sechs Sätze mit den Wörtern von **a**. Verwende so viele Wörter wie möglich.

Mon père adore le basket et mon frère ___ .

2 a Questions et réponses. | Finde zu jeder Frage die passende Antwort.

1. Il est quelle heure?
2. Tu passes chez moi?
3. Qu'est-ce que tu fais aujourd'hui?
4. J'ai faim!
5. Pourquoi est-ce que tu ne manges pas?
6. Qu'est-ce qu'on mange ce soir?
7. Ça fait combien?

A Parce que je n'ai pas faim.
B Tu peux manger une banane.
C Non, je n'ai pas le temps.
D Quinze euros.
E Je vais au roller parc.
F Je ne sais pas. Ma montre ne marche pas.
G On peut faire une quiche et une salade.

b À vous! | Lernt drei Minidialoge von **a** auswendig und spielt sie vor.

facultatif RÉVISIONS 3

Grammaire | Grammatik

3 Complète. | Ergänze die Sätze mit den passenden Verbformen von *vouloir* und *pouvoir*.
▶ Repères, p. 109/3, 124/3

– J'ai soif.
– Tu ? *(vouloir)* un jus d'orange?

– Maman, nous ? *(vouloir)* préparer le dîner.
– Ils ? *(vouloir)* préparer le dîner?!

– Vous ? *(pouvoir)* préparer une salade?
– Une salade, maman? Ah non! On ne ? *(pouvoir)* pas faire des frites?

– Est-ce qu'on ? *(pouvoir)* regarder la télé?
– Qu'est-ce que vous ? *(vouloir)* regarder?
– Astérix et les Vikings.

4 Retrouve les phrases. | Stelle die Sätze wieder her. Schreibe sie in dein Heft.

1. cinéma je Ce soir au vais .
2. devoirs trop On de a !
3. super collège profs de Les notre sont .
4. là profs ne Aujourd'hui sont nos pas .

5 Où est-ce qu'ils sont? | Wo sind sie? Formuliere die Sätze und verwende *être au/à la/à l'/aux*.
▶ Repères, p. 96/3

1. Océane est au cybercafé.

Océane

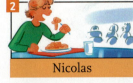
Nicolas

Maxime

Anissa

Marie

Laurine

Mehdi

Robin

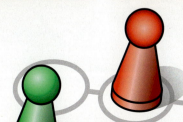

À vous! Stellt euer Lernspiel fertig und probiert es aus! Zur Erinnerung könnt ihr noch einmal die Hinweise auf Seite 41 nachlesen.

cent vingt-sept **127**

Unité 10 — Un week-end à Paris!

Vive Paris!

LA PLACE DE LA BASTILLE

5 On va aller à un concert de Grégoire, place de la Bastille.

1 Pourquoi est-ce que tu fais ton sac?

3 Qu'est-ce que vous allez faire à Paris?

LE MUSÉE DU QUAI BRANLY

6 On va visiter le musée du quai Branly.

LA TOUR EIFFEL

7 On va danser sous la tour Eiffel!

Überall in Frankreich findet die *Fête de la musique* statt. Auf Straßen und Plätzen treten Musiker auf. Finde heraus, wann sie jedes Jahr stattfindet.

TEXTE   EXERCICES

Nach Unité 10 kannst du über deine Pläne und die Pläne deiner Freunde sprechen.

10

2 Parce que je vais passer le week-end à Paris avec Marie! On va habiter chez sa sœur.

4 On va faire la fête! Demain, c'est la Fête de la musique! Youpi!

les Halles

10 Je voudrais aussi faire du shopping aux Halles!

le Centre Georges-Pompidou

9 On va regarder un spectacle de hip-hop devant le Centre Georges-Pompidou.

Montmartre

8 On va chanter à Montmartre!

Bon week-end à Paris!

cent vingt-neuf **129**

10 EXERCICES

Lire et comprendre | Lesen und verstehen

 1 Qu'est-ce que Marie et Laurine vont visiter à Paris? | Findet die Sehenswürdigkeiten, die Marie und Laurine besuchen wollen, auf dem Stadtplan von Paris (am Ende eures Buches) wieder.

 2 Qu'est-ce que Laurine et Marie vont faire? | Was werden Laurine und Marie unternehmen? Hör zu und lies die Texte, S. 128–129, mit. Stelle die Aussagen richtig zusammen.

1. Elles vont passer
2. Elles vont faire
3. Elles vont aller
4. Elles vont visiter
5. Elles vont regarder
6. Elles vont chanter
7. Elles vont danser

A la fête.
B sous la tour Eiffel.
C le musée du quai Branly.
D à Montmartre.
E un spectacle de hip-hop.
F le week-end à Paris.
G à un concert de Grégoire.

DELF 3 a Wohin gehen Marie und Laurine? Ordne den vier Konzerten in diesem Programm je eine Aussage von S. 128–129 zu.

1 L'âge des surprises
Genre: musique festive et danse
Lieu: tour Eiffel
Horaires: 14h00–16h00

2 Grégoire
Genre: pop
Lieu: place de la Bastille
Horaires: 17h00–19h30
Métro: Bastille

3 Il n'y a pas de mais
Genres: musique rock, 50 ans de chanson française
Lieu: place du Tertre, Montmartre
Horaires: 17h00–22h00
Métro: Abbesses

4 Mister X
Genre: hip-hop
Lieu: Centre Georges-Pompidou
Horaires: 13h00–16h00

b Die beiden Mädchen haben viel vor. Plant ihren Tag so, dass sie zu allen Konzerten gehen können.

À 13 heures, elles vont regarder un spectacle de hip-hop devant ___. À ___.

Découvrir | Entdecken

4 a Laurine hat viele Pläne für das Wochenende. Wie drückt sie das aus?

Je **vais passer** le week-end à Paris. On **va faire** la fête.

b Finde weitere Formen des *futur composé* im Text, S. 128–129. Trage sie in eine Tabelle ein.

c Ergänze die fehlenden Formen in der Tabelle. Beschreibe, wie du sie gebildet hast.

Wiederhole die Formen von *aller*!

je	vais	passer
tu		
il/elle/on		
nous		

| TEXTE | **EXERCICES** | LA FRANCE EN DIRECT | REPÈRES | **10** |

S'entraîner | Trainieren

 5 a Un week-end dans la famille Fournier. Qu'est-ce qu'ils ne vont pas faire? Et qu'est-ce qu'ils vont faire?
▶ Repères, p. 133/2

1. Ils ne vont pas ranger l'appartement. Ils vont regarder la télé.

~~ranger l'appartement~~
regarder la télé

~~travailler~~
inviter des copains

~~aller au roller parc~~
chatter avec ses copains

~~faire leurs devoirs~~
regarder une bédé

~~faire son lit~~
dessiner des mangas

~~faire la cuisine~~
faire du shopping

 b À toi! Qu'est-ce que tu vas faire ce week-end? Qu'est-ce que tu ne vas pas faire? Raconte.

Je vais aller au cinéma. Je ne vais pas regarder la télé ___. ▶ p. 158

À toi! Fais le programme de ton week-end

 6 Au choix. | Wähle aus. Bearbeite die Aufgabe 6a oder 6b.

a Qu'est-ce que vous allez faire? | Du bekommst für ein Wochenende Besuch aus Frankreich. Was werdet ihr unternehmen? Stelle ein Programm zusammen und beschreibe, was ihr tun werdet. Schreibe eine E-Mail mit deinem Programmvorschlag und frage, ob dein Besuch einverstanden ist.
DELF ▶ Banque de mots, p. 209 ▶ p. 158

> Salut, Claire et Léo! Vous arrivez samedi, c'est super! D'abord, on va aller au roller parc et après, ___.

 b Qu'est-ce que vous allez faire à Paris? | Deine Familie hat ein Wochenende in Paris gewonnen. Was werdet ihr unternehmen? Suche Informationen zu Paris, stelle ein Programm zusammen und beschreibe, was ihr tun werdet. Stelle das Programm **DELF** deiner Klasse vor. ▶ Civilisation, p. 174

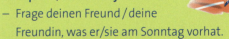

Überprüfe, ob du das jetzt kannst:
– Frage deinen Freund / deine Freundin, was er/sie am Sonntag vorhat.
– Sage, was du am Sonntag vorhast.

10 LA FRANCE EN DIRECT

Grégoire « Toi plus moi »

disque de diamant (plus de 750 000 albums vendus)

Toi + moi
Oh toi plus moi, plus tous ceux qui le veulent
Plus lui plus elle et tous ceux qui sont seuls
Allez venez et entrez dans la danse
Allez venez, c'est notre jour de chance

Nom d'artiste: **Grégoire**
Nom de famille: **Boissenot**
Domicile: **Paris**
Anniversaire: **3 avril**
Signe du zodiaque: **bélier**
Musique préférée: **The Beatles, Jacques Brel, Bruce Springsteen, Elton John, Léo Ferré**
Couleur préférée: **le bleu**
Endroit préféré: **la mer**
Animal préféré: **le loup**

 1 Marie und Laurine sind Fans von Grégoire. Lest euch die Informationen zu ihrem Lieblingssänger durch. Was könnt ihr alles verstehen? Berichtet einem Freund, was ihr über Grégoire wisst.

 2 Hört euch das Lied „Toi plus moi" an. Denkt euch eine kleine Choreographie zu dem Lied aus und präsentiert sie vor der Klasse. Veranstaltet einen Wettbewerb.

Legt vorher Kriterien für die Bewertung fest.

| TEXTE | EXERCICES | LA FRANCE EN DIRECT | **REPÈRES** | **10** |

Das kannst du jetzt sagen

1 **So fragst du jemanden, was er vorhat:**

Qu'est-ce que tu vas faire (ce soir)?
Qu'est-ce que vous allez faire (à Paris)?

So sagst du, was du vorhast:

Je vais passer (le week-end à Paris).
On va faire (la fête) /
visiter (le musée du quai Branly).

Diese Grammatik benötigst du dazu

2
Je **vais aller** à Paris.
Tu **vas faire** du shopping?
Il **va chanter** à Montmartre.

 Das *futur composé*

Das musst du wissen:

Je	vais	aller	à Paris.
Tu	vas	regarder	la télé.
Il/Elle/On	va	danser	ce soir.
Nous	allons	chanter	ensemble.
Qu'est-ce que vous	allez	faire	à Paris?
Ils/Elles	vont	faire	la fête.

Schau dir diese Sätze an. Wo stehen die Verneinungswörter *ne ... pas* beim *futur composé*?

▶ Solutions, p. 223

Je **ne** vais **pas** aller à Paris.
Ils **ne** vont **pas** faire la fête.

Je ne vais pas aller à Paris.

Übt und wiederholt gemeinsam

1 a Setzt die Verben ins *futur composé*.
1. *Les filles (habiter) chez Flora.*
2. *Laurine (aller) à Paris.*
3. *Nous (n'aller pas) à Paris.*
4. *Je (visiter) un musée.*
5. *Tu (faire) du shopping?*
6. *Qu'est-ce que vous (faire)?*

b Vergleicht eure Ergebnisse zu zweit.

c Überprüft dann eure Ergebnisse.

2 a Gebt auf Französisch wieder, was die Jugendlichen am Wochenende tun werden. Schreibt ins Heft.
1. *Max und Tom: nach Berlin fahren und bei ihrer Tante wohnen.*
2. *Nicolas: kochen und nicht zu seiner Oma fahren.*
3. *Khaled: fernsehen und nicht aufräumen.*

b Vergleicht eure Ergebnisse erst zu zweit und dann mit den Lösungen.

▶ Solutions, p. 223

Weitere Übungen dazu
im Buch: S. 130/4 + 5
im Carnet: S. 73/4 + 5

cent trente-trois **133**

TEXTE SUPPLÉMENT 1

Au café, on prend son temps!

Les filles passent leur temps avec la grande sœur de Marie. Là, elles sont dans un petit café à Montmartre.

1 Qu'est-ce que vous prenez, les filles? Moi, je prends un coca!

2 Moi aussi! Et toi Laurine, qu'est-ce que tu prends?

3 Un jus de pomme!

4 Deux cafés crème, s'il vous plaît!

6 Pardon? Je ne comprends pas!

5 ... und ich nehme eine Apfelschorle!

7 Ils prennent leur temps ici!

8 Nous prenons quatre fois le menu à quinze euros, s'il vous plaît!

9 Et comme boissons?

10 Quatre oranginas.

11 Tout de suite, monsieur.

12 Il apprend son métier!

SUPPLÉMENT 1 — EXERCICES

Lire et comprendre | Lesen und verstehen

1 Ça fait combien? | Lies den Text, S. 134. Wer zahlt wie viel? Schau in die Karte und erstelle die Rechnungen für jeden Tisch.

1. Un jus de pomme et ___, ça fait ___ €.

Boissons

Coca-cola	2,80 €	Café expresso	1,70 €
Orangina	3,30 €	Cappuccino	3,20 €
Jus de tomate	3 €	Café crème	2,70 €
Jus de pomme	3 €	Chocolat	3 €
Jus d'orange	3 €	Thé	2,50 €

S'entraîner | Trainieren

2 a Trouve les formes du verbe *prendre* dans le texte. Complète le tableau. ▶ Repères, p. 138/2

b Complète par les formes du verbe *prendre*.

1. – Qu'est-ce que vous ? ?
   – Je ? un café, et ma fille, elle ? un jus de pomme.
2. – Qu'est-ce que tu ? ?
   – Je ? un orangina.
   – Et les enfants?
   – Ils ? un jus de pomme et un coca.
3. – Qu'est-ce que vous ? ?
   – Nous ? quatre fois le menu à 15 euros.

prendre
je ?
tu ?
il/elle/on prend
nous ?
vous ?
ils/elles ?

Écouter | Hören

3 Qu'est-ce qu'ils prennent? | Hör dir an, was die Gäste bestellen. Welches Bild passt zu welcher Bestellung?

DELF

1

2

3

4

À toi: Joue une scène au café

4 Dans un café à Paris. | Du bist mit deinen Eltern in einem Café in Paris. Spielt die Szene. Ihr könnt dazu die Getränkekarte aus der Übung 1 verwenden.
▶ Méthodes, p. 166

▶ p. 159

cent trente-cinq **135**

TEXTE SUPPLÉMENT 2

Vive la musique!

C'est la fête à Paris! Il y a des musiciens partout. Laurine et Marie regardent un spectacle devant les Halles, puis elles vont à Montmartre. Là, elles rencontrent un chanteur. Il s'appelle Julien et il est très gentil.

Eh toi, là!
Qu'est-ce que tu attends?
Les mercredis ou les samedis,
Tu les attends, tu les attends, tu les attends.
5 Tu perds peut-être ton temps
Mais tu attends,
Tu attends depuis longtemps.

Eh vous, là!
Qu'est-ce que vous attendez?
10 Votre cadeau ou le métro,
Vous l'attendez, vous l'attendez, vous l'attendez.
Vous perdez peut-être votre temps
Mais vous attendez,
Vous attendez depuis longtemps.

15 Et moi, là!
Qu'est-ce que j'attends?
Mon avion ou la passion,
Je l'attends, je l'attends, je l'attends.
Mais moi, je ne perds pas mon temps:
20 Je le prends, je le prends depuis longtemps!

SUPPLÉMENT 2   EXERCICES

Écouter et comprendre | Hören und verstehen

 1 Qu'est-ce qu'ils attendent? | Hör dir das Lied an und lies den Text mit. Worauf warten die Personen, die angesprochen werden?

S'entraîner | Trainieren

 2 Complète. | Finde heraus, wovon hier gesprochen wird und ergänze die Sätze.
▶ Repères, p. 139/4

1. Laurine et Marie adorent ?. Elles le rencontrent à Paris.
2. Il chante ?. Marie l'adore.
3. ? est super! Julien la chante encore une fois.
4. Julien vend ?. Laurine l'achète.
5. Julien vend aussi ?. Marie les regarde.

des posters	une chanson
le chanteur	son CD
	la chanson

3 a Qu'est-ce que c'est? | Was ist das? Finde heraus, welche Dinge gemeint sind.   ▶ Repères, p. 139/4

1. On le fait avec des oranges.
2. Océane l'organise pour Anissa.
3. On les achète à la boulangerie.
4. Robin l'adore.
5. On les range sur l'étagère.
6. Maxime la cherche.

Le jus d'orange.

les mangas	le foot
la fête-surprise	sa console
	le jus d'orange
	les croissants

b À toi! | Erfinde drei Rätsel für deine Mitschüler/innen.
▶ Liste alphabétique, p. 212

Jonas les adore. (= les spaghettis)

 4 Qu'est-ce qu'ils attendent? | Worauf warten sie? Schreibe mindestens sechs Sätze auf.
▶ Repères, p. 139/3

J'		le bus.
Tu		le métro.
Mon frère		(mes) copains.
Ma sœur	attendre	les samedis.
Nous		le week-end.
Vous		(ton) anniversaire.
Marie et Laurine		les dimanches.

J'attends le bus.

À toi: Invente une strophe

 5 Et toi, qu'est-ce que tu attends? Ajoute une strophe à la chanson de Julien. | Schreibe eine weitere Strophe zu dem Lied von Julien.   ▶ Liste alphabétique, p. 212

 ▶ p. 159

cent trente-sept **137**

REPÈRES SUPPLÉMENTS 1+2

Das kannst du jetzt sagen

1 **So fragst du, was jemand trinken/essen möchte:**

Qu'est-ce que tu prends/vous prenez?

So bestellst du in einem Café/Restaurant:

Moi, je prends (un coca), s'il vous plaît.
Nous prenons (quatre fois le menu), s'il vous plaît.
Je voudrais (un jus de pomme).
(Deux cafés), s'il vous plaît.

So sagst du, dass du etwas (nicht) verstehst:

Oui, je comprends.
Pardon, je ne comprends pas.

Diese Grammatik benötigst du dazu

2

Je **prends** un coca.
Tu **prends** un café?
Il **prend** un jus de pomme.

 Das Verb *prendre*

Das musst du wissen:

prendre (nehmen)

Je	**prends**	un coca.
Tu	**prends**	le menu?
Il/Elle/On	**prend**	un orangina.
Nous	**prenons**	deux cafés.
Vous	**prenez**	des frites?
Ils/Elles	**prennent**	deux cafés.

Übt und wiederholt gemeinsam

1 Schlagt das Buch zu. Sagt die Formen des Verbs *prendre* vorwärts und rückwärts auf und kontrolliert euch gegenseitig.

2 Schreibt alle Formen von *apprendre* und *comprendre* auf. Tauscht dann eure Blätter aus und vergleicht. Kontrolliert anschließend mit Hilfe der Lösungen.

3 Ergänzt die Sätze mit den richtigen Formen der Verben und schreibt sie in euer Heft:
1. *Je ne (comprendre) pas.*
2. *Elle (comprendre) très bien.*
3. *Il (apprendre) son métier.*
4. *Les filles (prendre) des frites et leur père (prendre) un café.*

▶ Solutions, p. 223

Weitere Übungen dazu
im Buch: S. 135/2 + 3
im Carnet: S. 79/2

Die Verben *apprendre* und *comprendre* werden genauso wie *prendre* konjugiert.

SUPPLÉMENTS 1+2 REPÈRES

3 Je **vends** mon VTT.
Tu **attends** ta copine?
Il **perd** son temps.

→ **Die Verben auf -*dre***

Das musst du wissen:

attendre (warten)

J'	**attends**	ma mère.
Tu	**attends**	le métro
Il/Elle/On	**attend**	son frère.
Nous	**attendons**	le bus.
Vous	**attendez**	vos copains.
Ils/Elles	**attendent**	leurs parents.

Übt und wiederholt gemeinsam

1 Setzt die Verben in die richtige Form und übersetzt: *il (attendre), nous (perdre), ils (vendre), je (attendre), vous (vendre)*

2 Würfelt zu zweit. A nennt eines der Verben *attendre/vendre/perdre* und würfelt. B konjugiert das genannte Verb. A kontrolliert. Wechselt euch ab.
▶ Solutions, p. 223

Weitere Übungen dazu
im Buch: S. 137/4
im Carnet: S. 80/1

---

4 La chanson? Oui, il **la** chante.
Ses copines? Elle **les** attend.

→ **Die direkten Objektpronomen**
le, la, l', les

Das musst du wissen:

Il prend **le CD** de Soha et il **le** range.

Elle adore **la chanson** et elle **la** chante.

Il vend **son CD** et elle **l'**achète.

Il achète **les croissants** et il **les** mange.

Wann verwendest du *l'*?

Übt und wiederholt gemeinsam

1a Ersetzt die fett gedruckten Wörter durch ein Objektpronomen und stellt es an den richtigen Platz im Satz. Schreibt die Sätze auf.
1. Marie et Laurine adorent **les mangas**.
2. Théo regarde **la bédé** avec son copain.
3. Madame Fournier cherche toujours **ses clés**.
4. Les filles rencontrent **le chanteur** à Montmartre.

b Tauscht eure Blätter aus und besprecht eure Lösungen. Dann kontrolliert.
▶ Solutions, p. 223

Weitere Übungen dazu
im Buch: S. 137/2+3
im Carnet: S. 80/2

cent trente-neuf

MODULES PRATIQUES facultatif

L'alphabet

 1 La chanson de l'alphabet. Écoute et chante. | Hör erst zu und singe dann mit.

A B C, c'est la rentrée!

A B C – D E F !	D E F, bonjour, Joseph!
D E F – G H I !	G H I, ça va, Marie?
G H I – J K L !	J K L, ça va, Christelle!
J K L – M N O !	M N O, voilà Bruno!
M N O – P Q R !	P Q R, et voilà Pierre!
P Q R – S T U !	S T U, salut, salut!
S T U – V W !	V W, salut, Zoé!
Et puis X Y et Z !	Au revoir, Khaled!

2 a L'apostrophe, le ç et les accents. | Im Französischen gibt es einige Zeichen, die im Deutschen gar nicht oder nur selten vorkommen. Finde Beispiele in den folgenden Sätzen.

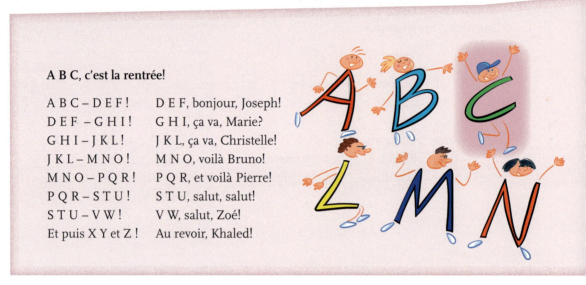

Pardon, madame, vous êtes Léa Leblanc?

Non, je m'appelle Gaëlle Martel. Je suis la prof de français de la sixième A.

Das Zeichen ' heißt „apostrophe".
Das Zeichen ¨ heißt „tréma".
Der Buchstabe é heißt „e accent aigu".
Der Buchstabe è heißt „e accent grave".
Der Buchstabe ê heißt „e accent circonflexe".
Den Buchstaben ç nennt man „c cédille".

 b Écoute. | Wann hörst du ein [k], wann hörst du ein [s]? Schreibe in dein Heft.

français	la cantine	le garçon
le collège	ça va	le cinéma

[k]	[s]

3 Un tour de France. | Suche dir einen Ort auf der Frankreichkarte am Anfang des Buches aus und buchstabiere ihn. Dein Nachbar / Deine Nachbarin schreibt den Ortsnamen auf und sucht den Ort auf der Karte. Wechselt euch ab.

Cherche Lyon.

L-Y-O-N.

Tu peux épeler, s'il te plaît?*

* **Tu peux épeler, s'il te plaît?**
Kannst du das bitte buchstabieren?

facultatif MODULES PRATIQUES

4 Comment est-ce qu'on écrit …? | Schlagt die folgenden Wörter in der Liste alphabétique, p. 218, nach. Wie heißen die Wörter auf Französisch? Wie schreibt man sie? Buchstabiert sie euch gegenseitig.

A: das Hotel   die Klasse   die Musik   die Toilette   der Planet

B: der Onkel   März   das Problem   die Natur   das Stadion

H-O accent circonflexe T-E-L

5 «A» comme ami. | Erstellt euer persönliches Alphabet. Verteilt alle Buchstaben aus dem Alphabet in der Klasse. Finde zu deinem Buchstaben ein Wort und male ein Bild dazu. Stellt euer Bilderalphabet im Klassenraum aus.   ▶ Méthodes, p. 161

6 Le jeu de l'alphabet. | Das Alphabetspiel. Wählt einen Spielleiter / eine Spielleiterin und bildet zwei Gruppen. Die Gruppe, die zuerst ein Wort sagt, das den genannten Buchstaben enthält, bekommt einen Punkt. Wird das Wort richtig an die Tafel geschrieben, gibt es einen weiteren Punkt.

MODULES PRATIQUES facultatif

Le vocabulaire en classe

1 C'est la rentrée. | Es ist dein erster Schultag in einer französischen Schule. Du verstehst nicht alles.

   a Wie kannst du nachfragen, wenn du im Unterricht etwas nicht verstanden hast?
   b Du sollst das Datum in dein Heft schreiben, weißt aber nicht, welcher Tag heute ist.
      Wie fragst du deinen Nachbarn / deine Nachbarin nach dem Datum?
   c Der Lehrer / Die Lehrerin sagt „Ouvrez les livres à la page 32." Was machst du?

2 Jouez la scène. | Sucht euch eine Szene aus und spielt sie nach.

142 cent quarante-deux

MODULES PRATIQUES facultatif

Fêtes et traditions en France

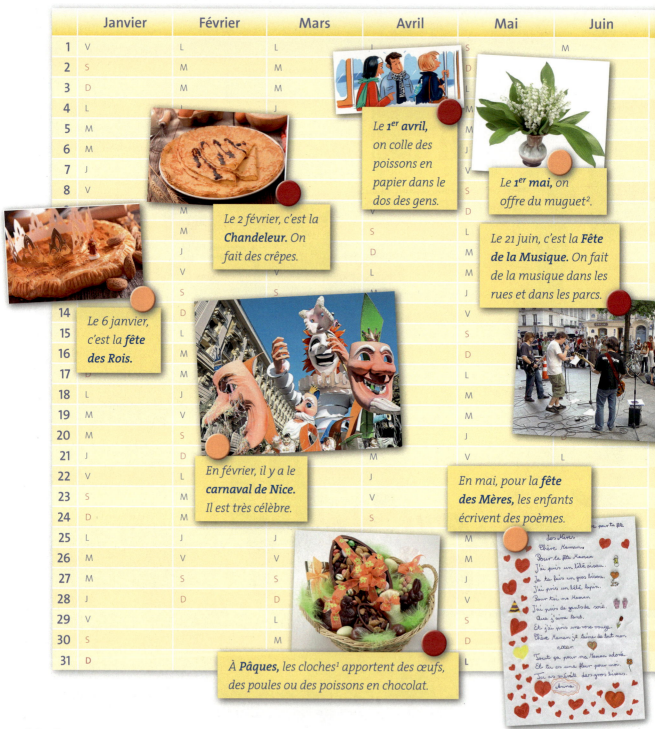

Le 6 janvier, c'est la **fête des Rois**.

Le 2 février, c'est la **Chandeleur**. On fait des crêpes.

En février, il y a le **carnaval de Nice**. Il est très célèbre.

Le 1ᵉʳ avril, on colle des poissons en papier dans le dos des gens.

À **Pâques**, les cloches[1] apportent des œufs, des poules ou des poissons en chocolat.

Le 1ᵉʳ mai, on offre du muguet[2].

En mai, pour la **fête des Mères**, les enfants écrivent des poèmes.

Le 21 juin, c'est la **Fête de la Musique**. On fait de la musique dans les rues et dans les parcs.

1 Schaut euch zu zweit den Kalender an und informiert euch zu den Festen und Traditionen in Frankreich. Mehr Informationen findet ihr auf

www.cornelsen.de/webcodes
Gib folgenden Webcode ein: ATOI-1-144

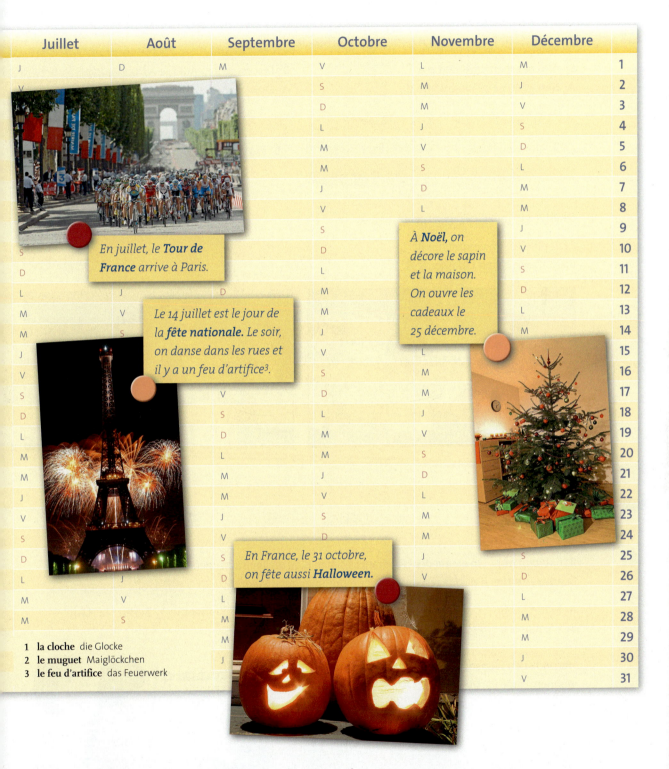

En juillet, le **Tour de France** arrive à Paris.

Le 14 juillet est le jour de la **fête nationale**. Le soir, on danse dans les rues et il y a un feu d'artifice[3].

En France, le 31 octobre, on fête aussi **Halloween**.

À **Noël,** on décore le sapin et la maison. On ouvre les cadeaux le 25 décembre.

1 la cloche die Glocke
2 le muguet Maiglöckchen
3 le feu d'artifice das Feuerwerk

2 Vergleicht die französischen Feste und Traditionen mit denen, die ihr von zu Hause kennt. Was ist gleich? Was ist anders? ▶ Méthodes, p. 172

PARTENAIRE B

Unité 2

Seite 20

9 a 5ᵉ A oder 5ᵉ B? Frage Partner A nach folgenden Schülern:

B: **Anissa** est en cinquième A?
A: Non, **elle** est en cinquième B.

B: **Léo** est en cinquième A?
A: Oui.

1 Anissa	2 Léo	3 Océane et Thomas
4 Hugo et Tarek	5 Lila et Sara	6 Maxime et David
7 Lin	8 Kevin	

♂ ▶ il est
♀ ▶ elle est
♂ et ♂ ▶ ils sont
♀ et ♂ ▶ ils sont
♀ et ♀ ▶ elles sont

b Beantworte nun die Fragen von Partner A.

A: **Sophie** est en cinquième B?
B: Non, **elle** est en cinquième A.

Unité 3

Seite 33

8 a Ils habitent où? | In einem deutsch-französischen Blog stellen sich Jugendliche vor. Beantworte zuerst die Fragen von Partner A mit folgenden Städten:

A: Marie habite à Levallois. C'est où?
B: C'est près de Paris.

1. Paris   2. Kempten   3. Berlin   4. Lyon
5. Rennes

b Nun willst du wissen, wo folgende Jugendliche wohnen. Frage Partner A.

6. Johanna / Sanary
7. Laura / Neuss
8. Philippe / Bellac
9. Farid / Montauban
10. Sandra / Recklinghausen

PARTENAIRE B

Unité 4

Seite 49

17 a Partner A sieht einen Steckbrief von Laurine. Stelle Partner A folgende Fragen und schreibe die Antworten auf.

- Elle a quel âge?
- Elle habite où?
- Elle a un animal?
- Sa copine, c'est qui?
- Elle a des frères et sœurs?
- Ils s'appellent comment?

b Mehdi stellt sich in diesem Steckbrief vor. Beantworte die Fragen von Partner A.

nom:	Mehdi
classe:	quatrième B
âge:	quinze ans
sœur:	Anissa
adresse:	17, rue Victor Hugo, à Levallois
copine:	Océane
animal:	un chien

c Tauscht eure Ergebnisse aus und korrigiert euch gegenseitig.

Unité 5

Seite 59

8 a Où sont les photos de Robin? | In Robins Zimmer herrscht Chaos. Frage Partner A, wo sich die folgenden Gegenstände befinden.

B: Où est le poster de Robin?
A: Sur l'étagère, à gauche.

- le poster
- les mangas
- la boîte
- les photos
- les cochons d'Inde
- le VTT

b Beantworte nun die Fragen von Partner A.

> sous — sur
> devant — derrière
> dans — entre
> à gauche — à droite

cent quarante-sept 147

PARTENAIRE B

Unité 6

Seite 73

9 a Frage Partner A, wann diese Jugendlichen Geburtstag haben und wann sie ihre Party machen.

| 1 Maxime | 2 Laurine | 3 Marie | 4 Nicolas |

B: L'anniversaire de Maxime, c'est quand?
A: C'est le 29 avril.
B: Est-ce qu'il organise une fête?
A: Oui.
B: Super! Et c'est quand?
A: C'est mercredi.

b Beantworte nun die Fragen von Partner A.

5 Robin
30 juin
mar.

6 Thomas
1ᵉʳ août
sam.

7 Océane
27 février
ven.

8 Mehdi
5 janvier
lun.

Unité 7

Seite 93

15 a Donnez-vous rendez-vous. | Verabredet euch.
Du bist Partner B. Lies dir deine Rollenkarte durch und bereite den Dialog vor. Benutze die Wendungen aus der Übung 14.

b Setzt euch Rücken an Rücken und spielt das Telefongespräch.

> A ruft dich an und will sich mit dir verabreden. Dein Telefon klingelt.
> **B:** Du gehst ans Telefon und meldest dich.
>   (A: Allô, c'est ____. Qu'est-ce que tu fais?)
> **B:** Du sagst, dass du fernsiehst.
>   (A: On va au cybercafé?)
> **B:** Du sagst, dass das super ist und fragst, um wie viel Uhr.
>   (A: À trois heures.)
> **B:** Du sagst, dass du einverstanden bist und fragst, ob er/sie bei dir vorbeikommt.
>   (A: D'accord! À plus!)
> **B:** Verabschiede dich von A.

148 cent quarante-huit

PARTENAIRE B

Unité 8

Seite 106

8 a On va au CDI? | Partner A macht dir Vorschläge. Du lehnst ab und sagst, warum du nicht kannst.

  A: On va au CDI, le mardi?
  B: Non, je ne peux pas.
  A: Pourquoi est-ce que tu ne peux pas?
  B: Parce que le mardi, j'ai toujours cours de tennis.

> 1. le mardi = avoir toujours cours de tennis
> 2. le jeudi = aller toujours au stade
> 3. le vendredi = aller toujours chez mon copain / ma copine
> 4. le dimanche = manger toujours chez ma cousine

b Nun machst du Partner A Vorschläge. Er/Sie antwortet.

  B: On prépare l'interro ensemble, lundi?
  A: ___.

> 5. préparer l'interro ensemble, lundi?
> 6. aller à la cantine ensemble, mercredi?
> 7. passer par la boulangerie, jeudi, après l'école?
> 8. aller au cinéma, samedi à 18 heures?

Unité 9

Seite 116

5 a Partner B: Sage Partner A, was auf deinem Bild zu sehen ist. Hör dann zu, was Partner A über sein/ihr Bild sagt.

  B: Sur ma table, il y a cinq bananes.   A: Sur ma table, il y a trois bananes.

Seite 121

13 a Partner A sagt dir, was du einkaufen sollst. Hör zu und schreibe einen Einkaufszettel.

b Sage Partner A, was er einkaufen soll.

  B: Tu peux acheter un kilo de bananes, s'il te plaît?

bananes: 1 kg	fromage: un peu
yaourts: 4	eau minérale: 1 bouteille
bonbons: 1 sachet	

c Kontrolliert eure Einkaufszettel gegenseitig.

cent quarante-neuf

DIFFÉRENCIATION

Unité 2

Seite 16

5 Jouez la scène. | Spielt zu dritt die Szene: „Am ersten Schultag".

1. – Person A begrüßt Person B und stellt sich vor.
2. – B grüßt zurück und stellt sich ebenfalls vor.
3. – Person C kommt an, begrüßt A und fragt, wie es ihm/ihr geht.
4. – A antwortet.
5. – B geht weg. C fragt A, wer das ist.
6. – A antwortet.

– Salut.
– Je m'appelle ___. / Moi, c'est ___.
– Ça va?
– Super! / Ça va. / Bof!
– C'est qui?
– C'est ___.

Seite 21

13 Écoute et réponds. | Eine französische Freundin stellt dir Fragen. Hör zu und antworte.

– Super! / Ça va. / Bof!
– Je m'appelle ___. / Moi, c'est ___.
– Je suis en 6e ___. / 5e ___.
– Je suis dans la classe de ___.
– Je suis l'ami / l'amie de ___.
– Au revoir! / Salut!

Unité 3

Seite 28

5 a Retrouve les mots. | Kennst du diese Wörter? Schreibe sie mit dem unbestimmten Artikel (*un*, *une*, *des*) auf.

rielanbouge   scrap   brailiries   manéci   letôh   caberfécy   chépermarsu

Seite 34

12 Écoute. Qui habite où? | Wer wohnt wo?
Hör dir die vier Dialoge an und ordne zu.

Überlege **vor dem Hören**, was du wissen willst: hier die Namen und die Adressen. Achte beim Hören nur auf diese Informationen.

6, rue Anatole France   8, rue Gabriel Péri
4, avenue Georges Pompidou   3, rue du Parc

1 Lola   2 Anna   3 Max   4 Tom

DIFFÉRENCIATION

Seite 34

13 a Trouve des réponses. | Formuliere die Fragen und antworte.

1. Tu habites où?
2. Tu es de ___ (Ort)?
3. Il y a un/une ___ (Geschäft) dans le quartier?
4. ___ (Ort), c'est où?
5. Il y a un cinéma à ___ (Ort)?
6. Qu'est-ce que tu cherches?

b Stellt euch nun gegenseitig die Fragen von a und antwortet darauf.

c Jouez les dialogues. | Lernt mindestens drei Minidialoge von a auswendig und tragt sie vor. Ihr könnt sie für das Rollenspiel in der Aufgabe 14 (S. 34) verwenden.

Seite 35

2 À toi! Écris un e-mail à un ami / une amie. | Schreibe einem Freund / einer Freundin eine E-Mail. Welche Wendungen aus den beiden E-Mails (S. 35) kannst du wiederverwenden?

DELF

Du begrüßt:	Bonjour.
	Salut ___!
	Ça va?
	À ___, ça va?
Du schreibst über	
– dein Befinden:	Moi, ça va (super/bof).
– deinen Wohnort:	J'habite à ___.
	C'est près de ___.
	C'est un quartier de ___.
– deine Freunde:	C'est un ami / une amie.
– deine Schule:	Le collège est super.
Du stellst Fragen:	Et toi? / Le collège? / Les amis? / ___?
Du verabschiedest dich:	Salut!
	@+ (À plus!)

Unité 4

Seite 46

4 c Was passt zusammen? Überlege erst, ob diese Nomen männlich oder weiblich sind. Dann verbinde.

	famille		quartier
	frère		collège
mon	âge	mon	copain
ma	adresse	ma	copine
mes	parents	mes	chien
	cousines		navigo
	animaux		club de foot

Vor Nomen, die mit einem Vokal oder stummem *h* beginnen, verwendest du im Singular *mon*, z. B. *mon adresse*.

DIFFÉRENCIATION

Seite 47

6 Complète. | Hier werden Tom und Lola vorgestellt. Setze *son*, *sa*, *ses* ein. Was fällt dir auf?

Tom habite à Eltmann avec **son père**, **sa mère**, ? sœur et ? grands-parents. ? âge: 13 ans.

Lola habite à Paris avec **son père**, ? mère, ? sœur et ? grands-parents. ? âge: 12 ans.

Seite 47

8 *Son*, *sa*, *ses*. Complétez. | Daniel und Julia suchen Freunde in einem Internetforum. Arbeitet zu zweit. Stellt sie euch gegenseitig vor. Verwendet *son*, *sa*, *ses*. ▶ Repères, p. 51/2

Daniel habite à Berlin avec **son père**, **sa mère** …

Daniel: Salut, je m'appelle Daniel. J'habite à Berlin avec mon père, ma mère, mes deux sœurs et mon chat. Mes copains, ce sont Ali et Leo. Mon quartier, c'est Kreuzberg.

Julia: Salut, je m'appelle Julia. J'habite à Hambourg avec mon père, ma mère, mes trois frères et mon chien. Mes copines, ce sont Kim et Mona. Mon quartier, c'est Altona.

Seite 49

16 Écoute et réponds. | Gib Auskunft über dich. Hör zu und antworte. ▶ Méthodes, p. 164

DELF

Tu parles un peu français?

Oui, un peu.

Je parle ___.
Je m'appelle ___.
J'ai ___ ans.
J'habite à ___.
J'ai ___ frère(s) ___ sœur(s).
Il/Elle s'appelle ___.

Seite 53

1 c Führt die Szene auf. Hier findet ihr Hinweise für euer Rollenspiel.

1. Was sagen die Leute, die anrufen?
2. An welchen Stellen wollt ihr laut, leise, überrascht oder ungeduldig sprechen?
3. Wie bewegt ihr euch beim Spiel? Achtet auch auf euren Gesichtsausdruck.
4. Braucht ihr Gegenstände? Was zieht ihr an? Welche Geräusche oder Musik könnt ihr einsetzen?

DIFFÉRENCIATION

Unité 5

Seite 64

11 Écoute et complète le plan. | Laurine beschreibt ihre Wohnung. Übertrage den Wohnungsgrundriss in dein Heft. Hör zu und trage die Zimmer ein.

| 1 | la chambre des garçons | 2 | la cuisine | 3 | la chambre des parents |
| 4 | la chambre des filles | 5 | la salle de bains | 6 | le salon |

Seite 64

12 À l'auberge de jeunesse. | Du bist in einer Jugendherberge und erklärst einem französischen Jugendlichen, wo sich welche Räume befinden.

> Il y a une cuisine. Elle est à côté de la chambre des garçons.

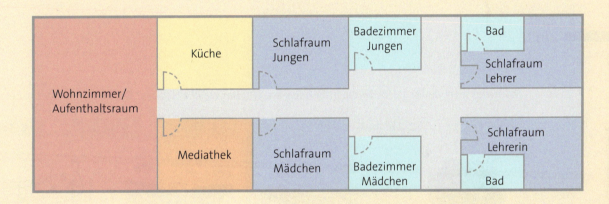

Unité 6

Seite 77

7 a Qu'est-ce qu'ils ne font pas? Qu'est-ce qu'ils font? | Schreibe in dein Heft, was die Jugendlichen nicht tun und was sie tun. ▶ Repères, p. 81/3

Océane ne travaille pas, elle rêve.

1 ~~travailler~~   2 ~~ranger~~   3 ~~manger~~   4 ~~rêver~~   5 ~~danser~~   6 ~~ranger le salon~~

DIFFÉRENCIATION

Seite 78

13 a Retrouve le dialogue. | Was sagen die beiden? Finde zu den deutschen Aussagen die passenden französischen Sätze.

- A fragt B, wann er/sie Geburtstag hat.
- B sagt, wann er/sie Geburtstag hat.
- A fragt B, ob er/sie eine Party macht.
- B bejaht.
- A fragt B, ob seine/ihre Eltern damit einverstanden sind.
- B bejaht und sagt, wie viele Freunde er/sie einlädt.

A Est-ce que tes parents sont d'accord?
B Et c'est quand, ton anniversaire?
C Oui! Et j'invite ___ copains!
D Oui.
E Est-ce que tu organises une fête?
F C'est le ___.

b Schreibe das Gespräch auf.

c Jouez le dialogue. | Spielt den Dialog vor. ▶ Méthodes, p. 166

Unité 7

Seite 88

2 a Écoute les interviews. | Hör dir die Interviews an. Wer hat welche Hobbys? Ordne zu. ▶ Méthodes, p. 163

| 1 Rémi | 2 Manon | 3 Noémie | 4 Véra | 5 Karim | 6 Tom |

A la photo
B le sport
C regarder la télé
D la musique

E les ordinateurs
F le cheval
G faire la cuisine
H dessiner des mangas

Seite 88

4 a Présente-toi sur un forum Internet. | Du suchst einen Brieffreund / eine Brieffreundin. Schreibe über dich, deine Familie und deine Hobbys. Was magst du? Was machst du gern? Was nicht? Stelle auch Fragen.

Je m'appelle ___.   Je parle ___.
J'ai ___ ans.   J'adore ___.
Je suis en ___.   Je n'aime pas ___.
J'habite à ___.   Mon hobby, c'est ___.
J'ai ___ frère(s)/sœur(s).
Mon animal, c'est un/une ___.
___

DIFFÉRENCIATION

Seite 90

1 a Complète. | Lies den Text, S. 89, und vervollständige die Sätze.

1. Robin est ...
2. Il prépare ...
3. Son portable ...
4. C'est ...
5. Robin ne va pas ...
6. Robin et Nicolas vont ...
7. Là, ils surfent ...
8. Ils regardent ...

Seite 91

6 Tu vas au stade? | Spielt zu zweit. A wählt einen Ort aus und behält ihn für sich. B errät ihn. Wechselt euch ab. ▶ Repères, p. 96/3

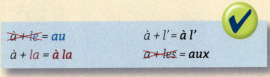

à + le = au   à + l' = à l'
à + la = à la   à + les = aux

- le cinéma
- la boulangerie
- la librairie
- le cybercafé
- le club de foot
- l'hôtel
- la cuisine
- le roller parc
- les Deux-Alpes
- le stade
- l'école
- la salle de bains
- le supermarché
- la médiathèque

Tu vas au supermarché?
Non.
Au cinéma.

Seite 92

11 a C'est quoi, ton numéro? Écoute. | Anissa hat ihr Handy verloren. Sie speichert die Nummern ihrer Freunde in ihr neues Handy. Hör zu und achte dabei nur auf Namen und Telefonnummern. Ordne die Telefonnummern den Personen zu.

Robin	Marie	Maxime

📱 01.76.67.14.41

📱 06.43.27.93.74

📱 06.22.97.84.13

cent cinquante-cinq 155

DIFFÉRENCIATION

Unité 8

Seite 102

4 Décris la journée d'Anissa. | Wo ist Anissa um sieben Uhr? Wohin geht sie dann? Beschreibe ihren Tagesablauf.

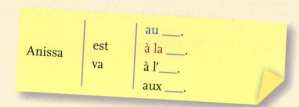

1. Il est sept heures. Anissa est au lit.
2. Il est huit heures moins le quart. Anissa va au collège.

le lit

le collège

le gymnase

le secrétariat

la cantine

les toilettes

le CDI

la boulangerie

Seite 107

10 a Tarik présente sa journée au collège. | Tarik stellt seinen Tagesablauf in der Schule vor. Hör zu und ordne die Bilder in der richtigen Reihenfolge.

Nous mangeons à la cantine. Le mercredi, il y a toujours des spaghettis.

Là, nous sommes dans la cour.

Nous avons sport. Notre prof s'appelle Monsieur Legrand.

Nous sommes dans notre salle de classe. Nous avons français avec Monsieur Azéma.

b Hör noch einmal zu und achte auf die Uhrzeiten. Schreibe sie mit der Nummer des passenden Fotos in dein Heft.

Unité 9

Seite 119

7 Trouve une phrase pour chaque dessin. | Finde zu jedem Bild einen Satz. Es gibt mehrere Möglichkeiten.
▶ Repères, p. 123/2

1. Ils ont beaucoup de travail.

| beaucoup de/d' | trop de/d' | n' ... pas de/d' | un peu de/d' |
| trois bouteilles de/d' | trois kilos de/d' | trois litres de/d' | trois sachets de/d' |

1 travail 2 argent 3 frites 4 tomates 5 fromage 6 eau minérale

Seite 120

9 Ils sont contents. | Bei Familie Moreau sind alle zufrieden. Ergänze die Sätze mit den richtigen Formen der Adjektive. ▶ Repères, p. 124/4

1. Madame Moreau est ? (content/contente): Le dîner est ? (prêt/prête).
2. Les enfants sont ? (content/contents): Leur idée est ? (formidable/formidables).
3. Nicolas est ? (content/contents): Il n'y a pas de quiche aux légumes!
4. Océane aussi est ? (contente/contentes): Il y a des frites!
5. Nicolas: «Voilà les frites! Elles sont ? (prêts/prêtes).»
6. Madame Moreau et Océane sont ? (contents/contentes): Elles adorent le poulet ... et les frites!
7. Monsieur Moreau est ? (content/contente): «Nos enfants sont ? (formidable/formidables)».

Seite 121

12 a Qu'est-ce qu'ils achètent? | Was kaufen sie? Übertrage die Tabelle in dein Heft. Hör dir die Gespräche an und vervollständige die Tabelle.

	Monsieur Fournier	Madame Moreau	Marie	Nicolas
il/elle achète				

b Ça fait combien? | Wie viel kostet das? Hör dir die Gespräche noch einmal an und notiere die Preise.

DIFFÉRENCIATION

Seite 121

 14 b Au marché. | Bereitet zu zweit das Gespräch auf dem Markt vor.

– Bonjour!
– Bonjour! Je voudrais ___, s'il vous plaît.
– Voilà. Et avec ça?
– Merci, c'est tout. Ça fait combien?
– Ça fait ___ euros!
– Voilà!
– Merci, au revoir!

Unité 10

Seite 131

 5 b À toi! Qu'est-ce que tu vas faire ce week-end? Qu'est-ce que tu ne vas pas faire? Raconte. | Was wirst du am nächsten Wochenende (nicht) machen? Erzähle.

Je vais aller au cinéma. Je ne vais pas regarder la télé ___.

✓
aller au cinéma
danser
regarder une BD
faire un gâteau

organiser une fête
visiter un musée
écouter un CD
aller au roller parc
___

✗
regarder la télé
travailler
faire du shopping
faire mes devoirs
chatter avec mes copains

ranger ma chambre
préparer un exposé
faire la cuisine
faire mon lit
___

6 a Qu'est-ce que vous allez faire? | Du bekommst für ein Wochenende Besuch aus Frankreich. Was werdet ihr unternehmen? Stelle ein Programm zusammen und beschreibe, was ihr tun werdet. Schreibe eine E-Mail mit deinem Programmvorschlag und frage, ob dein Besuch einverstanden ist.

D'abord, ___.
Après, ___.
Samedi/Dimanche, ___.
À ___ heures, ___.

Salut, Claire et Léo! Vous arrivez samedi, c'est super! D'abord, on va aller au roller parc et après, ___.

DIFFÉRENCIATION

Supplément 1

 4 Seite 135
Dans un café à Paris. | Du bist mit deinen Eltern in einem Café in Paris. Spielt die Szene. Ihr könnt dazu die Getränkekarte aus der Übung 1, S. 135 verwenden. ▶ Méthodes, p. 166

> Qu'est-ce que tu prends?
> Qu'est-ce que vous prenez, ___?
> Moi, je prends ___.
> Nous prenons ___.
> Je voudrais ___.
> Et toi?
> (Un coca), s'il vous plaît.
> Et comme boissons?
> Qu'est-ce qu'il/elle prend?
> Je ne comprends pas.
> Merci.
> Tout de suite, madame/monsieur.

Supplément 2

 5 Seite 137
Et toi, qu'est-ce que tu attends? Ajoute une strophe à la chanson de Julien. | Schreibe eine weitere Strophe zu dem Lied von Julien.

> Et moi, là!
> Qu'est-ce que j'attends?
> ___ ou ___,
> Je ___, je ___, je ___.
> Mais moi, je ne perds pas mon temps:
> Je le prends, je le prends depuis longtemps!

MÉTHODES | VOCABULAIRE

Apprendre le vocabulaire | Vokabeln lernen

Für das Lernen von Vokabeln gibt es viele Strategien. Probiere die aus, die dir am meisten zusagen.
Mehr Spaß macht das Vokabellernen mit **einem Lernpartner / einer Lernpartnerin**. Lernt zusammen und kontrolliert euch gegenseitig!
Lerne **regelmäßig** Vokabeln. Durch regelmäßiges Wiederholen wandern die gelernten Wörter in dein Langzeitgedächtnis.

Apprendre avec la liste des mots | Mit der Liste des mots lernen

Verwende die Schablone aus deinem Carnet (im Arbeitsheft auf S. 103, um mit der *Liste des mots* (Wortliste, S. 178–211) zu lernen.
Neue Wörter (ca. 10–15 Wörter auf einmal) übst du eine Woche lang täglich. Danach wiederholst du die Wörter einmal pro Woche.

> **Probiere es gleich aus:**
>
> Dein Lernpartner / Deine Lernpartnerin hört dich nach einer Woche ab.

Apprendre avec des fiches de vocabulaire | Mit Karteikarten lernen (Unité 3)

Neue Wörter merkst du dir leichter, wenn du sie aufschreibst, z. B. auf Karteikarten.
So gehst du vor:
1. Schreibe auf die eine Seite der Karteikarte die französische Vokabel und dazu einen französischen Beispielsatz. Beispielsätze findest du in der rechten Spalte der *Liste des mots*, p. 178.
2. Auf die andere Seite schreibst du die deutsche Übersetzung der Vokabel. Du kannst auch ein Bild malen.
3. Wähle 10–15 Karten aus. Lies zuerst das französische Wort laut. Nenne dann die deutsche Bedeutung. Drehe die Karte um und kontrolliere anhand der Rückseite. Wenn du alle Wörter geübt hast, geht es mit dem nächsten Schritt weiter.
4. Du liest die deutsche Bedeutung und sagst das französische Wort dazu laut. Dann drehst du die Karteikarte um und kontrollierst. Als Letztes liest du den französischen Satz laut.

le métro
À Paris, il y a le métro.
die U-Bahn

> **Probiere es gleich aus:**
>
> Lege zehn Karteikarten mit dem Wortschatz der Unité an, die ihr gerade behandelt.
> Lerne zuerst die zehn Vokabeln auf deinen Karteikarten. Tausche dann die Karteikarten mit deinem Lernpartner / deiner Lernpartnerin und lerne „seine" / „ihre" zehn Wörter. Danach hört ihr euch gegenseitig ab.

Trouver des paires de mots | Wortpaare bilden (Unité 3)

Überlege dir bei neuen Vokabeln, zu welchen Wörtern sie passen. Bilde dann Wortpaare. Schreibe diese Wörter auf eine Karteikarte und lerne sie zusammen:

- monsieur – madame
- beaucoup de – peu de
- aimer – adorer
- avoir faim – avoir soif

> **Probiere es gleich aus:**
>
> 1 Bilde Wortpaare für die folgenden Wörter der Unité 4:
>   l'oncle – ?
>   la grand-mère – ?
>   la fille – ?
>   le père – ?
>   le cousin – ?
>
> 2 Bereite für deinen Lernpartner / deine Lernpartnerin fünf Wortpaare wie in der Übung 1 vor. Er/Sie findet die dazu passenden Wörter.

MÉTHODES | VOCABULAIRE

Faire un associogramme | Wörter in einer Mindmap ordnen (ab Unité 3)

Verwende Mindmaps, um den neuen Wortschatz einer Unité zu ordnen. Was du geordnet hast, merkst du dir besser.

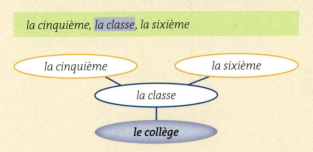

1. Du hast zum Thema *le collège* z. B. diese Wörter gefunden. Bestimme den Oberbegriff.

2. Schreibe das Thema *le collège* in die Mitte deines Blattes. Trage dann den Oberbegriff *la classe* und die Unterbegriffe *la cinquième* und *la sixième* ein.

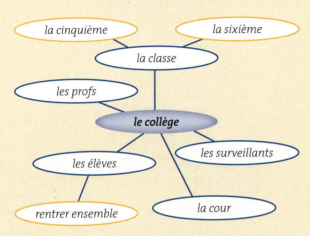

3. Fallen dir noch weitere Wörter ein, die zum Thema passen? Trage sie geordnet in deine Mindmap ein. Du kannst auch Bilder und Symbole verwenden.

Probiere es gleich aus:

Erstelle Mindmaps zu den Themen *Levallois* (Unité 3), *les animaux* (Unité 4), *mon anniversaire* (Unité 6), *les hobbys* (Unité 7).
Sammle deine Mindmaps in deinem Lerntagebuch. Mindmaps erstellst du auch in der Unité 5: S. 58/4a und in der Unité 8: S. 104/3a.

Dessiner des mots-images | Wörter gestalten (Unité 4)

Wenn du gerne zeichnest, erfinde Wortbilder. Denke dir zu einem Wort eine kleine Zeichnung aus, die zur Bedeutung des Wortes passt.

Probiere es gleich aus:

Gestalte fünf Wortbilder. Hängt eure schönsten Wortbilder in eurem Klassenzimmer auf.

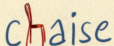

Prononcer les mots | Wörter aussprechen (Unité 4)

Sprich das Wort, das du dir einprägen willst, auf unterschiedliche Weise aus: Du kannst es singen, rufen, flüstern … Probiere auch, das neue Wort laut vor dich hin zu sprechen und dabei an eine Situation zu denken, in der dieses Wort vorkommt.

Probiere es gleich aus:

Wähle mit deinem Lernpartner / deiner Lernpartnerin zehn Wörter aus. Sprecht sie euch abwechselnd auf unterschiedliche Weise vor.

cent soixante et un **161**

MÉTHODES | VOCABULAIRE

Apprendre avec des mémos | **Merkzettel anfertigen** (Unité 5)

Schreibe Wörter, die du dir merken willst, auf kleine Klebezettel. Die Zettel klebst du dann an Stellen in deiner Wohnung, die du oft ansiehst.

> **Probiere es gleich aus:**
>
> Suche in der *Liste des mots*, p. 178, sieben Wörter, die du dir schlecht merken kannst. Schreibe sie auf kleine Zettel und klebe sie gut sichtbar an verschiedene Stellen in deiner Wohnung. Prüfe nach einer Woche, ob du die Wörter nun kannst.

Das hast du bereits für die Gegenstände in deinem Zimmer (S. 62/6b) ausprobiert.

Inventer des exercices | **Übungen erfinden** (Unité 6)

Wenn du dir Übungen für andere ausdenkst, übst du dabei auch selbst. Hier einige Möglichkeiten:

1. Wortgitter

In einem Wortgitter versteckst du Vokabeln. Deine Mitschüler/innen finden sie leichter, wenn die Wörter inhaltlich zueinander passen und du die Anzahl der versteckten Wörter vorgibst. In diesem Beispiel findest du vier Wörter zum Thema „Haustiere".

X	V	A	C	J	I	E	P	P	E
A	I	C	H	E	R	C	O	E	F
P	Q	H	E	I	A	H	M	R	R
M	Z	A	N	I	M	A	L	R	O
H	G	T	A	G	C	X	V	U	B
P	E	I	A	N	M	T	O	C	Q
U	C	H	I	E	N	E	L	H	O
R	S	T	A	B	D	P	O	E	N
B	G	I	O	C	H	R	I	F	T
S	T	A	M	O	N	G	T	E	R

> **Probiere es gleich aus:**
>
> Verstecke die Wochentage (Unité 6) in einem Wortgitter und lasse deinen Lernpartner / deine Lernpartnerin die Vokabeln finden.

2. Wortschlangen

Verstecke Wörter, z. B. gebeugte Verben, in Wortschlangen. Dein Lernpartner / Deine Lernpartnerin muss die Formen finden und mit dem dazugehörigen Personalpronomen (*je, tu, il/elle/on, nous, vous, ils/elles*) aufschreiben. Hier eine Wortschlange zum Verb *aller*:

> **Probiere es gleich aus:**
>
> Erstelle für deinen Lernpartner / deine Lernpartnerin eine Wortschlange zu einem dieser Verben:
> *être – avoir – faire – manger*.

il/elle/on va – ils/elles vont – ___

3. Kreuzworträtsel

Kreuzworträtsel sind etwas aufwendiger. Beispiele findest du in deinem Carnet, z. B. auf S. 20. So gehst du vor:
1. Schreibe die Wörter auf, die du abfragen willst, z. B.: *dessiner – nature – chanter – musique – ranger*.
2. Ordne diese Wörter in einem Kreuzworträtsel an.
3. Nummeriere deine Einträge.
4. Überlege, wie du nach diesen Wörtern fragen kannst. Hier zwei Vorschläge:
    – Du gibst das deutsche Wort an.

    > 1. zeichnen

    – Du bildest einen Satz, in dem das Wort vorkommt, lässt das Wort aber weg.
    Tipp: Beispielsätze findest du auch in der *Liste des mots*, p. 178, in der rechten Spalte.

    > 1. Tu aimes ~ des mangas?

5. Tauscht eure Rätsel aus und löst sie jede/r für sich. Kontrolliert die Lösungen gegenseitig anhand eurer Vorlagen.

Das ist deine Vorlage:

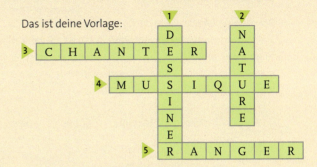

Probiere es gleich aus:
1. Formuliere Sätze (= Schritt 4) für die Wörter 2–5 des Kreuzworträtsels oben.
   Kontrolliere die Sätze noch einmal. ▶ **Nach dem Schreiben, S. 171**
2. Erstelle für deinen Lernpartner / deine Lernpartnerin ein Kreuzworträtsel zum Thema *la chambre* (Unité 5).

Écouter | Hören

Avant l'écoute | Vor dem Hören (Unité 7)

1. Die Aufgabenstellung lesen und verstehen

1. Zuerst liest du dir die Aufgabenstellung genau durch und stellst dich auf die beschriebene Situation ein. Du erfährst z. B., ob du ein Gespräch am Telefon, auf dem Markt oder in der Schule hören wirst. Neben einigen Aufgaben stehen Bilder. Sie liefern dir wichtige Informationen.
2. Oft musst du aus einem Hörtext nur bestimmte Informationen heraushören. Lies also die Aufgabenstellung ein zweites Mal gründlich durch und frage dich, was du erfahren sollst.
3. Schreibe Signalwörter auf, auf die du achten willst.

Probiere es gleich aus:
1. Schüler aus verschiedenen Städten sprechen über ihr Wohnviertel. Du sollst heraushören, wer in der Nähe des Fußballstadions wohnt. Überlege dir, auf welche Wörter du beim Hören besonders achten musst.
2. Vergleiche deine Wörter mit denen, die dein Lernpartner / deine Lernpartnerin aufgeschrieben hat. Besprecht eure Ergebnisse zu zweit.

MÉTHODES | ÉCOUTER

2. Eine Tabelle vorbereiten

Bereite eine Tabelle vor, in die du während des Hörens die gesuchten Informationen einträgst. Du sollst z. B. herausfinden, wer an welchem Tag ins Kino geht. Dazu legst du dir eine Tabelle mit den Namen der Schüler/innen und einer weiteren Zeile für den Wochentag an.

	Océane	Maxime	Robin	Anissa
quand?	lundi			

Probiere es gleich aus:

Lies die folgende Aufgabenstellung und bereite eine Tabelle vor. Vergleiche im Anschluss deine Tabelle mit der deines Lernpartners / deiner Lernpartnerin:

1. Melda feiert Geburtstag. Fred, Louise und Paul wollen einen Obstsalat mitbringen und kaufen Bananen, Äpfel und Orangen. Wer kauft was? Und wie viel? Was kostet es? Hör zu und schreibe mit.

Pendant l'écoute | Während des Hörens (Unité 9)

Ihr hört den Text immer mindestens zweimal. Beim ersten Mal hörst du nur zu. Setze dich möglichst entspannt hin und stelle dich darauf ein, einen französischen Text zu hören. Im Anschluss kannst du dir erste Notizen machen. Beim zweiten Hören achtest du ausschließlich auf die gesuchten Informationen und ergänzt deine Notizen.

1. Notizen machen

Du hast beim Hören wenig Zeit zum Schreiben. Du machst dir also nur kurze Notizen. Das heißt, du schreibst keine Sätze, sondern Stichwörter auf. Verwende Spiegelstriche und Doppelpunkte. Dadurch werden deine Notizen übersichtlicher.

– nom: Julien
– âge: 14

Probiere es gleich aus:

1. In der Übung S. 49/16 (Unité 4) sollst du auf Fragen, die du hörst, antworten. Höre dir zunächst nur die Fragen an und mache dir Notizen (Stichwörter). Anhand deiner Notizen bereitest du deine Antworten vor.
2. Vergleicht eure Notizen zu den Fragen zu zweit. Habt ihr die gleichen Informationen mitgeschrieben? Ergänzt eure Notizen.

2. Abkürzungen verwenden

Du kannst beim Mitschreiben Zeit sparen, wenn du Abkürzungen verwendest. Überlege dir deine persönlichen Abkürzungen und Zeichen. Du kannst z. B. + und = verwenden. Statt *heures* schreibst du vielleicht *h*, für *kilo* notierst du *kg*.

Probiere es gleich aus:

1. Überlege dir für folgende Wörter Abkürzungen und Zeichen: *et, ou, oui, non, avec, lundi, mardi, numéro*. Was haben sich die anderen ausgedacht? Vergleicht.
2. Gebt euch weitere Wörter aus der *Liste des mots*, p. 178 vor und kürzt sie ab. Achtung: Ihr selbst müsst sie wieder verstehen können!

Robin + Nico: 3 h

MÉTHODES | ÉCOUTER | PARLER

Après l'écoute | Nach dem Hören: Notizen überprüfen und ergänzen

Nach dem Hören liest du dir deine Notizen in Ruhe durch und ergänzt sie so, dass du sie gut wiedergeben kannst. Wenn dir Informationen fehlen, dann setze an diese Stelle ein Fragezeichen.
Überlege, warum dir diese Informationen fehlen. Hast du z. B. eine Zahl nicht verstanden, weil es dir zu schnell ging? Dann wiederhole die Zahlen und höre den Text noch einmal.

Probiere es gleich aus:

1 Was bedeuten die folgenden Notizen? Schreibe die Sätze auf.
Nico + Laur 7 h ciné
Rob ≠ temps: Marsei. + mère

2 Sucht euch ein bis zwei Sätze aus einem Text im Buch aus und diktiert sie euch gegenseitig. Vergleicht eure Notizen.

Parler | Sprechen

Du willst der Klasse z. B. deinen Lieblingsstar oder deine Traumwohnung präsentieren. Wie gelingt dein Vortrag am besten?

Parler devant la classe | Vor der Klasse sprechen

1. Einen Vortrag vorbereiten (Unités 4, 5)

Zuerst sammelst du Informationen. Du kannst die Informationen z. B. in einer Mindmap anordnen (siehe S. 161). Formuliere anhand der Mindmap deinen Text und lass ihn von deinem Lehrer / deiner Lehrerin korrigieren.
Du erreichst deine Zuhörer besser, wenn du nicht abliest. Verwende deshalb für deinen Vortrag nur Stichpunkte, die du auf der Grundlage deines Textes anfertigst. Du kannst auch den „Kniff mit dem Knick" ausprobieren (siehe S. 167).

– 27 ans
– Côte d'Ivoire
– foot

2. Einen Vortrag veranschaulichen (Unités 5, 7, 9)

Du kannst eine Collage, ein Poster, eine Power-Point-Präsentation oder eine Folie zu deinem Vortrag anfertigen. Dazu suchst du zu deinem Thema passende Fotos aus oder zeichnest Bilder.
Du hast dich für ein Poster entschieden: Ordne die Bilder, klebe sie auf und schreibe Bildunterschriften darunter. Die einzelnen Bilder und Texte nummerierst du in der Reihenfolge, in der du sie besprechen willst. So kannst du dich während deines Vortrags an ihnen orientieren.

Probiere es gleich aus:

Erstelle mit deinem Lernpartner / deiner Lernpartnerin gemeinsam ein Poster zum Thema „*Notre maison de rêve* (Unser Traumhaus)". Verwendet Bilder und schreibt Bildunterschriften dazu. Ihr könnt eure Poster im Klassenraum aufhängen.

MÉTHODES | PARLER

3. Vor einem Publikum sprechen (Unité 5, 9)

Übe deinen Vortrag vor dem Spiegel oder vor Freunden, Eltern oder Geschwistern. So machst du dich mit dem Text vertraut und merkst, wo du vielleicht noch üben musst. Verwende nur bekannte Wörter. Wenn du neue Wörter benutzen willst, besprichst du sie am besten vorher mit deinem Lehrer / deiner Lehrerin. Die neuen Wörter und ihre Übersetzung schreibst du vor deinem Vortrag an die Tafel. Schau deine Mitschüler/innen während deines Vortrags an. Sprich langsam und deutlich und mache Pausen, damit alle deinem Vortrag folgen können.
Während deiner Präsentation benutzt du z. B. dein Poster als Hilfe. Zeige auf dem Poster, worüber du gerade sprichst.

> **Probiere es gleich aus:**
> Stellt euch in Vierergruppen anhand eurer Poster eure Traumhäuser (s. S. 165 unten) vor. Du beginnst und die anderen hören zu. Sie achten darauf, ob du deutlich sprichst, sie ansiehst und das Poster verwendest. Besprecht den Vortrag in der Gruppe. Dann ist der Nächste / die Nächste an der Reihe.

Notre maison de rêve …

Jouer une scène | Ein Rollenspiel oder eine Szene vorspielen

1. Das Rollenspiel / Die Szene vorbereiten (Unité 3, 7)

Sammelt zuerst gemeinsam Ideen für eure Szene oder euer Rollenspiel. Anschließend notiert ihr Wörter und Ausdrücke und schreibt gemeinsam den Text. Verteilt dann die Rollen untereinander.
Jede/r übt zunächst seinen/ihren Text für sich. Ihr könnt den „Kniff mit dem Knick" anwenden (siehe S. 167).

2. Requisiten und Kostüme einsetzen (Unité 3)

Überlegt euch, mit welchen Requisiten (Gegenständen) ihr euer Spiel anschaulicher und lebendiger gestalten könnt. Wenn eure Szene z. B. nach der Schule spielt, habt ihr eure Jacken an und eure Schultaschen dabei.
In eurer Szene kommen vielleicht auch Geräusche vor. Ihr spielt z. B. eine Szene in der U-Bahn und ein Handy klingelt. Überlegt euch, wie ihr die Geräusche erzeugt und wer dafür zuständig ist. Ihr könnt auch Musik aussuchen und abspielen.

> **Probiere es gleich aus:**
> 1. Bei dir zu Hause ist Chaos: Der Fernseher läuft, dein Bruder will etwas von dir wissen, das Telefon klingelt und deine Schwester hört laut Musik. Deine Eltern fragen dich, ob du deine Hausaufgaben schon gemacht hast.
>   – Welche Gegenstände kannst du für diese Szene verwenden?
>   – Welche Musik passt dazu?
>   – Welche Geräusche kannst du einsetzen?
>   Mache dir Notizen.
> 2. Vergleiche deine Ideen mit denen deines Lernpartners / deiner Lernpartnerin.

MÉTHODES | PARLER

3. Körpersprache einsetzen (Unité 3)

Überlegt bereits beim Schreiben und Einstudieren der Szene passende Gesichtsausdrücke und Bewegungen.
An welchen Stellen eurer Szene wollt ihr laut, leise, überrascht oder ungeduldig sprechen? Schreibe dir diese Anweisungen zu deiner Textvorlage. Bei euren Proben übst du Gesichtsausdrücke, Körperbewegungen und Sprechweise gleich mit.

Probiere es gleich aus:

1 Sucht euch zu zweit eine Szene aus einem beliebigen Text der Unités aus, die ihr bereits behandelt habt. Ihr spielt die Szene ohne Worte. Überlegt euch, wie ihr sie darstellt, welche Körperbewegungen, Gesichtsausdrücke, Geräusche und Gegenstände passen könnten.
2 Spielt die Szene vor. Eure Mitschüler/innen erraten, um welche Szene es sich handelt.

4. Freies Sprechen: Der „Kniff mit dem Knick" (ab Unité 3)

Der „Kniff mit dem Knick" ist ein (genehmigter) Spickzettel. Du schreibst in die oberen zwei Drittel eines Blattes die Sätze, die du für deinen Vortrag vorbereitet hast. In das untere Drittel schreibst du nur die wichtigsten Stichwörter. Beim Vortragen oder Vorspielen sprichst du frei. Ab und zu schaust du auf deine Stichwörter. Wenn du nicht weiter weißt, klappst du dein Blatt auf und liest nach.

Probiere es gleich aus:

Bereite mit deinem Lernpartner / deiner Lernpartnerin ein Rollenspiel vor: Spielt eine Szene, in der ihr euch verabredet und überlegt, was ihr tun wollt. Verwendet den „Kniff mit dem Knick".

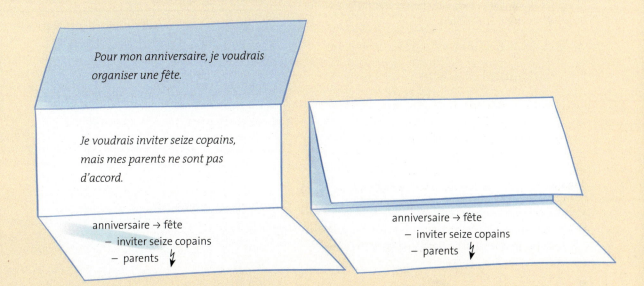

MÉTHODES | LIRE

Lire | Lesen

Comprendre des mots | Wörter verstehen

Du kannst Wörter verstehen, die du noch nicht gelernt hast. Es gibt verschiedene Möglichkeiten, die Bedeutung eines unbekannten Wortes zu erschließen.

1. Wörter über Bilder erschließen (Unités 2, 3)

a) Schau dir zuerst die Bilder und Fotos, die einen Text begleiten, genau an. Achte auch auf Bildunterschriften. Die Bilder helfen dir, einzelne unbekannte Wörter zu verstehen.

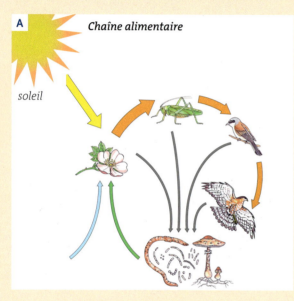

Probiere es gleich aus:

1. Schau dir das Schema (A) genau an und überlege dann mit deinem Lernpartner / deiner Lernpartnerin, was hier dargestellt wird.
2. Was bedeutet *la chaîne alimentaire*?
   – die Sonnenenergie
   – die Nahrungskette
   – Tiere im Wald
3. Was bedeutet *soleil*?
4. Vergleicht eure Antworten in der Klasse und besprecht, wie ihr auf sie gekommen seid.

b) Wörter auf Schildern kannst du besser erschließen, wenn du weißt, wozu ein Schild dient.

Probiere es gleich aus:

1. Überlegt zu zweit, was *avocate* auf diesem Türschild (B) angibt:
   – den Beruf
   – das Lieblingsgemüse
   – den Familienstand (ledig, verheiratet, …) von Caroline Fontaine?
2. Was bedeutet *avocate*? Woher weißt du das?

2. Kenntnisse aus anderen Sprachen nutzen (Unités 3, 5)

Viele Wörter verschiedener Sprachen haben denselben Ursprung und sind sich deshalb ähnlich. Nutze dein Wissen aus anderen Sprachen, um dir französische Wörter zu erschließen und sie dir zu merken.

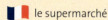 le supermarché   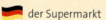 der Supermarkt

 supermarket   🇹🇷 süpermarket

Probiere es gleich aus:

1. Was bedeuten diese Wörter auf Deutsch?
   l'exercice, la capitale, l'aventure, l'acteur, l'aéroport, le train, l'oignon
   Wie bist du darauf gekommen?
2. Kennst du andere Wörter, die sich in verschiedenen Sprachen ähneln? Sammelt zu zweit weiter. Tauscht euch dann mit euren Mitschülern/-innen aus.

MÉTHODES | LIRE

3. Mit den alphabetischen Wortlisten arbeiten

In diesem Französischbuch gibt es ein französisch-deutsches und ein deutsch-französisches Wörterverzeichnis, S. 212–221. Dort findest du alle Wörter, die du im Laufe des Schuljahres lernst.

a) Die deutsche Bedeutung eines französischen Wortes nachschlagen

Du weißt nicht, was *l'âge* auf Deutsch heißt. Schlage in der alphabetischen Wortliste Französisch–Deutsch nach *(Liste alphabétique français-allemand)*, S. 212–217. Suche das Wort unter seinem Anfangsbuchstaben. Zusammengesetzte Wörter findest du unter dem Anfangsbuchstaben des ersten Wortes.

Lautschrift: Die Lautschrift gibt an, wie du das Wort aussprichst. (Übersicht zur Aussprache mit deutschen Beispielen, S. 177)

l'**âge** [lɑʒ] *m.* das Alter → 4/T

m. = *masculin* (männlich)
Dieses Wort ist ein männliches Nomen.

Dieses Wort kommt zum ersten Mal im Text der Unité 4 vor.

Verben sind in ihrer Grundform (Infinitiv) eingetragen.
Théo mange une tartine. → Infinitiv: *manger*

faire qc [fɛʀ] etw. machen → 6/T *Konjugation*, S. 176

qc = *quelque chose* (etwas)
qc und etw. stehen für eine Ergänzung (Objekt), z. B.:
Elle fait ses devoirs. (Sie macht ihre Hausaufgaben.)

Die Konjugation des Verbs findest du auf S. 176.

> **Probiere es gleich aus:**
>
> **1** Finde erst die Infinitive (Grundformen) der folgenden Verben (siehe auch *Les verbes*, S. 176). Schlage sie dann in der alphabetischen Wortliste nach.
> Was bedeutet:
> *il fait, ils peuvent, tu veux, je vais, ils ont, nous sommes, il est*?
> **2** Vergleiche deine Infinitive mit denen deines Lernpartners / deiner Lernpartnerin.

b) Die französische Bedeutung eines deutschen Wortes nachschlagen

Du bist dir nicht sicher, was „machen" auf Französisch heißt. Schlage die *Liste alphabétique allemand-français*, S. 218–221, auf. Suche das Wort unter seinem Anfangsbuchstaben.

machen (etw.) faire qc → 6/T

etw. = etwas *(quelque chose)*
etw. und qc stehen für eine Ergänzung (Objekt) z. B.: *Elle fait ses devoirs*. (Sie macht ihre Hausaufgaben.)

Dieses Wort kommt zum ersten Mal im Text der Unité 6 vor.

> **Probiere es gleich aus:**
>
> **1** Wie sagt man „suchen", „das Gemüse" und „der Sänger" auf Französisch?
> **2** In welcher Unité kommen diese Wörter zum ersten Mal vor?
> **3** Auf welcher Seite hast du sie gefunden?
> **4** Vergleiche deine Ergebnisse mit denen deines Lernpartners / deiner Lernpartnerin.

MÉTHODES | LIRE

Lire et comprendre des textes | Einen Text lesen und verstehen

Versuche zunächst, die Hauptaussage eines Textes zu entschlüsseln. Dazu musst du nicht jedes einzelne Wort verstehen.

1. Auf Form und Gestalt eines Textes achten (Unité 3)

Bevor du einen Text liest, schau ihn dir an. Die Gestalt des Textes gibt dir bereits Hinweise auf seinen Inhalt. Bilder oder Fotos zeigen häufig, was im Text beschrieben ist, oder ergänzen den Text.

Probiere es gleich aus:

1. Besprecht zu zweit, um was für einen Text es sich bei A handelt. Woran habt ihr das erkannt?
2. Seht euch zu zweit Text B an.
   - Was ist das für ein Text?
   - Wer hat den Text geschrieben?
   - An wen richtet er sich?
   - Wann und wo wurde er geschrieben?
   Wieso habt ihr das alles sofort erkannt?
3. Präsentiert eure Ergebnisse der Klasse.

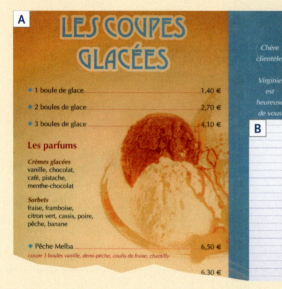

2. Auf Überschriften und Schlüsselwörter achten (Unité 5)

Überfliege einen Text, um herauszufinden, worum es geht. Dabei achtest du zunächst nur auf Überschriften. Sie geben dir Hinweise auf das Thema des Textes. Außerdem gliedern sie den Text in Sinnabschnitte.
Achte auch auf Schlüsselwörter. Sie liefern wichtige Informationen zum Inhalt des Textes.

Probiere es gleich aus:

1. Welche Schlüsselwörter enthält deiner Meinung nach ein Text über eine Geburtstagsparty? Notiere fünf (deutsche) Wörter.
2. Einigt euch zu zweit auf fünf gemeinsame Wörter.
3. Fragt euren Lehrer / eure Lehrerin nach der französischen Übersetzung dieser Wörter.
4. Vergleicht mit dem Text der Unité 6, S. 74. Wie viele eurer Schlüsselwörter findet ihr im Text wieder?

3. Einen Text genau lesen (ab Unité 2)

Du hast den Text überflogen und dir einen ersten Eindruck verschafft. Danach liest du ihn genau und achtest dabei auf Details. Fragen können dich beim Lesen leiten. Welche Fragen kennst du aus dem Deutschunterricht, die du an einen Text richten kannst? Sammelt die Fragen gemeinsam in der Klasse.

Wer?	Wer hat Geburtstag?
Was?	Was passiert?
W…?	

Probiere es gleich aus:

1. Überfliege den Text auf S. 74 und schau dir die Bilder an. Dann lies ihn genau. Formuliere drei Fragen (auf Deutsch) zu der Geschichte.
2. Tausche mit deinem Lernpartner / deiner Lernpartnerin die Fragen aus. Beantwortet jede/r die Fragen.

MÉTHODES | ÉCRIRE | APPRENTISSAGE COOPÉRATIF

Écrire | Schreiben

Avant d'écrire | Vor dem Schreiben: Ideen sammeln und ordnen (ab Unité 3)

Du sollst z. B. dein Viertel beschreiben. Lies dir die Aufgabenstellung genau durch und finde heraus, was von dir verlangt wird. Schreibe dann deine Ideen auf. Dafür kann es nützlich sein, den Text der passenden Unité noch einmal zu lesen. Schreibe französische Wörter und Ausdrücke auf, die du verwenden willst und ordne sie, z. B. in einer Mindmap (siehe S. 161). Verfasse auf dieser Grundlage deinen Text.

Probiere es gleich aus:

1. Schreibe eine E-Mail an einen französischen Schüler, der Freunde in Deutschland sucht. Darin stellst du dich vor und fragst ihn nach seinen Hobbys und Haustieren. Denke an Anrede und Verabschiedung.
Tipp: Lies zur Vorbereitung Robins E-Mail, S. 35.

Après l'écriture | Nach dem Schreiben: Mit einer Fehlerliste eigene Texte überprüfen (ab Unité 4)

Lies deinen Text nach dem Schreiben in Ruhe noch einmal. Hast du alles gesagt, was die Aufgabe von dir verlangt? Dann kontrollierst du, ob du alles richtig geschrieben hast. Dafür liest du deinen Text rückwärts, Satz für Satz. Auf diese Weise entdeckst du Fehler leichter. Gehe die folgende Liste durch und korrigiere, falls nötig, deinen Text:

les copains, mes copines	Passen Begleiter und Nomen zusammen?	✔
Les copains dansent.	Passen Subjekt und Verbform zusammen?	✔
l'armoire, j'ai, n'as, d'Océane	Hast du an die Apostrophe gedacht?	✔
fête, là, école, élève	Hast du alle *accents* richtig gesetzt?	✔

Probiere es gleich aus:

1. Finde die Fehler im Text A mithilfe der Fehlerliste und korrigiere sie im Heft.
2. Überprüfe die von dir geschriebene E-Mail (siehe Aufgabe 1 auf der Karteikarte oben).
3. Tauscht dann eure Texte aus und korrigiert sie gegenseitig.

A
Dans mon quartier, il y a des boulangeries et des cinéma. |
Ma famille et moi, nous habitent 5, rue Paris. |
Mon copine Laure habite 7, rue Paris. |
Jai deux cochons d'Inde. Elle a trois chat. ||
Après l'ecole, on rentres et on passe par la boulangerie de Monsieur Lepain. ||

Apprentissage coopératif | Kooperatives Lernen: Think – pair – share (le R-E-P)

👤 **1. Réfléchir (Think)**
Zuerst löst du die Aufgabe alleine. So kannst du konzentriert nachdenken und deinen eigenen Lösungsweg finden.

👥 **2. Échanger (Pair)**
Dann besprecht ihr eure Ergebnisse zu zweit.

👥👥 **3. Partager (Share)**
Anschließend tragt ihr eure Ergebnisse in der Gruppe oder in der Klasse zusammen. Ihr berücksichtigt die Meinungen aller und einigt euch auf ein gemeinsames Ergebnis.

Probiere es gleich aus:

Ihr sollt „Informationen und Tipps fürs Lernen" in eurem Französischbuch finden (Unité 1, S. 10/7):
1. Jede/r sucht im Buch und macht sich Notizen.
2. Dann arbeitet ihr zu zweit und stellt euch gegenseitig eure Ergebnisse vor. Hört euch gut zu und fragt nach, wenn ihr etwas nicht verstanden habt. Einigt euch auf drei Tipps, die ihr den anderen vorstellen wollt.
3. Stellt eure Tipps in der Gruppe/Klasse vor.

MÉTHODES | APPRENTISSAGE COOPÉRATIF

Placemat (ab Unité 2)

Bei dieser Form des kooperativen Arbeitens diskutiert ihr in der Gruppe über ein Thema. Das Ergebnis eurer Diskussion haltet ihr in der Mitte eines Blattes fest.

1. Ihr sollt französische Wörter und Ausdrücke sammeln, die zum Thema *le quartier* passen. Alle schreiben in ihr Feld, was ihnen dazu einfällt.
2. Eine/r in der Gruppe übernimmt die Gesprächsführung. Er/Sie sorgt dafür, dass alle zu Wort kommen. Alle stellen vor, was sie eingetragen haben und hören den anderen zu.
3. Ihr diskutiert über eure Wörter. Sind alle hier richtig? Gibt es Wörter, die ihr alle aufgeschrieben habt? Einigt euch auf fünf Wörter. Die Entscheidung begründet ihr gemeinsam.
4. Ein Gruppenmitglied trägt diese fünf Wörter in die Mitte des Placemats ein.
5. Euer Lehrer / Eure Lehrerin fordert eine/n von euch auf, euer Ergebnis der Klasse vorzustellen.

Probiere es gleich aus:

In der Unité 4 lernst du, dich, deine Familie, deine Freunde und deine Haustiere in einer E-Mail auf Französisch vorzustellen.
Überlege und notiere auf Deutsch, was du brauchst und können musst, um darüber zu schreiben (z. B. Tierbezeichnungen). Erarbeitet in vier Schritten ein Ergebnis im Placemat. Stellt euer Ergebnis der Klasse vor.

Rendez-vous (ab Unité 3)

Bei dieser Methode „verabredest" du dich mit Mitschülern/Mitschülerinnen, mit denen du gemeinsam eine Übung lösen möchtest.

1. Du sollst verschiedene Schüler/innen nach ihrem Geburtstag fragen (siehe S. 73/6a). Zuerst bereitest du eine Tabelle vor: In die linke Spalte schreibst du die fünf Wochentage. Über die beiden anderen Spalten schreibst du *nom* und *anniversaire*.
2. Beim Signal deines Lehrers / deiner Lehrerin läufst du durch die Klasse und verabredest dich für jeden der fünf Tage mit je einem Schüler / einer Schülerin. Die Namen schreibst du in die Tabelle unter *nom*.
3. Beim Signal: „*C'est lundi!*" begibst du dich schnell zu deiner Verabredung für *lundi*. Frage ihn/sie nach seinem/ihrem Geburtstag. Sage auch, wann du Geburtstag hast. Ihr schreibt beide das Datum auf. Beim nächsten Signal geht es weiter, bis dein „Kalender" voll ist.
4. Am Ende fordert dein Lehrer / deine Lehrerin eine/n von euch auf, seine/ihre Ergebnisse vorzustellen.

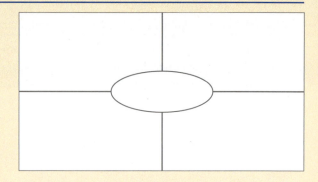

	nom	*anniversaire*
lundi		
mardi		
mercredi		
jeudi		
vendredi		

C'est quand, ton anniversaire?

Probiere es gleich aus:

1 Macht eine Umfrage zu euren Hobbys (siehe S. 88/3b). Dazu erstellt ihr zuerst einen „Kalender". Verabredet euch mit jeweils fünf Mitschülern/Mitschülerinnen.
2 Auf die Signale hin befragt ihr euch gegenseitig: *Qu'est-ce que tu aimes? Qu'est-ce que tu n'aimes pas?*

PETIT DICTIONNAIRE DE CIVILISATION

Petit dictionnaire de civilisation | Kleines landeskundliches Lexikon

Personen

France, Anatole [fʁɑ̃s] (1844–1924)
Französischer Schriftsteller, der 1921 den Literaturnobelpreis erhielt. Er schrieb vorwiegend historische Romane und Kriminalromane. (→ Unité 3 / Texte)

Grégoire [gʁegwaʁ] (geb. 1979)
Französischer Sänger. Er veröffentlichte seine Musik im Internet. Daraufhin finanzierten die Hörer die Produktion seines Albums „Toi plus moi". (→ Unité 10 / France en direct)

Hugo, Victor [ygo] (1802–1885)
Französischer Schriftsteller mit sehr umfangreichem Werk. Seine Romane → „Notre-Dame de Paris" („Der Glöckner von Notre-Dame") und „Les Misérables" („Die Elenden") dienten als Vorlage für die gleichnamigen, weltberühmten Musicals. (→ Unité 3 / Texte)

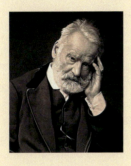

Jaurès, Jean [ʒɔʁɛs] (1859–1914)
Französischer Politiker und Philosoph, der sich für ein soziales Frankreich einsetzte. Er rief gegen die Vorbereitungen zum Ersten Weltkrieg (1914–1918) auf und wurde daraufhin ermordet. (→ Unité 2 / Approches)

Parker, Tony [paʁkœʁ] (geb. 1982)
Französischer Basketballspieler, auch „Tipi" genannt, der in der französischen Nationalmannschaft spielt. Seit 2001 spielt Parker bei den amerikanischen Spurs aus San Antonio in der NBA. (→ Unité 7 / Pour le plaisir)

Péri, Gabriel [peʁi] (1902–1941)
Französischer Politiker, Abgeordneter der kommunistischen Partei. Er beteiligte sich am Widerstand gegen die Nazibesatzung. 1940 wurde er festgenommen und einige Monate später von den Besatzungstruppen erschossen. (→ Unité 3 / Texte)

Pompidou, Georges [pɔ̃pidu] (1911–1974)
Französischer Politiker, von 1969 bis zu seinem Tod Präsident Frankreichs. Nach ihm ist das → Centre Georges-Pompidou benannt. Dieses bedeutende Kunst- und Kulturzentrum wurde auf seine Initiative hin in Paris erbaut.
(→ Unité 1 / France en direct, Unité 3 / Texte)

Puccino, Oxmo [putʃino] (geb. 1975)
Französischer Rapper, mit bürgerlichem Namen Abdoulaye Diarra. Er stammt aus Mali und ist in Paris aufgewachsen. Bereits als Jugendlicher machte er sich in seinem Viertel als Rapper einen Namen. Sein 2009 erschienenes Album heißt „L'Arme de la Paix". (→ Unité 7 / Pour le plaisir)

Soha [soa]
Französische Sängerin aus Marseille. Sie entstammt einer Familie nordafrikanischer Nomaden. In ihrer Musik vermischen sich verschiedene Stilrichtungen und Rhythmen aus Reggae, Jazz und kubanischer Musik. 2008 war sie mit ihrem ersten Album „D'ici et d'ailleurs" („Von hier und woanders") in Deutschland auf Tournee. (→ Unité 6 / Texte)

Geographische Namen

Les Deux-Alpes [ledøzalp]
Großer französischer Wintersportort, der im Südosten Frankreichs südlich von Grenoble liegt. Der Ort befindet sich im größten Gletscherskigebiet Europas. (→ Unité 7 / Texte)

Levallois [ləvalwa]
Vorort von Paris mit ca. 63 200 Einwohnern, den man von Paris aus mit der Metro erreicht. Durch Levallois fließt die → Seine. In Levallois stehen Häuser mit bemalten Wänden *(les murs peints)*, auf denen täuschend echt aussehende Motive abgebildet sind. (→ Unité 2 / Approches)

Marseille [maʁsɛj]
Zweitgrößte und älteste Stadt Frankreichs mit ca. 850 000 Einwohnern, die um 600 v. Chr. gegründet wurde. Marseille liegt am Mittelmeer und hat einen wichtigen Hafen. Der berühmte und erfolgreiche Fußballklub Marseilles heißt „Olympique de Marseille".
(→ Unité 3 / Texte)

Paris [paʁi]
Hauptstadt Frankreichs. Mit ca. 2,2 Millionen Einwohnern bevölkerungsreichste Stadt des Landes. Politisches, wirtschaftliches und kulturelles Zentrum. Das bekannteste Wahrzeichen von Paris ist der → Eiffelturm.
(→ Unité 3 / Approches)

la Seine [lasɛn]
Zweitlängster Fluss Frankreichs (776 km) nach der Loire (1020 km). Die Seine entspringt im Osten in Burgund und mündet im Westen bei Le Havre in den Ärmelkanal. Sie fließt unter anderem durch → Paris, → Levallois und Rouen.
(→ Unité 3 / Approches)

PETIT DICTIONNAIRE DE CIVILISATION

Sehenswürdigkeiten in Paris

La place de la Bastille [laplasdəlabastij]
Platz in Paris, benannt nach der 1370 dort erbauten Festung Bastille, die zeitweise als Gefängnis diente. Heute ist der Platz ein beliebter Treffpunkt und wird für verschiedene Veranstaltungen genutzt. (→ Unité 10 / Approches)

le Centre Georges-Pompidou [ləsɑ̃tʀʒɔʀʒpɔ̃pidu]
Kunst- und Kulturzentrum in Paris, das → Georges Pompidou bauen ließ. Die spektakuläre Architektur aus Stahl und Glas sorgte beim Bau des Gebäudes für Aufsehen. Das Kulturzentrum beherbergt ein Museum für moderne Kunst und eine umfangreiche Multimediabibliothek. Zudem finden dort häufig Vorträge, Kinoabende und Theateraufführungen statt. (→ Unité 1 / France en direct, Unité 10 / Texte)

les Halles [leal] *f. pl.*
Einkaufszentrum und Metrostation nahe des → Centre Georges-Pompidou. Ursprünglich befanden sich an dieser Stelle die zentralen Markthallen von Paris aus dem 12. Jahrhundert. Sie wurden 1969 abgerissen und es entstand ein unterirdisches Einkaufszentrum auf mehreren Etagen mit Geschäften, Kinos und Restaurants. (→ Unité 10 / Texte)

Montmartre [mɔ̃maʀtʀ]
Berühmtes, ehemaliges Künstlerviertel im Norden von → Paris. Dort lebten berühmte Maler wie Toulouse-Lautrec, Matisse und Renoir. Seit dem Film „Le fabuleux destin d'Amélie Poulain" („Die fabelhafte Welt der Amélie") ist das Viertel zu einem noch stärkeren Touristenmagneten geworden. (→ Unité 10 / Texte)

le musée du Louvre [ləmyzedyluvʀ]
Größtes Museum Frankreichs, in dem weltberühmte Gemälde ausgestellt sind, darunter „La Joconde" („Mona Lisa") von Leonardo da Vinci. Das Museum besitzt eine reichhaltige Sammlung antiker sowie islamischer Kunst. (→ Unité 1 / France en direct)

le musée du quai Branly [ləmyzedykebʀɑ̃li]
2006 eröffnetes Museum für Kunst aus Afrika, Amerika, Asien und Ozeanien. Es sind sowohl rituelle Gegenstände als auch Alltagsgegenstände verschiedener Kulturen ausgestellt. (→ Unité 10 / Texte)

Notre-Dame [nɔtʀdam]
Kathedrale in Paris, die von 1163–1345 errichtet wurde. Sie befindet sich mitten in → Paris auf einer Insel in der → Seine. → Victor Hugo schrieb 1831 den Roman „Notre-Dame de Paris" („Der Glöckner von Notre-Dame") über den buckligen Glöckner Quasimodo, der sich in die schöne Esmeralda verliebt. Die Geschichte wurde oft verfilmt und auch als Musical aufgeführt. (→ Unité 1 / France en direct)

la tour Eiffel [latuʀɛfɛl] der Eiffelturm
300 Meter hoher Turm aus Stahl. Das Wahrzeichen von → Paris wurde 1889 für die Pariser Weltausstellung errichtet und nach seinem Erbauer Gustave Eiffel benannt. (→ Unité 1 / France en direct, Unité 10 / Texte)

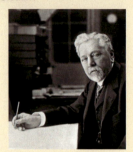

Schule

Le CDI [ləsedei] (centre de documentation et d'information)
Schülerbibliothek an französischen → *collèges*. Im CDI ihrer Schule können die Schüler/Schülerinnen einzeln oder in Gruppen arbeiten. Sie haben Zugang zu Materialien wie Büchern, Zeitschriften, CDs oder DVDs und zum Internet. (→ Unité 8 / Approches)

le collège [ləkɔlɛʒ]
Ganztagsschule mit vier Klassenstufen von der *sixième* (entspricht in Deutschland der 6. Klasse) bis zur *troisième* (in Deutschland 9. Klasse), die von allen Schülern/Schülerinnen besucht wird (einzige Schulform). Nur am Mittwochnachmittag haben die Schüler/Schülerinnen schulfrei. (→ Unité 8 / Approches)

le CPE / la CPE [ləsepeə/lasepeə] (conseiller principal / conseillère principale d'éducation)
Mitarbeiter/Mitarbeiterin an französischen → collèges. Der CPE / Die CPE ist für das Einhalten der Regeln an der Schule zuständig. Er/Sie kümmert sich um die individuellen Probleme der Schüler/Schülerinnen und steht in Kontakt mit Lehrern/Lehrerinnen und Eltern. (→ Unité 8 / France en direct)

la salle de permanence [lasaldəpɛʀmanɑ̃s]
Aufenthaltsraum in der Schule. Dorthin gehen alle Schüler/Schülerinnen, die eine Freistunde haben. Sie werden von → *surveillants* bei ihren Hausaufgaben beaufsichtigt. (→ Unité 8 / Approches)

le surveillant / la surveillante [ləsyʀvɛjɑ̃/lasyʀvɛjɑ̃t]
Aufsichtsperson an französischen Schulen. In Frankreich führen nicht Lehrer/Lehrerinnen die Pausenaufsicht, sondern spezielle Aufsichtspersonen. Sie sind auch in den → *salles de permanence* für die Betreuung der Schüler/Schülerinnen zuständig. (→ Unité 2 / Texte, Unité 8 / Texte)

LES NOMBRES

Les nombres | Die Zahlen

Les nombres cardinaux de 0–20 | Die Grundzahlen von 0–20

0	zéro	[zeʀo]	
1	un/une	[ɛ̃] *(männlich)* / [yn] *(weiblich)*	
2	deux	[dø]	[døz] *in der Bindung:* deux enfants [døzɑ̃fɑ̃]
3	trois	[tʀwa]	[tʀwaz] *in der Bindung:* trois enfants [tʀwazɑ̃fɑ̃]
4	quatre	[katʀ]	
5	cinq	[sɛ̃k]	
6	six	[sis]	[si] *vor Konsonanten:* six livres [silivʀ]
			[siz] *in der Bindung:* six heures [sizœʀ]
7	sept	[sɛt]	
8	huit	[ˈɥit]	[ɥi] *vor Konsonanten:* huit musées [ɥimyze]
9	neuf	[nœf]	[nœv] *in der Bindung:* neuf heures [nœvœʀ]
10	dix	[dis]	[di] *vor Konsonanten:* dix livres [dilivʀ]
			[diz] *in der Bindung:* dix heures [dizœʀ]
11	onze	[ˈɔ̃z]	
12	douze	[duz]	
13	treize	[tʀɛz]	
14	quatorze	[katɔʀz]	
15	quinze	[kɛ̃z]	
16	seize	[sɛz]	
17	dix-sept	[disɛt]	
18	dix-huit	[dizɥit]	
19	dix-neuf	[diznœf]	
20	vingt	[vɛ̃]	[vɛ̃t] *in der Bindung:* vingt heures [vɛ̃tœʀ]

Les nombres cardinaux de 21–100 | Die Grundzahlen von 21–100

21	vingt et un	[vɛ̃teɛ̃] *(männlich)*	75	soixante-quinze	[swasɑ̃tkɛ̃z]
	vingt et une	[vɛ̃teyn] *(weiblich)*	76	soixante-seize	[swasɑ̃tsɛz]
22	vingt-deux	[vɛ̃tdø]	77	soixante-dix-sept	[swasɑ̃tdisɛt]
30	trente	[tʀɑ̃t]	78	soixante-dix-huit	[swasɑ̃tdizɥit]
40	quarante	[kaʀɑ̃t]	79	soixante-dix-neuf	[swasɑ̃tdiznœf]
50	cinquante	[sɛ̃kɑ̃t]	80	quatre-vingts	[katʀəvɛ̃]
60	soixante	[swasɑ̃t]	81	quatre-vingt-un	[katʀəvɛ̃ɛ̃] *(männlich)*
70	soixante-dix	[swasɑ̃tdis]		quatre-vingt-une	[katʀəvɛ̃yn] *(weiblich)*
71	soixante et onze	[swasɑ̃teɔ̃z]	82	quatre-vingt-deux	[katʀəvɛ̃dø]
72	soixante-douze	[swasɑ̃tduz]	90	quatre-vingt-dix	[katʀəvɛ̃dis]
73	soixante-treize	[swasɑ̃ttʀɛz]	91	quatre-vingt-onze	[katʀəvɛ̃ɔ̃z]
74	soixante-quatorze	[swasɑ̃tkatɔʀz]	100	cent	[sɑ̃]
					[sɑ̃t] *in der Bindung:* cent ans [sɑ̃tɑ̃]

LES VERBES

Les verbes | Die Verben

Hier findest du die Konjugationen der Verben aus *À toi!* 1.

Les verbes auxiliaires *avoir* et *être* | Die Hilfsverben *avoir* und *être*

infinitif		**avoir** (haben)		**être** (sein)
présent	j'	ai	je	suis
	tu	as	tu	es
	il/elle/on	a	il/elle/on	est
	nous	avons	nous	sommes
	vous	avez	vous	êtes
	ils/elles	ont	ils/elles	sont

Les verbes réguliers en *-er* | Die regelmäßigen Verben auf *-er*

infinitif		**rentrer** (nach Hause gehen)	impératif	Rentre. Rentrons. Rentrez.
présent	je	rentre		❗ Die folgenden Verben haben jeweils eine Besonderheit in der Schreibung:
	tu	rentres	-ger:	nous corrig**e**ons, nous mang**e**ons, nous rang**e**ons
	il/elle/on	rentre	acheter:	j'ach**è**te / nous ach**e**tons
	nous	rentrons	s'appeler:	je m'appe**ll**e / tu t'appe**ll**es / il/elle s'appe**ll**e
	vous	rentrez		
	ils/elles	rentrent		

Les verbes irréguliers | Die unregelmäßigen Verben

infinitif		**aller** (gehen, fahren)		**faire** (machen)
présent	je	vais	je	fais
	tu	vas	tu	fais
	il/elle/on	va	il/elle/on	fait
	nous	allons	nous	faisons
	vous	allez	vous	faites
	ils/elles	vont	ils/elles	font

infinitif		**pouvoir** (können)		**vouloir** (wollen)
présent	je	peux	je	veux
	tu	peux	tu	veux
	il/elle/on	peut	il/elle/on	veut
	nous	pouvons	nous	voulons
	vous	pouvez	vous	voulez
	ils/elles	peuvent	ils/elles	veulent

L'ALPHABET | L'ALPHABET PHONÉTIQUE | LES SIGNES DANS LA PHRASE

L'alphabet | Das Alphabet

a [ɑ]	d [de]	g [ʒe]	j [ʒi]	m [ɛm]	p [pe]	s [ɛs]	v [ve]	y [igʀɛk]
b [be]	e [ə]	h [aʃ]	k [ka]	n [ɛn]	q [ky]	t [te]	w [dubləve]	z [zɛd]
c [se]	f [ɛf]	i [i]	l [ɛl]	o [o]	r [ɛʀ]	u [y]	x [iks]	

L'alphabet phonétique | Die Lautschrift

Les consonnes | Die Konsonanten

- [b] banane, bonjour
- [d] décembre, ordinateur
- [f] photo, soif
- [g] garçon, grand-mère, frigo
- [k] classe, cadeau
- [l] là, aller
- [m] mardi, aimer
- [n] non, anniversaire
- [ŋ] shopping
- [ɲ] Allemagne, Bretagne
- [p] père, réponse
- [ʀ] rue, livre
- [s] scharfes „s" wie in Kuss: ça, merci, sonner, passer
- [z] summendes „s" wie in Rasen: maison, les enfants, six heures, zéro
- [ʃ] „sch" wie in Tasche: chercher, chat
- [ʒ] wie „g" in Garage: argent, bonjour
- [t] tour, baguette
- [v] vendredi, livre, élève

Les voyelles | Die Vokale

- [a] kurzes „a" wie in Ball: ami, nature
- [ɑ] langes „a" wie in Bahn: ne ... pas, gâteau, âge
- [ɛ] offenes „e" wie in Ende: mais, chaise, c'est, chercher, collège
- [e] geschlossenes „e" wie in See: école, ranger
- [ə] stummes „e" wie in Kabel: le, de, cheval
- [i] idée, ici
- [o] geschlossenes „o" wie in Floh: trop, gâteau
- [ɔ] offenes „o" wie in doch: fromage, encore, pomme
- [ø] geschlossenes „ö" wie in böse: jeudi, monsieur
- [œ] offenes „ö" wie in öffnen: sœur, neuf
- [u] „u" wie in Mut: où, bonjour, sous
- [y] „ü" wie in müde: unité, minute, légumes

Les semi-voyelles | Die Gleitlaute

- [ɥ] cuisine, huit, fruit
- [j] quartier, surveillant
- [w] oui [ˈwi], toi [twa], armoire [aʀmwaʀ]

Les voyelles nasales | Die nasalierten Vokale

- [ɑ̃] enfant, cantine, chambre
- [ɔ̃] pardon, combien
- [ɛ̃] un, inviter, faim, copain, mur peint

Les signes dans la phrase | Die Zeichen im Satz

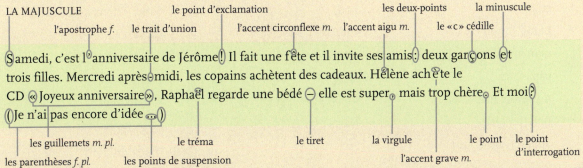

LISTE DES MOTS

Liste des mots | Wortliste

p.17 **1 2** Hier stehen die Vokabeln zu Abschnitt eins und zwei des Textes auf Seite 17.

~ bezeichnet die Lücke, in die du das neue Wort einsetzt.

~¹ Die Fußnote zeigt dir an, dass du auf die Angleichung des Wortes achten musst. Die richtige Lösung findest du in dem weißen Streifen nach jedem Abschnitt.

! Achtung! Pass hier besonders gut auf.

🇬🇧 Hier siehst du ein englisches Wort, das dem französischen Wort ähnlich ist. ▶ Méthodes, p. 168

Verb auf -er, *p. 176:* Dieses Verb gehört zu den Verben auf -er. Wie du es konjugierst, steht auf Seite 176.

▶ Civilisation, p. 173 zeigt dir an, dass du im Petit dictionnaire de civilisation (Kleines landeskundliches Wörterbuch) weitere Informationen zu dem Eintrag findest.

adj.	*adjectif* (Adjektiv)		etw.	etwas
adv.	*adverbe* (Adverb)		jdm	jemandem
f.	*féminin* (weiblich)		jdn	jemanden
fam.	*familier* (umgangssprachlich)		jds	jemandes
imp.	*impératif* (Imperativ)		männl.	männlich
m.	*masculin* (männlich)		Pers.	Person
pl.	*pluriel* (Plural)		Pl.	Plural
qc	*quelque chose* (etwas)		Sg.	Singular
qn	*quelqu'un* (jemand)		ugs.	umgangssprachlich
sg.	*singulier* (Singular)		weibl.	weiblich
			wörtl.	wörtlich

Unité 1 | Texte

p.9	**Bonjour!** [bɔ̃ʒuʀ]	Guten Tag!, Guten Morgen!	~, Anissa!
	madame [madam]	*Anrede für eine Frau*	Bonjour, ~!
	monsieur [məsjø]	*Anrede für einen Mann*	Bonjour, ~!
	Salut! [saly]	Hallo!, *auch:* Tschüss!	~, Maxime!
	Ça va? [sava]	Wie geht's?	~, Anissa?
	Ça va. [sava]	Gut.	– Ça va? – ~.
	et [e]	und	Salut, Thomas ~ Maxime!
	Et toi? [etwa]	Und dir?	Ça va. ~?
	maman [mamɑ̃]	Mama	Salut, ~!
	papa [papa]	Papa	Bonjour, ~!
	Au revoir. [oʀəvwaʀ]	Auf Wiedersehen.	~, madame!
	Bof. [bɔf] *fam.*	Na ja.	– Ça va, Robin? – ~.
	Super! [sypɛʀ] *fam.*	Super!	– Ça va, Mehdi? – ~!

Unité 2 | Approches

p. 14–15

c'est [sɛ]	es ist, das ist	~ Maxime.
la rentrée [larɑ̃tʁe]	der Schulanfang	C'est la ~.
le collège [ləkɔlɛʒ]	das Collège *Schultyp* ▶ Civilisation, p. 174	C'est le ~.
le collège Jean Jaurès [ləkɔlɛʒ'ʒɑ̃ʒɔʁɛs]	die Jean-Jaurès-Schule	C'est le ~.
à [a]	in	
Levallois [ləvalwa]	*nördlicher Vorort von Paris* ▶ Civilisation, p. 173	C'est le collège Jean Jaurès à ~.
oui ['wi]	ja	– Ça va? – ~, ça va.
qui [ki]	wer	C'est ~?

> Achte auf den kleinen Strich am Q!   *Oui* = ja, aber: *Qui* = wer

C'est qui? [sɛki]	Wer ist das?	~? – C'est Anissa.
Coucou! [kuku]	Kuckuck!	~, c'est Paul!
je m'appelle [ʒəmapɛl]	ich heiße	~ Océane.
toi [twa]	du *betont*	~, c'est Mathilde?
Et toi? [etwa]	*hier:* Und du?	Je m'appelle Océane. ~?
moi [mwa]	ich *betont*	~, je m'appelle Nicolas.
moi, c'est [mwasɛ] + *Name*	ich bin + *Name*	~ Laurine.

Unité 2 | Texte

p. 17 1 2

dans [dɑ̃]	in, *hier:* auf	
la cour [lakuʁ]	der (Schul-)Hof	C'est la ~.
l'élève [lelɛv] *m./f.*	der Schüler / die Schülerin	
les élèves [lezelɛv] *m./f. pl.*	die Schüler / die Schülerinnen	
ils sont / elles sont [ilsɔ̃/ɛlsɔ̃]	sie sind	Ils ~ dans la cour.

> | être [ɛtʁ] | je suis | ich bin | nous sommes | wir sind |
> |---|---|---|---|---|
> | sein | tu es | du bist | vous êtes | ihr seid / Sie sind |
> | | il est / elle est | er ist / sie ist | ils sont / elles sont | sie sind |

la sixième [lasizjɛm]	die sechste (Klasse)	C'est la ~ B.
en sixième [ɑ̃sizjɛm]	in der sechsten Klasse	Tu es ~ A?

UNITÉ 2 TEXTE

non [nɔ̃]	nein	C'est toi, Robin? ~, moi, c'est Mehdi.
comment [kɔmɑ̃]	wie	
Tu t'appelles comment? [tytapɛlkɔmɑ̃]	Wie heißt du?	Moi, c'est Marie. Et toi? ~?
le prof / la prof [ləpʀɔf/lapʀɔf] *fam.* *ou* **le professeur / la professeur** [ləpʀɔfɛsœʀ/lapʀɔfɛsœʀ]	der Lehrer / die Lehrerin	La ~ est dans la cour.
le/la prof de français [lə/lapʀɔfdəfʀɑ̃sɛ]	der/die Französischlehrer/in	Vous êtes la ~?
le surveillant / la surveillante [ləsyʀvɛjɑ̃/lasyʀvɛjɑ̃t]	die Aufsichtsperson *In französischen Schulen führen* surveillants *die Pausenaufsicht.* ▶ Civilisation, p. 174	C'est la ~[1].
Et vous? [evu]	Und ihr?, Und Sie?	Nous sommes en sixième C. ~?

[1] surveillante

voilà [vwala]	da ist / da sind, das ist / das sind	~ la prof de français.
la sœur [lasœʀ]	die Schwester	❗ œ schreibst du hier zusammen.
de [də]	von	C'est la sœur ~ Mehdi.
la cinquième [lasɛ̃kjɛm]	die siebte Klasse, *wörtl.: die fünfte*	Elle est en ~.
l'ami *m.* / **l'amie** *f.* [lami]	der Freund / die Freundin	Thomas est l'~[1] de Maxime.
Je ne sais pas. [ʒənəsɛpa]	Ich weiß nicht.	– Madame Ytak, c'est qui? – ~.
le garçon [ləgaʀsɔ̃]	der Junge	Le ~, c'est qui?
le frère [ləfʀɛʀ] ≠ la sœur	der Bruder	C'est le ~ de Cédric.
la classe [laklɑs]	die Klasse, *auch:* das Klassenzimmer	Les élèves sont dans la ~ d'Anissa.

> Merke: Je suis **en** sixième.   Ich bin **in der** sechsten Klasse.
>   Je suis **dans** la classe de Mehdi.   Ich bin **in** Mehdis Klasse.

ce sont [səsɔ̃]	das sind	~ les élèves de la sixième B.
la fille [lafij] ≠ le garçon	das Mädchen	– La ~, c'est qui? – C'est Marie.

[1] ami

Unité 3 | Approches

p. 26	**un** [ɛ̃]	ein *unbestimmter Artikel, männl. Sg.*	Nicolas, c'est ~ garçon.
	le quartier [ləkaʀtje]	das Viertel	C'est le ~ de Nicolas.
	Qu'est-ce qu'il y a? [kɛskilja]	Was gibt es?	~ dans le quartier?
	il y a [ilja]	es gibt	~ un collège.
	le supermarché [ləsypɛʀmaʀʃe]	der Supermarkt	Dans le quartier, il y a un ~.
	le cinéma [ləsinema] 🇬🇧 cinema	das Kino	À Levallois, il y a un ~.
	le cinéma Eiffel [ləsinemaɛfɛl]	*Name des Kinos*	
	l'hôtel [lotɛl] *m.*	das Hotel	Il y a un ~.
	l'hôtel des Arts [lotɛldezaʀ] *m.*	*Name, wörtl.: Hotel der Künste*	
	aussi [osi]	auch	Il y a ~ un supermarché.
	une [yn]	eine *unbestimmter Artikel, weibl. Sg.*	Océane, c'est ~ fille.
	la librairie [labʀɛʀi]	die Buchhandlung	Elle est dans la ~.
p. 27	**le cybercafé** [ləsibɛʀkafe]	das Internetcafé	Il y a un ~.
	des [de]	*unbestimmter Artikel im Pl.*	À Levallois, il y a ~ librairies.
	la boulangerie [labulɑ̃ʒʀi]	die Bäckerei	Maxime est dans la ~.
	le croissant [ləkʀwasɑ̃]	das Croissant	Dans une boulangerie, il y a des ~[1].
	miam [mjam]	mmh, lecker *Ausruf*	~, un croissant!
	C'est bon! [sɛbɔ̃]	Das ist lecker!, Die sind lecker!	Les croissants, ~!
	le parc [ləpaʀk]	der Park	À Levallois, il y a des ~[2].
	le mur [ləmyʀ]	die Wand, die Mauer	Voilà le ~ de Berlin.
	le mur peint [ləmyʀpɛ̃]	die bemalte Wand	Dans le parc, il y a des ~[3].
	le métro [ləmetʀo]	die U-Bahn	À Levallois, il y a le ~.
	la Seine [lasɛn]	*Fluss in Frankreich* ▶ Civilisation, p. 173	Voilà la ~.
	près de [pʀɛdə]	in der Nähe von	C'est ~ Levallois.
	Paris [paʀi]	*Hauptstadt Frankreichs* ▶ Civilisation, p. 173	À ~, il y a la Seine.

1 croissants   2 parcs   3 murs peints

Unité 3 | Texte

p.30 **1**   **ils habitent / elles habitent**   sie wohnen   Ils ~ près de Paris.
[ilzabit/ɛlzabit]   *Verb auf -er, p. 176*

habiter	j'habite	ich wohne	nous habitons	wir wohnen
[abite]	tu habites	du wohnst	vous habitez	ihr wohnt / Sie wohnen
wohnen	il habite / elle habite	er wohnt / sie wohnt	ils habitent / elles habitent	sie wohnen

Merke: J'habite à Levallois.   Ich wohne in Levallois.
          J'habite 5, rue du Parc.   Ich wohne in der Parkstraße 5.
          Et toi? Tu habites où?   Und du? Wo wohnst du?

être de [ɛtʁdə] + *Ortsname*   aus *(Ortsname)* sein   Patricia ~[1] Paris.
Marseille [maʁsɛj]   Stadt in Südfrankreich   Robin est de ~.
          ▶ *Civilisation, p. 173*

il est nouveau / elle est nouvelle   er ist neu / sie ist neu   Voilà Valentin. ~[2] à Levallois.
[ilɛnuvo/ɛlɛnuvɛl]

cinq [sɛ̃k]   fünf   Il y a ~ supermarchés.

Die Zahlen von 1–10

1 un [ɛ̃]	3 trois [tʁwa]	5 cinq [sɛ̃k]	7 sept [sɛt]	9 neuf [nœf]
2 deux [dø]	4 quatre [katʁ]	6 six [sis]	8 huit ['ɥit]	10 dix [dis]

la rue [laʁy]   die Straße
la rue du Parc [laʁydypaʁk]   die Parkstraße,   Il habite 5, ~.
        hier: in der Parkstraße

l'avenue [lavny] *f.*   die Allee *große Straße*
l'avenue de l'Europe   die Europaallee,   Il habite 9, ~.
[lavnydələʁɔp] *f.*   hier: in der Europaallee

après [apʁɛ]   nach *zeitlich*
rentrer [ʁɑ̃tʁe]   nach Hause gehen   Après le collège, ils ~[3].
→ la rentrée   *Verb auf -er, p. 176*

ensemble [ɑ̃sɑ̃bl]   zusammen   Ils rentrent ~.
chercher qc [ʃɛʁʃe]   etw. suchen *Verb auf -er, p. 176*   Je ~[4] la rue du Parc.
le club [ləklœb]   der Verein, der Klub   Voilà le ~ de Levallois.
le foot [ləfut]   Fußball
🇬🇧 football

le club de foot [ləklœbdəfut]   der Fußballverein   Il y a un ~ à Levallois?

UNITÉ 3 TEXTE

bien sûr [bjɛ̃syʀ]	klar, natürlich	Oui, ~.
Victor Hugo [viktɔʀygo]	*französischer Schriftsteller* ▶ Civilisation, p. 173	
le stade [ləstad]	das Stadion	Ils cherchent le ~.
entre [ɑ̃tʀ]	zwischen	Le parc est ~ le stade et le cinéma.
la médiathèque [lamedjatɛk]	die Mediathek *auch:* die Bibliothek	À Levallois, il y a une ~.
Gabriel Péri [gabʀiɛlpeʀi]	*französischer Politiker* ▶ Civilisation, p. 173	
le roller parc [ləʀɔlœʀpaʀk]	der Skatepark	Je cherche le ~.
Regarde. [ʀəgaʀd] *imp.*	Sieh mal!, Schau! *Imperativ*	~, un mur peint!
regarder qc [ʀəgaʀde]	etw. ansehen, etw. anschauen *Verb auf* -er, *p. 176*	Ils ~⁵ le stade.
même [mɛm]	sogar	Il y a ~ un cinéma.
la tour [latuʀ] 🇬🇧 tower	der Turm	Dans le parc, il y a une ~.
la tour Eiffel [latuʀɛfɛl]	der Eiffelturm ▶ Civilisation, p. 174	Laurine regarde la ~.
sur [syʀ]	auf	La tour Eiffel est ~ un mur peint.
Gustave Eiffel [gystavɛfɛl]	*Erbauer des Eiffelturms*	Le mur peint est dans le parc ~.

1 est de 2 Il est nouveau 3 rentrent 4 cherche 5 regardent

p. 30

qu'est-ce que [kɛskə]	was *Fragewort*	~ tu regardes?
le navigo [lənavigo]	*Monatskarte für die öffentlichen Verkehrsmittel in Paris*	Je cherche le ~.
Zut! [zyt]	Verflixt!, Mist!	Oh, ~! Le métro!
le bus [ləbys]	der Bus	Regarde, le ~.
à pied [apje]	zu Fuß	Vous rentrez ~?
le pied [ləpje]	der Fuß	
à côté [akote]	nebenan	Tu habites 6, rue du Parc? C'est ~.
Anatole France [anatɔlfʀɑ̃s]	*französischer Schriftsteller* ▶ Civilisation, p. 173	
où [u]	wo *Fragewort*	Levallois, c'est ~?
C'est où? [sɛu]	Wo ist das?	La rue du Parc, ~?
d'où? [du]	woher *Fragewort*	Tu es ~?
le métro Pont de Levallois [ləmetʀopɔ̃dələvalwa]	*Name einer Metrostation in Paris*	

UNITÉ 3 TEXTE

Georges Pompidou [ʒɔʀʒpɔ̃pidu]   *französischer Politiker*
▶ Civilisation, p. 173

la tour [latuʀ]	hier: das Hochhaus	Tu habites dans la ~?
avec [avɛk]	mit	Je rentre ~ Melissa.
on [ɔ̃]	man, wir	~ rentre ensemble?

> Merke: Im gesprochenen Französisch hörst du selten *nous*. Dafür steht *on*:
> *On rentre ensemble?* Gehen wir zusammen nach Hause?

mais [mɛ]	aber	Oui, ~ on rentre à pied.
passer par qc [pasepaʀ]	bei etw. vorbeigehen *Verb auf -er, p. 176*	Nous ~¹ la boulangerie.
alors [alɔʀ]	also	~, un croissant?

1 passons par

Banque de mots (facultatif)   MON QUARTIER | MON VILLAGE | MA VILLE |
MEIN VIERTEL | MEIN DORF | MEINE STADT

 la mer [lamɛʀ]

 la plage [laplaʒ]

 le lac [lelak]

 le fleuve [ləflœv]

 la montagne [lamɔ̃taɲ]

 la piscine [lapisin]

 la gare [lagaʀ]

 le musée [ləmyze]

 le château [ləʃato]

 l'église *f.* [legliz]

Unité 4 | Approches

p. 42–43 **la famille** [lafamij]	die Familie	La ~ de Nicolas habite à Levallois.
ma famille [mafamij]	meine Familie	C'est ~.

UNITÉ 4 APPROCHES | TEXTE

l'enfant [lɑ̃fɑ̃] m./f.	das Kind	Christelle a deux ~[1].
mes enfants [mezɑ̃fɑ̃]	meine Kinder	~ sont dans la cour.
la fille [lafij]	*hier:* die Tochter	Voilà Océane, la ~ de Frédéric.

> *La fille* bedeutet „das Mädchen" oder „die Tochter".

le fils [ləfis] ≠ la fille	der Sohn	Ludovic a deux ~.
mon fils [mɔ̃fis]	mein Sohn	Robert, c'est ~.
les parents [lepaʀɑ̃] m. pl. 🇬🇧 parents	die Eltern	Voilà Christelle et Frédéric, ce sont les ~ de Nicolas.
les grands-parents [legʀɑ̃paʀɑ̃] m. pl. 🇬🇧 grandparents	die Großeltern	Mes ~ habitent à Bonn.
la mère [lamɛʀ]	die Mutter	Ma ~ est prof de français.
la grand-mère / ❗ les grands-mères [lagʀɑ̃mɛʀ/legʀɑ̃mɛʀ]	die Großmutter	La mère de ma mère, c'est ma ~.
le père [ləpɛʀ] ≠ la mère	der Vater	Mon ~ et ma mère sont à Marseille.
le grand-père / ❗ les grands-pères [ləgʀɑ̃pɛʀ/legʀɑ̃pɛʀ]	der Großvater	Le père de mon père, c'est mon ~.
la tante [latɑ̃t]	die Tante	La sœur de ma mère, c'est ma ~.
l'oncle [lɔ̃kl] m.	der Onkel	Le frère de ma mère, c'est mon ~.
le cousin / la cousine [ləkuzɛ̃/lakuzin]	der Cousin / die Cousine	J'ai deux ~[2]: Mathieu et Sylvain.

1 enfants 2 cousins

Unité 4 | Texte

p.44 1	ça [sa]	das	~, c'est mon frère!
	mon [mɔ̃]	mein/meine *Possessivbegleiter, 1. Pers. Sg.*	C'est ~ ami.
	le nom [lənɔ̃]	der Name	Mon ~, c'est Thomas.
	l'adresse [ladʀɛs] f.	die Adresse	Mon ~, c'est 9, avenue de l'Europe.

cent quatre-vingt-cinq 185

UNITÉ 4 TEXTE

l'âge [lɑʒ] m. 🇬🇧 age	das Alter	C'est mon ~.
douze [duz]	zwölf	Il y a ~ élèves dans la cour.

Die Zahlen von 11–20

11 onze ['ɔ̃z]	14 quatorze [katɔʀz]	17 dix-sept [disɛt]	20 vingt [vɛ̃]
12 douze [duz]	15 quinze [kɛ̃z]	18 dix-huit [dizɥit]	
13 treize [tʀɛz]	16 seize [sɛz]	19 dix-neuf [diznœf]	

l'an [lɑ̃] m.	das Jahr	Mon âge: douze ~¹.
travailler [tʀavaje]	arbeiten *Verb auf* -er, *p. 176*	Mon père ~² à Paris.
le sport [ləspɔʀ]	der Sport	Voilà ma prof de ~.
le prof de sport / la prof de sport [ləpʀɔfdəspɔʀ/lapʀɔfdəspɔʀ]	der Sportlehrer / die Sportlehrerin	Mon père est ~.
ma [ma]	mein/meine *Possessivbegleiter, 1. Pers. Sg.*	Nathalie, c'est ~ sœur.
il a / elle a / on a [ila/ɛla/ɔ̃na]	er hat / sie hat / man hat / wir haben	Melda ~ cinq cousins.

avoir qc [avwaʀ] etw. haben

j'ai	ich habe	nous avons	wir haben
tu as	du hast	vous avez	ihr habt / Sie haben
il a / elle a	er hat / sie hat	ils ont / elles ont	sie haben
on a	man hat / wir haben		

avoir quatorze ans [avwaʀkatɔʀzɑ̃]	vierzehn Jahre alt sein	Lili ~³.

*Im Französischen **hat** man die Jahre auf dem Buckel.*

le copain / la copine [ləkɔpɛ̃/lakɔpin] *fam.*	der Freund / die Freundin	Mon ~⁴, c'est Thomas.
l'animal / ❗ les animaux m. [lanimal/lezanimo] 🇬🇧 animal	das Tier	Elle a des ~⁵.
le chien [ləʃjɛ̃]	der Hund	Il a un ~.
il s'appelle / elle s'appelle [ilsapɛl/ɛlsapɛl]	er heißt / sie heißt	Mon chien ~ Confetti.
mes [me]	meine *Possessivbegleiter, 1. Pers. Pl.*	~ amis sont dans la cour.
en [ɑ̃]	in	

UNITÉ 4 TEXTE

en Allemagne [ɑ̃nalmaɲ]	in Deutschland	Berlin, c'est ~.

> Merke: J'habite **à** Berlin.   Ich wohne **in** Berlin.
>   J'habite **en** Allemagne. Ich wohne **in** Deutschland.

parler [paʀle]	reden, sprechen *Verb auf* -er, *p. 176*	Nous ~⁶ avec la prof de français.
bien [bjɛ̃] *adv.*	gut *Adverb*	Il parle ~.
allemand [almɑ̃] → l'Allemagne	deutsch *hier: Adverb*	
parler allemand [paʀlealmɑ̃]	Deutsch sprechen	Mon frère ~⁷.
Tu as quel âge? [tyakɛlɑʒ]	Wie alt bist du?	Et toi? ~?
français [fʀɑ̃sɛ]	französisch *hier: Adverb*	
parler français [paʀlefʀɑ̃sɛ]	Französisch sprechen	Tu ~⁸?
des frères et sœurs [defʀɛʀesœʀ]	Geschwister	– Tu as des ~? – Oui, une sœur.
À plus! [aplys]	Bis bald!	Salut, ~!

1 ans   2 travaille   3 a quatorze ans   4 copain   5 animaux   6 parlons   7 parle allemand   8 parles français   9 ils ont quel âge

p.44 **2**	**le cochon d'Inde** [ləkɔʃɔ̃dɛ̃d]	das Meerschweinchen	J'ai un chien et deux ~¹.
	la perruche [lapɛʀyʃ]	der Wellensittich	Il a aussi une ~.
	chanter [ʃɑ̃te]	singen *Verb auf* -er, *p. 176*	Vous ~² bien.
	la nuit [lanɥi]	die Nacht, *hier:* nachts	~³, tu es dans le parc?!
	C'est l'horreur! [sɛlɔʀœʀ]	Das ist furchtbar!	Ils ont dix perruches. ~!
	Flûte [flyt]	*Name des Meerschweinchens, wörtlich:* Flöte	Mon cochon d'Inde s'appelle ~.
	sympa [sɛ̃pa] *fam.* *ou* **sympathique** [sɛ̃patik]	sympathisch, nett	Voilà mon copain Nathan. Il est ~.
	Non? [nɔ̃]	Oder?, Nicht?	Tu as quatorze ans, ~?
	ta [ta]	dein/e *Possessivbegleiter, 2. Pers. Sg.*	~ mère a une librairie?
	ton [tɔ̃]	dein/e *Possessivbegleiter, 2. Pers. Sg.*	~ père a une boulangerie?
	tes [te]	deine *Possessivbegleiter, 2. Pers. Pl.*	~ parents travaillent à Paris?
	À bientôt! [abjɛ̃to]	Bis bald!	
	P.-S. [peɛs]	PS *Nachtrag in Brief oder E-Mail*	~: tu as un animal?
	la question [lakɛstjɔ̃] 🇬🇧 question	die Frage	Madame, j'ai une ~.

1 cochons d'Inde   2 chantez   3 La nuit

UNITÉ 4 TEXTE | UNITÉ 5 APPROCHES

p.44 **3**	**sa** [sa]	sein/seine/ihr/ihre *Possessivbegleiter, 3. Pers. Sg.*	~ tante habite à Paris.
	son [sɔ̃]	sein/seine/ihr/ihre *Possessivbegleiter, 3. Pers. Sg.*	~ oncle a un cybercafé.
	le chat [ləʃa] 🇬🇧 cat	die Katze	Ton ~ s'appelle Mercure?
	Pistache [pistaʃ]	*Name der Katze, wörtl.: Pistazie*	Le nom de son chat, c'est ~.
	ses [se]	seine/ihre *Possessivbegleiter, 3. Pers. Pl.*	Il cherche ~ perruches.
	Parle plus fort! [paʁlplyfɔʁ]	Sprich lauter!	Marie, ~!
	un peu [ɛ̃pø]	ein wenig	Elle parle ~ allemand.

Banque de mots (facultatif)   **LES ANIMAUX** | **DIE TIERE**

la tortue [latɔʁty]

le serpent [ləsɛʁpɑ̃]

le cheval [ləʃəval]

le poisson rouge [ləpwasɔ̃ʁuʒ]

le rat [ləʁa]

l'araignée *f.* [laʁeɲe]

la souris [lasuʁi]

le perroquet [ləpeʁɔkɛ]

le hamster [lə'amstɛʁ]

le lapin [ləlapɛ̃]

Unité 5 | Approches

p.56	**chez** [ʃe]	bei	Nous sommes ~ les Fournier.
	la chambre [laʃɑ̃bʁ]	das (Schlaf-)Zimmer	C'est ma ~!
	l'armoire [laʁmwaʁ] *f.*	der Schrank	Dans ma chambre, il y a une ~.
	sous [su] ≠ sur	unter	Le chat est ~ l'armoire.
	la boîte [labwat]	die Schachtel	Dans mon armoire, il y a des ~[1].
	souvent [suvɑ̃]	oft	Je suis ~ dans ma chambre.
	devant [dəvɑ̃]	vor *räumlich*	~ le collège, il y a deux filles.

UNITÉ 5 APPROCHES

le miroir [ləmiʀwaʀ] 🇬🇧 mirror	der Spiegel	J'ai deux ~[2] dans ma chambre.
la photo [lafɔto]	das Foto	Je cherche les ~[3] de mon collège.
le lit [ləli]	das Bett	Dans ta chambre, il y a deux ~[4]?
le lecteur mp3 [ləlɛktœʀɛmpetʀwa]	der MP3-Player	C'est le ~ de ma sœur.
la chaise [laʃɛz] 🇬🇧 chair	der Stuhl	Le cochon d'Inde est sur la ~.

1 boîtes   2 miroirs   3 photos   4 lits

p.57 **le livre** [ləlivʀ]	das Buch	Il y a des ~[1] sur son lit.
l'étagère [letaʒɛʀ] f.	das Regal	Sur l'~, il y a des livres.
à droite [adʀwat]	rechts	~, il y a mon lit.
la porte [lapɔʀt]	die Tür	Le chat est devant la ~?
le VTT / ❗ les VTT [ləvetete/levetete]	das Mountainbike	C'est le ~ de mon cousin.
derrière [dɛʀjɛʀ] ≠ devant	hinter	Le chat est ~ l'armoire.
le poster [ləpɔstɛʀ]	das Poster	Dans ma chambre, il y a trois ~[2].
le DVD / ❗ les DVD [lədevede/ledevede]	die DVD	Ce sont les ~ de mon frère.
l'ordinateur [lɔʀdinatœʀ] m.	der Computer	Dans ma chambre, il y a un ~.
la console [lakɔ̃sɔl]	die (Spiel-)Konsole	La ~ est sous le lit.
le bureau / ❗ les bureaux [ləbyʀo/lebyʀo]	der Schreibtisch	Sur le ~, il y a des livres.
à gauche [agoʃ] ≠ à droite	links	~, il y a mon lit.

sur   devant   à gauche / à côté
sous   derrière   à droite / à côté

le manga [ləmɑ̃ga]	das Manga *japanischer Comic*	Sur l'étagère, il y a aussi des ~[3].

1 livres   2 posters   3 mangas

cent quatre-vingt-neuf **189**

UNITÉ 5 TEXTE

Unité 5 | Texte

p. 60 1

la clé [lakle]	der Schlüssel	Mon père cherche ses ~¹.
la cuisine [lakɥizin]	die Küche	Nous sommes dans la ~.
le cours [ləkuʀ]	der Unterricht, *auch:* der Kurs	C'est le ~ de Monsieur Renoir.
avoir cours [avwaʀkuʀ]	Unterricht haben	Ils sont là, ils ~² chez Madame Honoré.
à dix heures [adizœʀ]	um zehn Uhr	Ils rentrent ~.
manger qc [mɑ̃ʒe] ❗ **nous mang**e**ons**	etw. essen *Verb auf* -er, *p. 176*	Les Fournier ~³ dans la cuisine.
la tartine [lataʀtin]	das Butterbrot, das belegte Brot	Tu manges une ~?

1 clés   2 ont cours   3 mangent

p. 60 2

le salon [ləsalɔ̃]	das Wohnzimmer	Le chat est dans le ~.
le sac [ləsak]	die Tasche	Il cherche son ~.
le sac de sport [ləsakdəspɔʀ]	die Sporttasche	Son ~ est sous le lit.
regarder [ʀəgaʀde]	*hier:* nachsehen	Tu ~¹ dans le salon?
le couloir [ləkulwaʀ]	der Flur	Regardez dans le ~.
à côté de qc [akotedə]	neben etw.	~ la cuisine, il y a le salon.
à gauche de qc [agoʃdə]	links von etw.	~ l'armoire, il y a un miroir.
à droite de qc [adʀwatdə]	rechts von etw.	Regardez ~ l'ordinateur.
comme [kɔm]	wie	«A» ~ armoire.
toujours [tuʒuʀ]	immer	Nous rentrons ensemble, comme ~?

1 regardes

p. 60 3 4 5

des [de]	*zusammengezogener Artikel im Pl. (aus* de *und* les*)*	À côté ~ livres, il y a mon lecteur mp3.
là [la]	da	~, ce sont les DVD de Nicolas.
du [dy]	*zusammengezogener Artikel, männl. Sg. (aus* de *und* le*)*	
Écoute. [ekut] *imp.*	Hör mal!, Hör zu! *Imperativ*	~, maman.

UNITÉ 5 TEXTE | UNITÉ 6 APPROCHES

Regarde. Schau!	Écoute. Hör zu!	Mange. Iss!

écouter qn/qc [ekute]	jdm./etw. zuhören, etw. anhören *Verb auf -er, p. 176*	Tu ~¹?
ce soir [səswaʀ]	heute Abend	~, je mange chez Lucie.
ranger qc [ʀɑ̃ʒe] **!** nous rang**e**ons	etw. aufräumen *Verb auf -er, p. 176*	Ce soir, on ~² le salon!
Qui est …? [kiɛ]	Wer ist …?	~ la fille?
la salle de bains [lasaldəbɛ̃]	das Badezimmer	– Où est Léo? – Dans la ~.
Dépêche-toi! [depɛʃtwa] *imp.*	Beeil dich! *Imperativ*	Sophie, ~.
l'appartement [lapaʀtəmɑ̃] *m.*	die Wohnung	Voilà l'~ des Fournier.

1 écoutes   2 range

Unité 6 | Approches

p. 70–71

la fête [lafɛt]	die Feier, die Party	C'est la ~ de Matis.
C'est la fête! [sɛlafɛt]	*hier:* Heute ist Party!	~ chez Zoé?
quand [kɑ̃]	wann *Fragewort*	C'est ~, le cours?
l'anniversaire [lanivɛʀsɛʀ] *m.*	der Geburtstag	C'est quand, ton ~?
le 21 mars [ləvɛ̃teɛ̃maʀs]	am 21. März	L'anniversaire d'Anissa, c'est ~¹.
le premier / la première [ləpʀəmje/la pʀəmjɛʀ] *ou* le 1ᵉʳ / la 1ʳᵉ	der erste / die erste	L'anniversaire de Tom, c'est le ~ mai.

janvier [ʒɑ̃vje]	Januar		juillet [ʒɥijɛ]	Juli
février [fevʀije]	Februar		août [ut]	August
mars [maʀs]	März		septembre [sɛptɑ̃bʀ]	September
avril [avʀil]	April		octobre [ɔktɔbʀ]	Oktober
mai [mɛ]	Mai		novembre [nɔvɑ̃bʀ]	November
juin [ʒɥɛ̃]	Juni		décembre [desɑ̃bʀ]	Dezember

UNITÉ 6 APPROCHES | TEXTE

C'est mardi. [sɛmaʀdi] Das ist am Dienstag. L'anniversaire de Furkan, ~?

lundi [lɛ̃di]	Montag, am Montag
mardi [maʀdi]	Dienstag, am Dienstag
mercredi [mɛʀkʀədi]	Mittwoch, am Mittwoch
jeudi [ʒødi]	Donnerstag, am Donnerstag
vendredi [vɑ̃dʀədi]	Freitag, am Freitag
samedi [samdi]	Samstag, am Samstag
dimanche [dimɑ̃ʃ]	Sonntag, am Sonntag

est-ce que [ɛskə] Fragepartikel, zeigt an, dass es sich um eine Frage handelt ~ nous avons cours à dix heures?

Quand		Quand est-ce que tu rentres?
Où	est-ce que ___?	Où est-ce que tu habites?
Comment		Comment est-ce que tu chantes?

organiser qc [ɔʀganize] etw. organisieren *Verb auf* -er, *p. 176* Nous ~² une fête le 2 avril.

1 le 21 mars   2 organisons

Unité 6 | Texte

p. 74 **1** **il fait / elle fait / on fait** [ilfɛ/ɛlfɛ/ɔ̃fɛ] er macht / sie macht / man macht / wir machen Qu'est-ce qu'il ~?

faire qc		je fais	ich mache	nous faisons	wir machen
[fɛʀ]		tu fais	du machst	vous faites	ihr macht / Sie machen
etw. machen		il fait / elle fait	er macht / sie macht	ils font / elles font	sie machen
		on fait	man macht / wir machen		

faire la fête [fɛʀlafɛt]	feiern	Samedi, on ~¹.
le problème [ləpʀɔblɛm]	das Problem	Nous avons un ~.
ne … pas [nəpɑ]	nicht	Elle ~ range ~ sa chambre.
les devoirs [ledəvwaʀ] *m. pl.*	die Hausaufgaben	Elle ne fait pas ses ~.
rêver [ʀeve]	träumen *Verb auf* -er, *p. 176*	La nuit, je ~².
je voudrais [ʒəvudʀɛ]	ich möchte, ich würde gern	~ manger une tartine.

192 cent quatre-vingt-douze

UNITÉ 6 TEXTE

le cadeau / ⚠ **les cadeaux** [ləkado/lekado]	das Geschenk	– Voilà ton ~. – Oh, un sac!
la bédé [labede]	der Comic	Il y a une ~ sur mon bureau.
la bédé des filles	französische Comicreihe	
ou [u]	oder	Tu habites à Paris ~ à Marseille?

Auf dem *wo* sitzt ein Floh.

ou = oder
où = wo?

Soha [soa]	französische Sängerin ▶ Civilisation, p. 173	
inviter qn [ɛ̃vite] 🇬🇧 (to) invite	jdn einladen Verb auf -er, p. 176	Elle fait un fête et elle ~[3] ses amis.
Ce n'est pas possible. [sənɛpapɔsibl] 🇬🇧 possible	Das ist nicht möglich.	Je voudrais un chat, mais ~.
(être) d'accord [ɛtʁdakɔʁ]	einverstanden (sein)	Tu ~[4]?
le week-end [ləwikɛnd] 🇬🇧 weekend	das Wochenende, am Wochenende	Mes parents travaillent le ~.
pour [puʁ]	für	C'est un cadeau ~ ma mère.

1 fait la fête   2 rêve   3 invite   4 es d'accord

p. 74 **2** **l'idée** [lide] *f.*	die Idee	Nous avons une ~.
chez elle [ʃezɛl]	bei ihr, *hier:* bei sich	Les copains sont ~.

chez moi
zu mir (nach Hause)

chez moi
bei mir (zu Hause)

chez toi
zu dir (nach Hause)

chez toi
bei dir (zu Hause)

cent quatre-vingt-treize **193**

UNITÉ 6 TEXTE

la surprise [lasyʀpʀiz] 🇬🇧 surprise	die Überraschung	Dans ta chambre, il y a une ~.
la fête-surprise [lafɛtsyʀpʀiz]	die Überraschungsparty	Nous organisons une ~.
à cinq heures [asɛ̃kœʀ]	um fünf Uhr	Samedi ~, nous sommes là.
apporter qc [apɔʀte]	etw. mitbringen *Verb auf* -er, *p. 176*	Les amis ~¹ des cadeaux.
le CD/ ❗ les CD [ləsede/lesede]	die CD	J'ai un ~ pour Sarah.

les DVD   les VTT   les CD

Merke: Schreibe diese Wörter im Plural ohne -s.

le gâteau / ❗ les gâteaux [ləgato/legato]	der Kuchen	Nous apportons un ~ pour son anniversaire.
faire un gâteau [fɛʀɛ̃gato]	einen Kuchen backen	Mon père ~².
la salade [lasalad]	der Salat	Mon frère mange une ~.
le numéro [lənymeʀo]	die Nummer	C'est le ~ de Mehdi.

❗ *Le numéro* ist männlich. „Die Nummer" ist weiblich.

faire le numéro de qn [fɛʀlənymeʀodə]	jds Nummer wählen	Il ~³ son cousin.
le portable [ləpɔʀtabl]	das Handy	Marie cherche son ~.

1 apportent 2 fait un gâteau 3 fait le numéro de

p.74 3 4	**déjà** [deʒa]	schon, bereits	Les copains sont ~ là.
	la bougie [labuʒi]	die Kerze	Sur le gâteau, il y a des ~¹.
	C'est joli. [sɛʒɔli]	Das ist hübsch.	Regarde, ~!
	danser [dɑ̃se] 🇬🇧 (to) dance	tanzen *Verb auf* -er, *p. 176*	Mon frère ~² avec Zoé.
	avec moi [avɛkmwa]	mit mir	Tu organises la fête ~?
	arriver [aʀive] 🇬🇧 (to) arrive	kommen, ankommen *Verb auf* -er, *p. 176*	Ce soir, ma tante ~³.
	ici [isi] ≠ là	hier	Qu'est-ce que tu fais ~?

UNITÉ 6 TEXTE | UNITÉ 7 APPROCHES

Joyeux anniversaire!   Alles Gute zum Geburtstag!
[ʒwajøzanivɛʀsɛʀ]

merci [mɛʀsi]   danke   ~, monsieur.

1 bougies   2 danse   3 arrive

Banque de mots (facultatif)   LES CADEAUX | DIE GESCHENKE

les boucles d'oreilles
[lebukldɔʀej] *f. pl.*

le voyage à Disneyland
[ləvwajaʒadisnɛlɑ̃d]

le sac à dos
[ləsakado]

la guitare
[lagitaʀ]

la batterie
[labatʀi]

les baskets
[lebaskɛt]

les fringues
[lefʀɛ̃g]

le coussin
[lekusɛ̃]

le jeu vidéo
[ləʒøvideo]

les patins à glace
[lepatɛ̃aglas]

Unité 7 | Approches

p. 86   **!** **le hobby / les hobbys**   das Hobby   Mon ~, c'est ranger ma chambre.
[lə'ɔbi/le'ɔbi]

> Merke: Der bestimmte Artikel **le** wird vor **hobby** nicht verkürzt.
> *Le hobby de mon frère, c'est le VTT.*

aimer qn/qc [eme]	jdn/etw. mögen *Verb auf* -er, *p. 176*	J'~¹ danser.
adorer qn/qc [adɔʀe]	jdn/etw. sehr mögen *Verb auf* -er, *p. 176*	Ma sœur ~² les animaux.
la télé *fam. ou* **la télévision** [latele] *ou* [latelevizjɔ̃] 🇬🇧 television	der Fernseher	Dans le salon, il y a une ~.
regarder la télé [ʀəgaʀdelatele]	fernsehen	Ce soir, on ~³.
chatter [tʃate]	chatten *Verb auf* -er, *p. 176*	J'adore ~ avec mes copines.

cent quatre-vingt-quinze **195**

UNITÉ 7 APPROCHES

la nature [lanatyʀ]	die Natur	Tu aimes la ~?
le rap [ləʀap]	der Rap	Mon oncle aime le ~.
la musique [lamyzik]	die Musik	Elle n'aime pas la ~ de Soha.
le skate [ləskɛt]	das Skateboardfahren, *auch:* das Skateboard	Vous aimez le ~?
le tennis [lətenis]	Tennis	Le hobby de Valérie, c'est le ~.
le basket [ləbaskɛt]	Basketball	Mon hobby, c'est le ~.

1 aime **2** adore **3** regarde la télé

p. 87 **faire la cuisine** [fɛʀlakɥizin]	kochen	Nous ~¹ ensemble, d'accord?

On **fait la fête**.
Wir feiern.

Il **fait un gâteau**.
Er backt einen Kuchen.

Elle **fait le numéro de son copain**.
Sie wählt die Nummer ihres Freundes.

Elle **fait la cuisine**.
Sie kocht.

les spaghettis [lespagɛti] *m. pl.*	die Spaghetti	Je voudrais manger des ~.
dessiner qc [desine]	etw. zeichnen *Verb auf* -er, p. 176	Qu'est-ce que tu ~²?
le cheval / ❗ les chevaux [ləʃəval/leʃəvo]	das Pferd, *hier:* das Reiten	Mon hobby, c'est le ~.

un gâteau – des gâteaux

un cadeau – des cadeaux

un animal – des animaux

un cheval – des chevaux

Merke: Manche Nomen enden im Plural auf -x.

la photo [lafɔto]	*hier:* das Fotografieren	Vous aimez la ~?

1 faisons la cuisine **2** dessines

Unité 7 | Texte

p. 89 1

le stage [ləstaʒ]	der Workshop, der Kurs	Nous cherchons un ~.
le quad [ləkwad]	Quad *Geländefahrzeug für ein bis zwei Personen*	C'est un stage de ~.
C'est mercredi.	Es ist Mittwoch.	~, nous passons par la médiathèque?
l'après-midi [lapʀɛmidi] *m.*	der Nachmittag, am Nachmittag	C'est mercredi ~, les élèves rentrent.
il va / elle va / on va [ilva/ɛlva/ɔ̃va]	er geht / sie geht / man geht / wir gehen	On ~ au roller parc?

aller [ale]	je vais	ich gehe	nous allons	wir gehen
gehen, fahren	tu vas	du gehst	vous allez	ihr geht / Sie gehen
	il va / elle va	er geht / sie geht	ils vont / elles vont	sie gehen
	on va	man geht / wir gehen		

l'école [lekɔl] *f.*	die Schule	Les élèves vont à l'~.
préparer qc [pʀepaʀe] 🇬🇧 (to) prepare	etw. vorbereiten, zubereiten *Verb auf -er, p. 176*	Tu ~[1] une salade?
l'exposé [lɛkspoze] *m.*	das Referat, der Vortrag	Ils préparent un ~.
sonner [sɔne]	klingeln *Verb auf -er, p. 176*	Mon portable ~[2], c'est ma mère.
Allô? [alo]	Hallo? *am Telefon*	– ~? – Salut, c'est Jules.
aujourd'hui [oʒuʀdɥi]	heute	~, je ne vais pas à l'école.
au [o]	*zusammengezogener Artikel, männl. Sg. (aus* à *und* le*)*	Tu vas ~ club de foot?
moi aussi [mwa'osi]	ich auch	– J'adore le foot. – ~.
passer chez qn [pɑseʃe]	bei jdm vorbeikommen	Je ~[3] Nicole.
d'abord [dabɔʀ] ≠ après	vorher, zuerst	Tu passes ~ chez moi?
l'heure [lœʀ] *f.* 🇬🇧 hour	die Stunde	Il a cours à dix ~[4].
À quelle heure? [akɛlœʀ]	Um wie viel Uhr?	– Je passe chez toi. – ~?
à trois heures [atʀwazœʀ]	um drei Uhr	On rentre ensemble ~, d'accord?

1 prépares 2 sonne 3 passe chez 4 heures

UNITÉ 7 TEXTE

p. 89 **2 3** **surfer** [sœʁfe]	surfen *Verb auf* -er, *p. 176*	J'adore ~.
Internet [ɛ̃tɛʁnɛt]	das Internet	À la médiathèque, ils surfent sur ~.

surfer **sur** Internet
im Internet surfen

les treize à quinze ans [letʁɛzakɛ̃zɑ̃] *pl.*	die 13- bis 15-Jährigen	C'est un stage pour les ~.
pas mal [pɑmal]	nicht schlecht	Ton gâteau n'est ~!
en juillet [ɑ̃ʒɥijɛ]	im Juli	~, on va à Berlin.
la semaine [lasəmɛn]	die Woche	Deux ~[1] à Marseille, c'est super!
aux [o]	zusammengezogener Artikel, männl. Pl. (aus à und les)	
les Deux-Alpes [ledøzalp] *f. pl.*	französischer Wintersportort ▶ Civilisation, p. 173	– Tu es où? – Aux ~.
le temps [lətɑ̃]	die Zeit	
avoir le temps [avwaʁlətɑ̃]	Zeit haben	Qu'est-ce que tu fais? Tu ~[2]?

J'ai **le** temps.
Ich habe Zeit.

ne … pas encore [nəpazɑ̃kɔʁ]	noch nicht	Je ~'ai ~[3] 13 ans.
moi non plus [mwanɔ̃ply]	ich auch nicht	– Je n'aime pas dessiner. – ~.
Et alors? [ealɔʁ]	Na und?	– Tu ne manges pas ta tartine? – ~?
quand même [kɑ̃mɛm]	trotzdem	Je fais ~ le stage de quad.
le zéro [ləzeʁo] zero	die Null	Mon numéro, c'est le ~ 1.86.34.21.14

Die Zahlen bis 100 findest du auf S. 175.

---

1 semaines   **2** as le temps   **3** n'… pas encore

UNITÉ 8 | Approches

p.100–101 **la planète** [laplanɛt]	der Planet, *auch:* die Welt	Nous sommes sur une ~.
Il est quelle heure? [ilɛkɛlœʀ]	Wie spät ist es?	~, monsieur?
Il est huit heures. [ilɛɥitœʀ]	Es ist acht Uhr.	~, nous mangeons.
demi/demie [dəmi] *adj.*	halb *Adjektiv*	Il est huit heures et ~.[1]
midi [midi]	12 Uhr mittags	– Il est quelle heure? – Il est ~.

Il est huit **heures** et **demie**.   ! Aber: Il est **midi** et **demi**.   *L'heure* ist weiblich. Deshalb
Es ist halb neun.   Es ist halb eins.   verwendest du bei der Angabe der Uhrzeiten die weibliche Form *demie*.

moins [mwɛ̃]	vor *zeitlich, auch:* minus	Il est deux heures ~ cinq.
le quart [ləkaʀ] 🇬🇧 quarter	das Viertel, die Viertelstunde	Il est midi et ~.

Il est quelle heure? | Wie spät ist es?

Il est une heure.   Il est deux heures cinq.   Il est trois heures et quart.   Il est quatre heures et demie.   Il est six heures moins le quart.   Il est sept heures moins dix.

Il est midi.

! **les toilettes** [letwalɛt] *f. pl.*	die Toilette	Où sont les ~ des filles?
le gymnase [ləʒimnɑz] 🇬🇧 gymnasium	! die Turnhalle	Dans le ~, les élèves ont sport.

   le gymnase die Turnhalle ≠ das Gymnasium   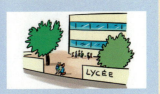

UNITÉ 8 APPROCHES | TEXTE

la salle de classe [lasaldəklɑs]	das Klassenzimmer	Voilà la ~ de la sixième A.
la salle des professeurs [lasaldepʀɔfesœʀ]	das Lehrerzimmer	Les profs sont dans la ~.
le secrétariat [ləsekʀetaʀja]	das Sekretariat	Le ~ est à gauche de la salle de classe.
le CDI [ləsedei] *(le centre de documentation et d'information)*	die Schulbibliothek ▶ Civilisation, p. 174	Je vais au ~, je cherche un livre.
la cantine [lakɑ̃tin]	die Kantine	Les élèves mangent à la ~.
la salle de permanence [lasaldəpɛʀmanɑ̃s]	*Aufenthaltsraum für Schüler, die keinen Unterricht haben* ▶ Civilisation, p. 174	Le prof de la 5e B n'est pas là. Les élèves vont à la ~.

1 demie

Unité 8 | Texte

p. 103 1

le jour [ləʒuʀ] ≠ la nuit	der Tag	Une semaine a sept ~[1].
le mardi [ləmaʀdi]	dienstags	~[2], nous avons toujours français.

Samedi, elle range sa chambre.
Am Samstag räumt sie ihr Zimmer auf.

Le samedi, elle range toujours sa chambre.
Samstags räumt sie immer ihr Zimmer auf.

être en retard [ɛtʀɑ̃ʀətaʀ]	zu spät sein	Il est huit heures vingt. Tu ~[3].
aller chez qn [aleʃe]	zu jdm gehen	Le mardi, je ~[4] mon père.

aller chez + Personen

Elles **vont chez** Madeleine.
Sie **gehen zu** Madeleine.

aller à + Orte

Elles **vont au** CDI.
Sie **gehen in** die Schulbibliothek.

UNITÉ 8 TEXTE

le CPE / la CPE [ləsepeə/lasepeə] *(le conseiller principal / la conseillère principale d'éducation*	der/die pädagogische Schulbetreuer/in ▶ Civilisation, p. 174	Au collège, il y a un ~.
Pardon. [paʁdɔ̃]	Verzeihung!, Entschuldigung!	~, madame. Il est quelle heure?
pourquoi [puʁkwa]	warum *Fragewort*	~ est-ce que tu vas chez le CPE?
parce que [paʁskə]	weil	On est dans la salle de permanence ~ Monsieur Bruno n'est pas là.
la montre [lamɔ̃tʁ]	die (Armband-)Uhr	Marie cherche sa ~.
marcher [maʁʃe]	gehen, *hier:* funktionieren *Verb auf* -er, p. 176	Mon portable ne ~[5] pas.
le mot d'excuse [ləmodɛkskyz]	der Entschuldigungszettel	Tu es en retard. Voilà ton ~.

1 jours **2** Le mardi **3** es en retard **4** vais chez **5** marche

p.103 **2**

l'histoire-géo [listwaʁʒeo] *f. fam.*	*Schulfach, in dem Geschichte und Erdkunde unterrichtet werden*	Le jeudi, on a ~.
l'histoire [listwaʁ] *f.* 🇬🇧 history	(die) Geschichte	J'écoute les ~[1] de mon grand-père.
la géographie [laʒeogʁafi] 🇬🇧 geography	die Geografie, die Erdkunde	La ~, c'est super!

	LUNDI	MARDI	MERCREDI	JEUDI
8h-8h45	Sport			
8h50-9h35	Français			

À huit heures, **nous avons** sport/français/allemand …
Um acht Uhr **haben wir** Sport/Französisch/Deutsch …

Merke: *J'aime **le** français / **l'**allemand / **les** maths …*

l'interro [lɛ̃teʁo] *f. fam.* *ou* **l'interrogation** [lɛ̃teʁogasjɔ̃] *f.*	der Test, die Klassenarbeit	Aujourd'hui, on a une ~ d'histoire-géo.
l'interro-surprise [lɛ̃teʁosyʁpʁiz] *f. fam.*	der unangekündigte Test	Nous avons français. Il y a une ~.
noter qc [nɔte] 🇬🇧 (to) make a note	etw. aufschreiben *Verb auf* -er, p. 176	Océane ~[2] le numéro de Mehdi.
vos [vo]	eure/Ihre *Possessivbegleiter, 2. Pers. Pl.*	Où sont ~ consoles?
la réponse [laʁepɔ̃s]	die Antwort	Notez vos ~[3].
la feuille [lafœj]	das Blatt	Notez vos réponses sur la ~.

UNITÉ 8 TEXTE

vous pouvez [vupuve]		ihr könnt / Sie können	Vous ~ passer chez Lucien à trois heures?

pouvoir [puvwaʀ]. können	je peux tu peux il peut / elle peut on peut	ich kann du kannst er kann / sie kann man kann / wir können	nous pouvons vous pouvez ils peuvent / elles peuvent	wir können ihr könnt / Sie können sie können

utiliser qc [ytilize]	etw. benutzen *Verb auf* -er, *p. 176*	Je peux ~ ton portable?
votre [vɔtʀ]	euer/eure/Ihr/Ihre *Possessivbegleiter, 2. Pers. Pl.*	Salut, les amis, c'est ~ chien?
l'atlas [latlɑs] *m.*	der Atlas	– Où est Pau? – Regarde dans l'~.
la minute [laminyt]	die Minute	Le bus arrive dans dix ~[4].

1 histoires   2 note   3 réponses   4 minutes

p. 103 3 4

leurs [lœʀ]	ihre *Possessivbegleiter, 3. Pers. Pl.*	Voilà Robin, Nicolas et ~ copains.
après [apʀɛ]	danach *zeitlich*	Je mange à la cantine et ~ j'ai sport.
entrer [ɑ̃tʀe] 🇬🇧 (to) enter	hineingehen *Verb auf* -er, *p. 176*	Les élèves ne peuvent pas ~ dans le CDI.
notre [nɔtʀ]	unser/unsere *Possessivbegleiter, 1. Pers. Pl.*	~ prof de français, c'est Monsieur Renoir.
les maths [lemat] *fam. f. pl.* *ou* **les mathématiques** [lematematik] *f. pl.*	Mathe(matik) *Schulfach*	À dix heures, nous avons ~.
leur [lœʀ]	ihr *Possessivbegleiter, 3. Pers. Pl.*	Voilà Laurine, Marie et Monsieur Bobineau, ~ prof de sport.
nos [no]	unsere *Possessivbegleiter, 1. Pers. Pl.*	Nous préparons ~ exposés.

Die Possessivbegleiter im Plural

C'est **notre** chien.

C'est **votre** chat?

C'est **leur** perruche.

Ce sont **nos** chiens.

Ce sont **vos** chats?

Ce sont **leurs** perruches.

UNITÉ 8 TEXTE | UNITÉ 9 APPROCHES

maintenant [mɛ̃tənɑ̃]	jetzt	~, nous rentrons.
corriger qc [kɔʁiʒe] ❗ **nous corrigeons**	etw. korrigieren *Verb auf -er, p. 176*	Les élèves ~[1] leurs interros.
la faute [lafot]	der Fehler	Laurine corrige ses ~[2].
s'il vous plaît [silvuplɛ]	bitte *für mehrere Personen oder eine Person, die du siezt*	Bonjour, madame! Je voudrais deux croissants, ~.
s'il te plaît [siltəplɛ]	bitte *für Personen, die du duzt*	Range la cuisine, ~.
20 sur 20 [vɛ̃syʁvɛ̃]	*hier:* 20 von 20 (Punkten) *20 Punkte entsprechen der Note 1.*	Marie a zéro fautes. Elle a ~. C'est super!

[1] corrigent [2] fautes

Banque de mots (facultatif) **D'AUTRES MATIÈRES | WEITERE SCHULFÄCHER**

  les arts plastiques [lezaʁplastik] *m. pl.*

  l'éducation civique [ledykasjɔ̃sivik] *f.*

  les sciences de la vie et de la terre (SVT) [lesjɑ̃sdəlaviedəlatɛʁ] *f. pl.*

  la musique [lamyzik]

  la technologie [latɛknɔlɔʒi]

  l'anglais [lɑ̃glɛ] *m.*

  la chimie [laʃimi]

  l'allemand [lalmɑ̃] *m.*

  les sciences physiques [lesjɑ̃sfizik] *f. pl.*

  le français [ləfʁɑ̃sɛ]

Unité 9 | Approches

p.114 **la faim** [lafɛ̃]	der Hunger	
avoir faim [avwaʁfɛ̃]	Hunger haben	Je mange une tartine, parce que j'~[1].
la soif [laswaf]	der Durst	
avoir soif [avwaʁswaf]	Durst haben	Nous ~[2].
le frigo [ləfʁigo] *fam.* 🇬🇧 fridge	der Kühlschrank	Dans la cuisine, il y a un ~.
beaucoup de qc [bokudə]	viel / viele	Il a ~ livres.

deux cent trois 203

UNITÉ 9 APPROCHES

le beurre [ləbœʀ]	die Butter	Je mange mes tartines avec beaucoup de ~.
le pot [ləpo]	*hier:* das (Marmeladen-)Glas	Qu'est-ce qu'il y a dans le ~?
la confiture [lakɔ̃fityʀ]	die Marmelade	J'aime la ~ de ma grand-mère.
le yaourt [ləja'uʀt]	der Joghurt	Les ~³ sont dans le frigo.
un peu de qc [ɛ̃pødə]	ein wenig	Je voudrais un ~ beurre, s'il te plaît.
le fromage [ləfʀɔmaʒ]	der Käse	Rémi adore le ~ et la confiture.
le kilo [ləkilo]	das Kilo	Voilà les trois ~⁴ de beurre.
la tomate [latɔmat]	die Tomate	On fait une salade avec deux ~⁵.
la bouteille [labutɛj] 🇬🇧 bottle	die Flasche	Dans le frigo, il y a des ~⁶.
l'eau [lo] *f.*	das Wasser	– J'ai soif. – Tu veux un peu d'~?
l'eau minérale [lomineʀal] *f.*	das Mineralwasser	Je voudrais une bouteille d'~, s'il vous plaît.
le litre [ləlitʀ]	der Liter	Dans la bouteille, il y a un ~ d'eau minérale.
le lait [ləlɛ]	die Milch	Mon chat aime le ~.
l'œuf / les œufs [lœf / ❗ lezø] *m.*	das Ei	Avec six ~⁷, on peut faire un gâteau.

 un poussin

 un œuf [ɛ̃nœf]

9 un neuf [ɛ̃nœf]

Un poussin rentre de l'école:
«Maman! J'ai eu* un 9!»

* **j'ai eu** ich habe bekommen

l'orange [lɔʀɑ̃ʒ] *f.*	die Apfelsine, die Orange	Nous mangeons un kilo d'~⁸.
le jus d'orange [ləʒydɔʀɑ̃ʒ] 🇬🇧 orange juice	der Orangensaft	Anissa apporte une bouteille de ~.

1 ai faim   2 avons soif   3 yaourts   4 kilos   5 tomates   6 bouteilles   7 œufs   8 oranges

p.115 ❗ **le fruit** [ləfʀɥi] 🇬🇧 fruit	die Frucht	L'orange est un ~.
les fruits [lefʀɥi] *m. pl.*	das Obst	Tu aimes les ~?

 le fruit   die Frucht   Merke: *Le fruit* ist männlich. Im Deutschen ist „die Frucht" weiblich.

UNITÉ 9 APPROCHES | TEXTE

la table [latabl] 🇬🇧 table	der Tisch	– Où est Zut? – Là, sous la ~.
la pomme [lapɔm]	der Apfel	C'est bon, les ~¹?
la banane [labanan]	die Banane	Je mange beaucoup de ~².
le sachet [ləsaʃɛ]	der Beutel, die Tüte	Je cherche un ~.
le bonbon [ləbɔ̃bɔ̃]	das Bonbon	J'adore les ~³ de ma tante.

un pot de	un kilo de	une bouteille de	un litre de	un sachet de

1 pommes   2 bananes   3 bonbons

Unité 9 | Texte

p.117 1

le dîner [lədine] 🇬🇧 dinner	das Abendessen	Nous préparons le ~ pour ce soir.
prêt / prête [pʀɛ/pʀɛt] adj.	fertig, bereit Adjektiv	Laurine, tu es ~¹?
la maison [lamɛzɔ̃]	das Haus	Voilà la ~ de Maxime et Laurine.
à la maison [alamɛzɔ̃]	zu Hause, hier: nach Hause	Nous rentrons ~.

Il rentre **à la maison**. Er kommt **nach Hause**.	Il est **à la maison**. Er ist **zu Hause**.	Ma maison, c'est chez moi!

le message [ləmesaʒ] 🇬🇧 message	die Nachricht	Il y a un ~ de papa.
acheter qc [aʃte]	etw. kaufen Verb auf -er	Ils ~² un kilo de bananes.

| acheter qc
[aʃte]
etw. kaufen | j'ach**è**te
tu ach**è**tes
il ach**è**te / elle ach**è**te
on ach**è**te | ich kaufe
du kaufst
er kauft / sie kauft
man kauft / wir kaufen | nous achetons
vous achetez
ils ach**è**tent / elles ach**è**tent | wir kaufen
ihr kauft /
Sie kaufen
sie kaufen |

UNITÉ 9 TEXTE

❗ **les légumes** [lelegym] *m. pl.*	das Gemüse		C'est bon, les ~.
la quiche [lakiʃ]	die Quiche		On fait une ~?
la quiche aux légumes [lakiʃolegym]	die Gemüse-Quiche		Ils préparent une ~.
l'euro [løʀo] *m.*	der Euro		Ils achètent six œufs pour trois ~.[3]

un euro

un centime

vingt euros et cinquante centimes

1 prête   2 achètent   3 euros

p.117 **2** **content / contente** [kɔ̃tɑ̃/kɔ̃tɑ̃t] *adj.*   zufrieden, glücklich *Adjektiv*   Anissa est ~.[1] C'est son anniversaire.

ils veulent / elles veulent [ilvœl/ɛlvœl]   sie wollen   Elles ~ préparer une quiche.

vouloir qc	je veux	ich will	nous voulons	wir wollen
[vulwaʀ]	tu veux	du willst	vous voulez	ihr wollt / Sie wollen
etw. wollen	il veut / elle veut	er will / sie will	ils veulent / elles veulent	sie wollen
	on veut	man will / wir wollen		

ne ... pas de [nəpadə]	kein / keine	Il ~'y a ~[2] lait dans le frigo.
le travail [lətʀavaj]	die Arbeit	Mes parents aiment leur ~.
trop de qc [tʀodə]	zu viel / zu viele	Ils mangent ~ bonbons.
peut-être [pøtɛtʀ]	vielleicht	– Tu as le temps ce soir? – ~.
le poulet [ləpulɛ]	das Hähnchen	On mange un ~.
les frites [lefʀit] *f. pl.*	die Pommes frites	J'achète un sachet de ~.
C'est cher! [sɛʃɛʀ]	Das ist teuer!	Je voudrais un VTT, mais ~.
assez de qc [asedə]	genügend	On a ~ jus d'orange?

un peu de fromage

assez de fromage

beaucoup de fromage

trop de fromage

UNITÉ 9 TEXTE

l'argent [laʁʒɑ̃] *m.*	das Geld	Nous n'avons pas assez d'~.
formidable [fɔʁmidabl] *m./f. adj.*	toll, großartig *Adjektiv*	Ma copine est ~.
comme [kɔm]	als	Ma tante travaille ~ prof.
le dessert [lədesɛʁ]	der Nachtisch	Tu veux un yaourt comme ~?

1 contente 2 n'… pas de

p. 117 3 4

combien [kɔ̃bjɛ̃]	wie viel / wie viele *Fragewort*	– Ils ont dix chats. – ~? Dix?
coûter qc [kute] 🇬🇧 (to) cost	etw. kosten *Verb auf -er, p.176*	Un kilo de pommes ~¹ deux euros.
Combien est-ce qu'ils coûtent? [kɔ̃bjɛ̃ɛskilkut]	Wie viel kosten sie?	Les poulets, ~?
le vendeur / la vendeuse [ləvɑ̃dœʁ/lavɑ̃døz]	der Verkäufer / die Verkäuferin	Le ~² est content.
Et avec ça? [eavɛksa]	Darf es noch etwas sein?	~? Des frites?
C'est tout. [sɛtu]	Das ist alles.	Merci, ~.
Ça fait combien? [safɛkɔ̃bjɛ̃]	Wie viel kostet das?	Deux kilos d'oranges, ~?

1 coûte 2 vendeur

Banque de mots (facultatif)   AU MARCHÉ | AUF DEM MARKT

 un poivron [ɛ̃pwavʁɔ̃]

 une pastèque [ynpastɛk]

 une pistache [ynpistaʃ]

 une escalope [ynɛskalɔp]

 un kilo de pommes de terre [ɛ̃kilodəpɔmdətɛʁ] *f. pl.*

 une saucisse [ynsosis]

 un kilo de cerises [ɛ̃kilodəsəʁiz] *f. pl.*

 une glace à la vanille/ fraise/framboise [ynglasalavanij/fʁɛz/fʁɑ̃bwaz]

 deux kilos de fraises [døkilodəfʁɛz] *f. pl.*

 une baguette [ynbagɛt]

UNITÉ 10 TEXTE

Unité 10 | Texte

p. 128–129

Vive Paris! [vivpaʀi]	Es lebe Paris!	
faire son sac [fɛʀsɔ̃sak]	seine Tasche packen	Marie ~1 parce qu'elle va aller à Paris.
passer qc [pɑse]	*hier:* etw. verbringen *Verb auf -er, p. 176*	Je vais ~ le week-end à Bonn.

passer chez + Personen

Il **passe chez** Louis.
Er **kommt** bei Louis **vorbei.**

passer par + Orte

Ils **passent par** le supermarché.
Sie **gehen** beim Supermarkt **vorbei.**

passer

Je vais **passer** le week-end aux Deux-Alpes.
Ich werde das Wochenende in Deux-Alpes **verbringen.**

demain [dəmɛ̃]	morgen	~, on va aller à Levallois.
la Fête de la musique [lafɛtdəlamyzik]	*französisches Musikfest am 21. Juni*	
Youpi! ['jupi]	Juhu!	~, c'est super!
le concert [ləkɔ̃sɛʀ]	das Konzert	Vous allez au ~ de Soha?
Grégoire [gʀegwaʀ]	*französischer Sänger* ▶ Civilisation, p. 173	
la place [laplas] 🇬🇧 place	der Platz	Je cherche la ~ de l'Europe.
la place de la Bastille [laplasdəlabastij]	*berühmter Platz in Paris* ▶ Civilisation, p. 174	
visiter qc [vizite] 🇬🇧 (to) visit	etw. besichtigen *Verb auf -er, p. 176*	On ~2 Paris?
le musée [ləmyze]	das Museum	Elles vont visiter un ~.
le musée du quai Branly [ləmyzedykebʀɑ̃li]	*Museum in Paris* ▶ Civilisation, p. 174	
Montmartre [mɔ̃maʀtʀ]	*Stadtviertel in Paris* ▶ Civilisation, p. 174	
le spectacle [ləspɛktakl]	die Vorführung, die Aufführung	Il y a un ~ devant le musée.
le hip-hop [lə'ipɔp]	Hip Hop	Regardons le spectacle de ~.

UNITÉ 10 TEXTE

le Centre Georges-Pompidou [ləsɑ̃tʀʒɔʀʒpɔ̃pidu]	*Kultur- und Medienzentrum in Paris* ▶ Civilisation, p. 174	
faire du shopping [fɛʀdyʃɔpiŋ]	shoppen, einkaufen	Je vais ~ et acheter des cadeaux.
les Halles [leal]	*Einkaufszentrum in Paris* ▶ Civilisation, p. 174	J'adore faire du shopping aux ~.
bon/bonne [bɔ̃/bɔn] *adj.*	gut *Adjektiv*	Il est ~³, ton gâteau.

1 fait son sac **2** visite **3** bon

Banque de mots (facultatif)   **LES ACTIVITÉS** | **DIE FREIZEITAKTIVITÄTEN**

  aller à la piscine [alealapisin]

  faire une randonnée [fɛʀynʀɑ̃dɔne]

  aller au lac [aleolak] + *nom*

  aller au zoo [aleozo]

  visiter le château [vizitələʃato]

  manger une glace [mɑ̃ʒeynglas]

  faire un tour à vélo [fɛʀɛ̃tuʀavelo]

 faire une balade en bateau [fɛʀynbaladɑ̃bato]

 faire une promenade en ville [fɛʀynpʀɔmənadɑ̃vil]

  visiter une église [viziteynegliz]

SUPPLÉMENT 1

Supplément 1

p.134	**le café** [ləkafe]	das Café, *auch*: der Kaffee	Nous sommes dans un ~ à Montmartre.
	il prend / elle prend / on prend [ilpʀɑ̃/ɛlpʀɑ̃/ɔ̃pʀɑ̃]	er nimmt / sie nimmt / man nimmt / wir nehmen	Il ~ un jus d'orange.

prendre qc [pʀɑ̃dʀ] etw. nehmen	je prends tu prends il prend / elle prend on prend	ich nehme du nimmst er nimmt / sie nimmt man nimmt / wir nehmen	nous prenons vous prenez ils pre**nn**ent / elles pre**nn**ent	wir nehmen ihr nehmt / Sie nehmen sie nehmen

	prendre son temps [pʀɑ̃dʀsɔ̃tɑ̃]	sich Zeit lassen	Le dimanche, on peut ~.
	grand/grande [gʀɑ̃/gʀɑ̃d] *adj.*	groß *Adjektiv*	Ma chambre est ~[1].
	petit/petite [pəti/pətit] *adj.*	klein *Adjektiv*	Il est ~[2], ton chien.

Nous prenons notre temps.
Wir lassen uns Zeit.

	! le coca / les coca [ləkɔka/lekɔka]	die Cola	Ils prennent un ~.
	le jus de pomme [ləʒydəpɔm]	der Apfelsaft	Vous prenez un ~?
	le café crème [ləkafekʀɛm]	der Milchkaffee	Les parents prennent un ~.
	comprendre qn/qc [kɔ̃pʀɑ̃dʀ]	jdn/etw. verstehen *wie* prendre	Pardon? Je ne ~[3] pas.
	la fois [lafwa]	das Mal	Une ou deux ~, le poulet?
	quatre fois [katʀfwa]	viermal	Je regarde mes DVD ~.
	le menu [ləməny]	das Menü	On prend trois ~[4] et une bouteille d'eau minérale.
	le menu à quinze euros [ləmənyakɛ̃zøʀo]	das Menü für fünfzehn Euro	Je voudrais le ~, s'il vous plaît.
	la boisson [labwasɔ̃]	das Getränk	Qu'est-ce que tu prends comme ~?
	l'orangina [lɔʀɑ̃ʒina] *m.*	*französische Orangenlimonade*	J'ai soif. Je prends un ~.
	tout de suite [tutsɥit]	sofort	– Trois oranginas! – ~, monsieur.
	apprendre qc [apʀɑ̃dʀ]	etw. lernen *wie* prendre	Qu'est-ce qu'on ~[5] en cinquième?
	le métier [ləmetje]	der Beruf	Il est prof. C'est son ~.

1 grande   2 petit   3 comprends   4 menus   5 apprend

SUPPLÉMENT 2

Supplément 2

p.136 **le musicien / la musicienne** [ləmyzisjɛ̃/lamyzisjɛn] 🇬🇧 musician — der Musiker / die Musikerin — Le ~[1] chante.

partout [paʀtu] — überall — Le 21 juin, il y a des musiciens ~.

puis [pɥi] — dann — D'abord je mange, ~ je range.

rencontrer qn [ʀɑ̃kɔ̃tʀe] — jdn treffen, jdm begegnen — Elle ~[2] une copine près du cinéma.

le chanteur / la chanteuse [ləʃɑ̃tœʀ/laʃɑ̃tøz] → chanter — der Sänger / die Sängerin — J'adore le ~[3].

très [tʀɛ] — sehr — Mon oncle est ~ sympa.

gentil/gentille [ʒɑ̃ti/ʒɑ̃tij] adj. — nett, freundlich Adjektiv — La prof est ~[4].

le [lə] — ihn/es direktes Objektpronomen, ersetzt männl. Nomen im Sg. — Je ~ rencontre souvent.

vous vendez [vuvɑ̃de] — ihr verkauft / Sie verkaufen — Vous ~ vos photos?

vendre qc [vɑ̃dʀ] etw. verkaufen	je vend**s** ich verkaufe	nous vendons wir verkaufen
	tu vend**s** du verkaufst	vous vendez ihr verkauft / Sie verkaufen
	il vend / elle vend er verkauft / sie verkauft	
	on vend man verkauft / wir verkaufen	ils vendent / elles vendent sie verkaufen

joli/jolie [ʒɔli] adj. — hübsch, nett Adjektiv — Mon chat est très ~[5].

la chanson [laʃɑ̃sɔ̃] → chanter — das Lied — Le chanteur chante une ~.

encore une fois [ɑ̃kɔʀynfwa] — noch einmal — Bastien écoute le CD ~.

attendre qn/qc [atɑ̃dʀ] — auf jdn/etw. warten wie vendre — Nous ~[6] le bus.

les [le] — sie direktes Objektpronomen, ersetzt Nomen im Pl. — Où sont les clés? Je ~ cherche.

perdre qn/qc [pɛʀdʀ] — jdn/etw. verlieren wie vendre — Marie ~[7] toujours son navigo.

depuis longtemps [dəpɥilɔ̃tɑ̃] — seit langem — Je veux un chat ~.

l'avion [lavjɔ̃] m. — das Flugzeug — On attend l'~.

la passion [lapasjɔ̃] — die Leidenschaft — Le cheval, c'est ma ~.

la [la] — sie/es direktes Objektpronomen, ersetzt weibl. Nomen im Sg. — La photo? Je ~ vends.

prendre qc [pʀɑ̃dʀ] — etw. nehmen siehe S. 210 — Je ~[8] le bus à cinq heures.

---

1 musicien 2 rencontre 3 chanteur 4 gentille 5 joli 6 attendons 7 perd 8 prends

LISTE ALPHABÉTIQUE FRANÇAIS-ALLEMAND

Liste alphabétique français-allemand | Französisch-deutsche Wortliste

Hier findest du alle Wörter, die du in *À toi!* Band 1 lernst. Die Angabe hinter dem Pfeil (→) verweist auf die Unité, in der die Vokabel zum ersten Mal vorkommt: → 3/A = Unité 3/Approches, → 3/T = Unité 3/Texte, → S1 = Supplément 1.
Verben mit unregelmäßiger oder besonderer Konjugation sind rot hervorgehoben. Die Konjugation der Verben findest du auf Seite 176 und beim jeweiligen Verb in der Liste des mots, p. 178–211.
Kursiv gesetzte Wörter sind fakultativer Wortschatz.

A

à [a] in → 2/A
À bientôt! [abjɛ̃to] Bis bald! → 4/T
à côté [akote] nebenan → 3/T;
à côté de qc [akotedə] neben etw. → 5/T
à droite (de qc) [adʀwatdə] rechts (von etw.) → 5/A, 5/T
à gauche (de qc) [agoʃdə] links (von etw.) → 5/A, 5/T
à la maison [alamɛzɔ̃] nach Hause, zu Hause → 9/T
à pied [apje] zu Fuß → 3/T
À plus! [aplys] Bis bald! → 4/T
acheter qc [aʃte] etw. kaufen → 9/T *Konjugation S. 205*
adorer qc [adɔʀe] etw. sehr mögen → 7/A
l' adresse [ladʀɛs] *f.* die Adresse → 4/T
l' âge [lɑʒ] *m.* das Alter → 4/T; Tu as quel âge? [tyakɛlaʒ] Wie alt bist du? → 4/T
aimer qc [eme] etw. mögen → 7/A
allemand [almɑ̃] deutsch *als Adverb gebraucht* → 4/T; en Allemagne [ɑ̃nalmaɲ] in Deutschland → 4/T
aller [ale] gehen, fahren → 7/T *Konjugation S. 176*; aller chez qn [aleʃe] zu jdm gehen → 8/T
Allô? [alo] Hallo? *am Telefon* → 7/T
alors [alɔʀ] also → 3/T
l' ami *m.* / l'amie *f.* [lami] der/die Freund/in → 2/T
l' an [lɑ̃] *m.* das Jahr → 4/T; avoir quatorze ans [avwaʀkatɔʀzɑ̃] vierzehn Jahre alt sein → 4/T
l' animal/les animaux [lanimal/lezanimo] *m.* das Tier → 4/T
l' anniversaire [lanivɛʀsɛʀ] *m.* der Geburtstag → 6/A; Joyeux anniversaire! [ʒwajøzanivɛʀsɛʀ] Alles Gute zum Geburtstag! → 6/T
août [ut] August → 6/A
l' appartement [lapaʀtəmɑ̃] *m.* die Wohnung → 5/T
je m'appelle [ʒəmapɛl] ich heiße → 2/A; Tu t'appelles comment? [tytapɛlkɔmɑ̃] Wie heißt du? → 2/T
apporter qc [apɔʀte] etw. mitbringen → 6/T
apprendre qc [apʀɑ̃dʀ] etw. lernen → S1 *wie prendre S. 210*
après [apʀɛ] danach *zeitlich* → 8/T; nach *zeitlich* → 3/T
l' après-midi [lapʀɛmidi] *m.* der Nachmittag, am Nachmittag → 7/T
l' argent [laʀʒɑ̃] *m.* das Geld → 9/T
l' armoire [laʀmwaʀ] *f.* der Schrank → 5/A
arriver [aʀive] kommen, ankommen → 6/T
assez de qc [asedə] genügend → 9/T
l' atlas [latlɑs] *m.* der Atlas → 8/T
attendre qn/qc [atɑ̃dʀ] auf jdn/etw. warten → S2 *wie vendre, S. 211*
Au revoir. [oʀəvwaʀ] Auf Wiedersehen. → 1/T
aujourd'hui [oʒuʀdɥi] heute → 7/T
aussi [osi] auch → 3/A
avec [avɛk] mit → 3/T; avec moi [avɛkmwa] mit mir → 6/T
l' avenue [lavny] *f.* die Allee *große Straße* → 3/T
l' avion [lavjɔ̃] *m.* das Flugzeug → S2

avoir qc [avwaʀ] etw. haben → 4/T *Konjugation S. 176*; avoir cours [avwaʀkuʀ] Unterricht haben → 5/T; avoir faim [avwaʀfɛ̃] Hunger haben → 9/A; avoir le temps [avwaʀlətɑ̃] Zeit haben → 7/T; avoir quatorze ans [avwaʀkatɔʀzɑ̃] vierzehn Jahre alt sein → 4/T; avoir soif [avwaʀswaf] Durst haben → 9/A
avril [avʀil] April → 6/A

B

la banane [labanan] die Banane → 9/A
le basket [ləbaskɛt] Basketball → 7/A
beaucoup de qc [bokudə] viel / viele → 9/A
la bédé [labede] der Comic → 6/T
le beurre [ləbœʀ] die Butter → 9/A
bien [bjɛ̃] *adv.* gut → 4/T
bien sûr [bjɛ̃syʀ] klar, natürlich → 3/T
Bof. [bɔf] *fam.* Na ja. → 1/T
la *boisson* [labwasɔ̃] das Getränk → S1
la boîte [labwat] die Schachtel → 5/A
bon/bonne [bɔ̃/bɔn] *adj.* gut → 10/T
le bonbon [ləbɔ̃bɔ̃] das Bonbon → 9/A
Bonjour! [bɔ̃ʒuʀ] Guten Tag!, Guten Morgen! → 1/T
la bougie [labuʒi] die Kerze → 6/T
la boulangerie [labulɑ̃ʒʀi] die Bäckerei → 3/A
la bouteille [labutɛj] die Flasche → 9/A
le bureau/les bureaux [ləbyʀo/lebyʀo] der Schreibtisch → 5/A
le bus [ləbys] der Bus → 3/T

C

ça [sa] das → 4/T
Ça fait combien? [safɛkɔ̃bjɛ̃] Wie viel kostet das? → 9/T
Ça va? [sava] Wie geht's? → 1/T; **Ça va.** [sava] Gut. → 1/T
le **cadeau**/les **cadeaux** [ləkado/lekado] das Geschenk → 6/T
le café [ləkafe] das Café, der Kaffee → S1; *le café crème* [ləkafekʀɛm] der Milchkaffee → S1
la **cantine** [lakɑ̃tin] die Kantine → 8/A
le **CD**/les **CD** [ləsede/lesede] die CD → 6/T
Ce n'est pas possible. [sənɛpapɔsibl] Das ist nicht möglich. → 6/T
ce soir [səswaʀ] heute Abend → 5/T
ce sont [səsɔ̃] das sind → 2/T; **c'est** [sɛ] das ist, es ist → 2/A; **C'est bon!** [sɛbɔ̃] Das ist lecker!, Die sind lecker! → 3/A; **C'est cher!** [sɛʃɛʀ] Das ist teuer! → 9/T; **C'est joli.** [sɛʒɔli] Das ist hübsch. → 6/T; **C'est l'horreur!** [sɛlɔʀœʀ] Das ist furchtbar! → 4/T; **C'est mardi.** [sɛmaʀdi] Das ist am Dienstag. → 6/A; Es ist Dienstag. → 7/T; **C'est où?** [sɛu] Wo ist das? → 3/T; **C'est qui?** [sɛki] Wer ist das? → 2/A; **C'est tout.** [sɛtu] Das ist alles. → 9/T
la **chaise** [laʃɛz] der Stuhl → 5/A
la **chambre** [laʃɑ̃bʀ] das Zimmer, das Schlafzimmer → 5/A
la **chanson** [laʃɑ̃sɔ̃] das Lied → S2
chanter [ʃɑ̃te] singen → 4/T
le **chanteur**/la **chanteuse** [ləʃɑ̃tœʀ/laʃɑ̃tøz] der/die Sänger/in → S2
le **chat** [leʃa] die Katze → 4/T
chatter [tʃate] chatten → 7/A
chercher qc [ʃɛʀʃe] etw. suchen → 3/T
le **cheval**/les **chevaux** [ləʃəval/leʃəvo] das Pferd → 7/A
chez [ʃe] bei → 5/A; **chez elle** [ʃezɛl] bei ihr, bei sich → 6/T; **chez moi/toi** [ʃemwa/ʃetwa] bei mir/dir (zu Hause) → 6/T; **passer chez qn** [pase] bei jdm vorbeikommen → 7/T
le **chien** [ləʃjɛ̃] der Hund → 4/T
le **cinéma** [ləsinema] das Kino → 3/A
la **cinquième** [lasɛ̃kjɛm] die fünfte *entspricht der siebten Klasse* → 2/T
la **classe** [laklɑs] die Klasse, das Klassenzimmer → 2/T; la **salle de classe** [lasaldəklɑs] das Klassenzimmer → 8/A
la **clé** [lakle] der Schlüssel → 5/T
le **club** [ləklœb] der Klub, der Verein → 3/T; le **club de foot** [ləklœbdəfut] der Fußballverein → 3/T
le **coca**/les **coca** *pl.* [ləkɔka/lekɔka] die Cola → S1
le **cochon d'Inde** [ləkɔʃɔ̃dɛ̃d] das Meerschweinchen → 4/T
le **collège** [ləkɔlɛʒ] das Collège *Schultyp in Frankreich, ab Klasse 6* → 2/A
combien (est-ce que) [kɔ̃bjɛ̃] wie viel / wie viele *Fragewort* → 9/T; **Combien est-ce qu'ils coûtent?** [kɔ̃bjɛ̃ɛskilkut] Wie viel kosten sie? → 9/T
comme [kɔm] wie → 5/T; als → 9/T
comment (est-ce que) [kɔmɑ̃] wie *Fragewort* → 2/T; **Tu t'appelles comment?** [tytapɛl kɔmɑ̃] Wie heißt du? → 2/T
comprendre qn/qc [kɔ̃pʀɑ̃dʀ] jdn/etw. verstehen → S1 *wie* prendre, S. 210
le **concert** [ləkɔ̃sɛʀ] das Konzert → 10/T
la **confiture** [lakɔ̃fityʀ] die Marmelade → 9/A
la **console** [lakɔ̃sɔl] die Konsole, die Spielkonsole → 5/A
content/e [kɔ̃tɑ̃/kɔ̃tɑ̃t] *adj.* zufrieden, glücklich → 9/T
le **copain**/la **copine** [ləkɔpɛ̃/lakɔpin] *fam.* der/die Freund/in → 4/T
corriger qc [kɔʀiʒe] etw. korrigieren → 8/T
Coucou! [kuku] Kuckuck! → 2/A
le **couloir** [ləkulwaʀ] der Flur → 5/T
la **cour** [lakuʀ] der Hof, der Schulhof → 2/T
le **cours** [ləkuʀ] der Unterricht, der Kurs → 5/T; **avoir cours** [avwaʀkuʀ] Unterricht haben → 5/T
le **cousin**/la **cousine** [ləkuzɛ̃/lakuzin] der Cousin / die Cousine → 4/A
coûter qc [kute] etw. kosten → 9/T; **Combien est-ce qu'ils coûtent?** [kɔ̃bjɛ̃ɛskilkut] Wie viel kosten sie? → 9/T
le/la **CPE** [ləsepeə/lasepeə] der/die pädagogische/r Schulbetreuer/in → 8/T
le **croissant** [ləkʀwasɑ̃] das Croissant → 3/A
la **cuisine** [lakɥizin] die Küche → 5/T; **faire la cuisine** [fɛʀlakɥizin] kochen → 7/A
le **cybercafé** [ləsibɛʀkafe] das Internetcafé → 3/A

D

d'abord [dabɔʀ] vorher, zuerst → 7/T
(être) d'accord [ɛtʀdakɔʀ] einverstanden (sein) → 6/T
dans [dɑ̃] in, auf → 2/T
danser [dɑ̃se] tanzen → 6/T
de [də] von → 2/T
décembre [desɑ̃bʀ] Dezember → 6/A
déjà [deʒa] schon, bereits → 6/T
demain [dəmɛ̃] morgen → 10/T
demi/e [dəmi] *adj.* halb → 8/A
Dépêche-toi. [depɛʃtwa] Beeil dich! → 5/T
depuis longtemps [dəpɥilɔ̃tɑ̃] seit langem → S2
derrière [dɛʀjɛʀ] hinter → 5/A
le **dessert** [lədesɛʀ] der Nachtisch → 9/T; **comme dessert** [kɔmedesɛʀ] als Nachtisch → 9/T
dessiner qc [desine] etw. zeichnen → 7/A
devant [dəvɑ̃] vor *räumlich* → 5/A
les **devoirs** [ledəvwaʀ] *m. pl.* die Hausaufgaben → 6/T

dimanche [dimɑ̃ʃ] Sonntag, am Sonntag → 6/A; **le dimanche** [lədimɑ̃ʃ] sonntags → 8/T
le dîner [lədine] das Abendessen → 9/T
le DVD/les DVD [lədevede/ledevede] die DVD → 5/A

E

l' **eau** [lo] f. das Wasser → 9/A
l' **eau minérale** [lomineʁal] f. das Mineralwasser → 9/A
l' **école** [lekɔl] f. die Schule → 7/T
écouter qc [ekute] zuhören, etw. anhören → 5/T; **Écoute.** [ekut] Hör mal!, Hör zu! → 5/T
l' **élève** [lelɛv] m./f. der/die Schüler/in → 2/T
en [ɑ̃] in → 4/T; **en Allemagne** [ɑ̃nalmaɲ] in Deutschland → 4/T; **en juillet** [ɑ̃ʒɥijɛ] im Juli → 7/T; **en sixième** [ɑ̃sizjɛm] in der sechsten Klasse → 2/T
encore une fois [ɑ̃kɔʁynfwa] noch einmal → S2
l' **enfant** [lɑ̃fɑ̃] m./f. das Kind → 4/A
ensemble [ɑ̃sɑ̃bl] zusammen → 3/T
entre [ɑ̃tʁ] zwischen → 3/T
entrer dans qc [ɑ̃tʁedɑ̃] in etw. hineingehen → 8/T
est-ce que [ɛskə] *Fragepartikel*, → 6/A
et [e] und → 1/T; **Et toi?** [etwa] Und dir? → 1/T; Und du? → 2/A; **Et vous?** [evu] Und ihr?, Und Sie? → 2/T
Et alors? [ealɔʁ] Na und? → 7/T
Et avec ça? [eavɛksa] Darf es noch etwas sein? → 9/T
l' **étagère** [letaʒɛʁ] f. das Regal → 5/A
être [ɛtʁ] sein → 2/T *Konjugation S. 176;* **être de** [ɛtʁdə] + *Ortsname* aus (Ort) sein → 3/T
l' **euro** [løʁo] m. der Euro → 9/T
l' **exposé** [lɛkspoze] m. das Referat, der Vortrag → 7/T

F

la **faim** [lafɛ̃] der Hunger → 9/A; **avoir faim** [avwaʁfɛ̃] Hunger haben → 9/A

faire qc [fɛʁ] etw. machen → 6/T *Konjugation S.176;* **faire du shopping** [fɛʁdyʃɔpiŋ] shoppen, einkaufen → 10/T; **faire la cuisine** [fɛʁlakɥizin] kochen → 7/A; **faire la fête** [fɛʁlafɛt] feiern → 6/T; **faire le numéro de qn** [fɛʁlənymeʁodə] jds Nummer wählen → 6/T; **faire son sac** [fɛʁsɔ̃sak] seine Tasche packen → 10/T; **faire un gâteau** [fɛʁɛ̃gato] einen Kuchen backen → 6/T
la **famille** [lafamij] die Familie → 4/A
la **faute** [lafot] der Fehler → 8/T
la **fête** [lafɛt] die Feier, die Party → 6/A, **faire la fête** [fɛʁlafɛt] feiern → 6/T; la **fête-surprise** [lafɛtsyʁpʁiz] die Überraschungsparty → 6/T
la **feuille** [lafœj] das Blatt → 8/T
février [fevʁije] Februar → 6/A
la **fille** [lafij] das Mädchen → 2/T; die Tochter → 4/A
le **fils** [ləfis] der Sohn → 4/A
la **fois** [lafwa] das Mal → S1
le **foot** [ləfut] Fußball → 3/T
formidable [fɔʁmidabl] m./f. adj. toll, großartig → 9/T
français [fʁɑ̃sɛ] französisch *als Adverb gebraucht* → 4/T
le **frère** [ləfʁɛʁ] der Bruder → 2/T
des **frères et sœurs** [defʁɛʁesœʁ] Geschwister → 4/T
le **frigo** [ləfʁigo] *fam.* der Kühlschrank → 9/A
les **frites** [lefʁit] f. pl. die Pommes frites → 9/T
le **fromage** [ləfʁɔmaʒ] der Käse → 9/A
le **fruit** [ləfʁɥi] die Frucht; les **fruits** [lefʁɥi] m. pl. das Obst → 9/A

G

le **garçon** [ləgaʁsɔ̃] der Junge → 2/T
le **gâteau/les gâteaux** [ləgato/legato] der Kuchen → 6/T; **faire un gâteau** [fɛʁɛ̃gato] einen Kuchen backen → 6/T
la **géographie** [laʒeɔgʁafi] die Geografie, die Erdkunde → 8/T

la **grand-mère/les grands-mères** *pl.* [lagʁɑ̃mɛʁ/legʁɑ̃mɛʁ] die Großmutter → 4/A
le **grand-père/les grands-pères** *pl.* [ləgʁɑ̃pɛʁ/legʁɑ̃pɛʁ] der Großvater → 4/A
les **grands-parents** [legʁɑ̃paʁɑ̃] *m. pl.* die Großeltern → 4/A
le **gymnase** [ləʒimnaz] die Turnhalle → 8/A

H

habiter [abite] wohnen → 3/T
l' **heure** [lœʁ] f. die Stunde → 7/T; **à dix heures** [adizœʁ] um zehn Uhr → 5/T; **À quelle heure?** [akɛlœʁ] Um wie viel Uhr? → 7/T; **Il est huit heures.** [ilɛɥitœʁ] Es ist acht Uhr. → 8/A; **Il est quelle heure?** [ilɛkɛlœʁ] Wie spät ist es? → 8/A
le **hip-hop** [lə'ipɔp] Hip Hop → 10/T
l' **histoire** [listwaʁ] f. (die) Geschichte → 8/T
l' **histoire-géo** [listwaʁʒeo] f. fam. Schulfach, etwa Geschichte- Erdkunde → 8/T
le **hobby/les hobbys** [lə'ɔbi/le'ɔbi] das Hobby → 7/A
l' **hôtel** [lotɛl] m. das Hotel → 3/A

I

ici [isi] hier → 6/T
l' **idée** [lide] f. die Idee → 6/T
Il est quelle heure? [ilɛkɛlœʁ] Wie spät ist es? → 8/A
il y a [ilja] es gibt → 3/A
Ils ont quel âge?/Elles ont quel âge? [ilzɔ̃kɛlaʒ/ɛlzɔ̃kɛlaʒ] Wie alt sind sie? → 4/T
Internet [ɛ̃tɛʁnɛt] das Internet → 7/T
l' **interro** [lɛ̃teʁo] f. fam. ou l'**interrogation** [lɛ̃teʁɔgasjɔ̃] f. der Test, die Klassenarbeit → 8/T; l'**interro-surprise** [lɛ̃teʁosyʁpʁiz] f. fam. der unangekündigte Test → 8/T
inviter qn [ɛ̃vite] jdn einladen → 6/T

J

janvier [ʒɑ̃vje] Januar → 6/A
je m'appelle [ʒəmapɛl] ich heiße → 2/A; **Tu t'appelles comment?** [tytapɛlkɔmɑ̃] Wie heißt du? → 2/T
Je ne sais pas. [ʒənəsɛpa] Ich weiß nicht. → 2/T
je voudrais [ʒəvudʀɛ] ich möchte, ich würde gern → 6/T
jeudi [ʒødi] Donnerstag, am Donnerstag → 6/A; **le jeudi** donnerstags → 8/T
le **jour** [ləʒuʀ] der Tag → 8/T
Joyeux anniversaire! [ʒwajøzanivɛʀsɛʀ] Alles Gute zum Geburtstag! → 6/T
juillet [ʒɥijɛ] Juli → 6/A; **en juillet** [ɑ̃ʒɥijɛ] im Juli → 7/T
juin [ʒɥɛ̃] Juni → 6/A
le **jus d'orange** [ləʒydɔʀɑ̃ʒ] der Orangensaft → 9/A
le *jus de pomme* [ləʒydəpɔm] der Apfelsaft → S1

K

le **kilo** [ləkilo] das Kilo → 9/A

L

là [la] da → 5/T
le **lait** [ləlɛ] die Milch → 9/A
le **lecteur mp3** [ləlɛktœʀɛmpetʀwa] der MP3-Player → 5/A
les **légumes** [lelegym] *m. pl.* das Gemüse → 9/T
la **librairie** [labʀɛʀi] die Buchhandlung → 3/A
le **lit** [ləli] das Bett → 5/A
le **litre** [ləlitʀ] der Liter → 9/A
le **livre** [ləlivʀ] das Buch → 5/A
lundi [lœ̃di] Montag, am Montag → 6/A; **le lundi** [ləlœ̃di] montags → 8/T

M

madame [madam] *f. Anrede für eine Frau* → 1/T
mai [mɛ] Mai → 6/A
maintenant [mɛ̃tnɑ̃] jetzt → 8/T
mais [mɛ] aber → 3/T
la **maison** [lamɛzɔ̃] das Haus → 9/T; **à la maison** [alamɛzɔ̃] nach Hause, zu Hause → 9/T
maman [mamɑ̃] Mama → 1/T
le **manga** [ləmɑ̃ga] das Manga *japanischer Comic* → 5/A
manger qc [mɑ̃ʒe] etw. essen → 5/T *Konjugation S. 176*
marcher [maʀʃe] gehen, funktionieren → 8/T
mardi [maʀdi] Dienstag, am Dienstag → 6/A; **le mardi** [ləmaʀdi] dienstags → 8/T
mars [maʀs] März → 6/A; **le 21 mars** [ləvɛ̃teɛ̃maʀs] am 21. März → 6/A
les **maths** [lemat] *f. pl. fam. ou:* les **mathématiques** [lematematik] *f. pl.* Mathe(matik) *Schulfach* → 8/T
la **médiathèque** [lamedjatɛk] die Mediathek → 3/T
même [mɛm] sogar → 3/T
le **menu** [ləməny] das Menü → S1; *le menu à quinze euros* [ləmənyakɛ̃zøʀo] das Menü für fünfzehn Euro → S1
merci [mɛʀsi] danke → 6/T
mercredi [mɛʀkʀədi] Mittwoch, am Mittwoch → 6/A; **le mercredi** [ləmɛʀkʀədi] mittwochs → 8/T
la **mère** [lamɛʀ] die Mutter → 4/A
le **message** [ləmesaʒ] die Nachricht → 9/T
le **métier** [ləmetje] der Beruf → S1
le **métro** [ləmetʀo] die U-Bahn → 3/A
miam [mjam] mmh, lecker → 3/A
midi [midi] 12 Uhr mittags → 8/T
la **minute** [laminyt] die Minute → 8/T
le **miroir** [ləmiʀwaʀ] der Spiegel → 5/A
moi [mwa] ich *betont* → 2/A; **moi aussi** [mwa'osi] ich auch → 7/T; **moi, c'est** [mwasɛ] + *nom* ich bin + *Name* → 2/A; **moi non plus** [mwanɔ̃ply] ich auch nicht → 7/T
moins [mwɛ̃] vor *zeitlich*, minus → 8/A
monsieur [məsjø] *m. Anrede für einen Mann* → 1/T
la **montre** [lamɔ̃tʀ] die (Armband-)Uhr → 8/T
le **mot d'excuse** [ləmodɛkskyz] der Entschuldigungszettel → 8/T
le **mur** [ləmyʀ] die Wand, die Mauer → 3/A; **le mur peint** [ləmyʀpɛ̃] die bemalte Wand → 3/A
le **musée** [ləmyze] das Museum → 10/T
le musicien/la musicienne [ləmyzisjɛ̃/lamyzisjɛn] der/die Musiker/in → S2
la **musique** [lamyzik] die Musik → 7/A

N

la **nature** [lanatyʀ] die Natur → 7/A
le **navigo** [lənavigo] *Monatskarte (Paris)* → 3/T
ne ... pas [nəpa] nicht → 6/T
ne ... pas de [nəpadə] kein/keine → 9/T; **ne ... pas encore** [nəpazɑ̃kɔʀ] noch nicht → 7/T
le **nom** [lənɔ̃] der Name → 4/T
non [nɔ̃] nein → 2/T; **Non?** [nɔ̃] Oder?, Nicht? → 4/T
noter qc [nɔte] etw. aufschreiben → 8/T
il est nouveau/elle est nouvelle [ilɛnuvo/ɛlɛnuvɛl] er ist neu/sie ist neu → 3/T
novembre [nɔvɑ̃bʀ] November → 6/A
la **nuit** [lanɥi] die Nacht, nachts → 4/T
le **numéro** [lənymeʀo] die Nummer → 6/T; **faire le numéro de qn** [fɛʀlənymeʀodə] jds Nummer wählen → 6/T

O

octobre [ɔktɔbʀ] Oktober → 6/A
l' **œuf/les œufs** [lœf/lezø] *m.* das Ei → 9/A
l' **oncle** [lɔ̃kl] *m.* der Onkel → 4/A
l' **orange** [lɔʀɑ̃ʒ] *f.* die Apfelsine, die Orange → 9/A
l' *orangina* [lɔʀɑ̃ʒina] *m.* französische Orangenlimonade → S1
l' **ordinateur** [lɔʀdinatœʀ] *m.* der Computer → 5/A
organiser qc [ɔʀganize] etw. organisieren → 6/A
ou [u] oder → 6/T

P

où [u] wo → 3/T; **C'est où?** [sɛu] Wo ist das? → 3/T; **d'où** [du] woher → 3/T

oui ['wi] ja → 2/A

papa [papa] Papa → 1/T

le **parc** [ləpaʀk] der Park → 3/A

parce que [paʀskə] weil → 8/T

Pardon! [paʀdõ] Verzeihung!, Entschuldigung! → 8/T

les **parents** [lepaʀɑ̃] m. pl. die Eltern → 4/A

parler [paʀle] reden, sprechen → 4/T; **Parle plus fort!** [paʀlplyfɔʀ] Sprich lauter! → 4/T; **parler allemand** [paʀlealmɑ̃] Deutsch sprechen → 4/T; **parler français** [paʀlefʀɑ̃sɛ] Französisch sprechen → 4/T

partout [paʀtu] überall → S2

pas mal [pamal] nicht schlecht → 7/T

passer qc [pase] etw. verbringen → 10/T; **passer chez qn** [paseʃe] bei jdm vorbeikommen → 7/T; **passer par qc** [pasepaʀ] bei etw. vorbeigehen → 3/T

la **passion** [lapasjõ] die Leidenschaft → S2

perdre qn/qc [pɛʀdʀ] jdn/etw. verlieren → S2 *wie vendre, S. 211*

le **père** [ləpɛʀ] der Vater → 4/A

la **perruche** [lapeʀyʃ] der Wellensittich → 4/T

un **peu** [ɛ̃pø] ein wenig → 4/T; **un peu de qc** [ɛ̃pødə] ein wenig → 9/A

peut-être [pøtɛtʀ] vielleicht → 9/T

la **photo** [lafoto] das Foto → 5/A; **J'aime la photo** [ʒɛmlafoto] Ich fotografiere gern. → 7/A

le **pied** [ləpje] der Fuß → 3/T; **à pied** [apje] zu Fuß → 3/T

la **place** [laplas] der Platz → 10/T

la **planète** [laplanɛt] der Planet, die Welt → 8/A

la **pomme** [lapɔm] der Apfel → 9/A

le **portable** [ləpɔʀtabl] das Handy → 6/T

la **porte** [lapɔʀt] die Tür → 5/A **Ce n'est pas possible.** [sənɛpapɔsibl] Das ist nicht möglich. → 6/T

le **poster** [ləpɔstɛʀ] das Poster → 5/A

le **pot** [ləpo] das Glas (Marmelade) → 9/A

le **poulet** [ləpulɛ] das Hähnchen → 9/T

pour [puʀ] für → 6/T

pourquoi (est-ce que) [puʀkwa] warum → 8/T

pouvoir qc [puvwaʀ] etw. können → 8/T *Konjugation S. 176*

le **premier**/la **première**, le 1ᵉʳ/la 1ʳᵉ [ləpʀəmje/lapʀəmjɛʀ] der erste/die erste → 6/A

prendre qc [pʀɑ̃dʀ] etw. nehmen → S1/S2 *Konjugation S. 210*; *prendre son temps* [pʀɑ̃dʀsõtɑ̃] sich Zeit lassen → S1/S2

préparer qc [pʀepaʀe] etw. vorbereiten, etw. zubereiten → 7/T

près de [pʀɛdə] in der Nähe von → 3/A

prêt/e [pʀɛ/pʀɛt] adj. fertig, bereit → 9/T

le **problème** [ləpʀɔblɛm] das Problem → 6/T

le/la **prof** [ləpʀɔf/lapʀɔf] fam., ou le/la **professeur** [ləpʀɔfɛsœʀ/lapʀɔfɛsœʀ] der/die Lehrer/in → 2/T; le/la **prof de français** [lə/lapʀɔfdəfʀɑ̃sɛ] der/die Französischlehrer/in → 2/T

P.-S. [peɛs] PS Nachtrag in Brief oder E-Mail → 4/T

Q

le **quad** [ləkwad] Quad *Geländefahrzeug* → 7/T

quand (est-ce que) [kɑ̃] wann → 6/A

quand même [kɑ̃mɛm] trotzdem → 7/T

le **quart** [ləkaʀ] das Viertel, die Viertelstunde → 8/A

le **quartier** [ləkaʀtje] das (Stadt-)Viertel → 3/A

quatre fois [katʀfwa] viermal → S1

qu'est-ce que [kɛskə] was *Fragewort* → 3/T; **Qu'est-ce qu'il y a?** [kɛskilja] Was gibt es? → 3/A

la **question** [lakɛstjõ] die Frage → 4/T

qui [ki] wer → 2/A; **C'est qui?** [sɛki] Wer ist das? → 2/A; **Qui est ...?** [kiɛ] Wer ist ...? → 5/T

la **quiche** [lakiʃ] die Quiche → 9/T; la **quiche aux légumes** [lakiʃolegym] die Gemüse-Quiche → 9/T

R

ranger qc [ʀɑ̃ʒe] etw. aufräumen → 5/T *Konjugation S. 176*

le **rap** [ləʀap] der Rap → 7/A

regarder qc [ʀəgaʀde] etw. ansehen, etw. anschauen → 3/T; **regarder** [ʀəgaʀde] nachsehen → 5/T; **regarder la télé** [ʀəgaʀdelatele] fernsehen → 7/A; *rencontrer qn* [ʀɑ̃kõtʀe] jdn treffen, jdm begegnen → S2

la **rentrée** [laʀɑ̃tʀe] der Schulanfang → 2/A

rentrer [ʀɑ̃tʀe] nach Hause gehen → 3/T *Konjugation S. 176*

la **réponse** [laʀepõs] die Antwort → 8/T

être en retard [ɛtʀɑ̃ʀətaʀ] zu spät sein → 8/T

rêver [ʀeve] träumen → 6/T

le **roller parc** [ləʀɔlœʀpaʀk] der Skatepark → 3/T

la **rue** [laʀy] die Straße → 3/T; la **rue du Parc** [laʀydypaʀk] die Parkstraße, in der Parkstraße → 3/T

S

le **sac** [ləsak] die Tasche → 5/T; le **sac de sport** [ləsakdəspɔʀ] die Sporttasche → 5/T; **faire son sac** [fɛʀsõsak] seine Tasche packen → 10/T

le **sachet** [ləsaʃɛ] der Beutel, die Tüte → 9/A

la **salade** [lasalad] der Salat → 6/T

la **salle de bains** [lasaldəbɛ̃] das Badezimmer → 5/T; la **salle de classe** [lasaldəklas] das Klassenzimmer → 8/A; la **salle de**

permanence [lasaldəpɛʀmanɑ̃s] *Aufenthaltsraum* → 8/A; **la salle des professeurs** [lasaldepʀɔfesœʀ] das Lehrerzimmer → 8/A

le **salon** [ləsalɔ̃] das Wohnzimmer → 5/T

Salut! [saly] Hallo!, Tschüss! → 1/T

samedi [samdi] Samstag, am Samstag → 6/A; **le samedi** [ləsamdi] samstags → 8/T

le **secrétariat** [ləsekʀetaʀja] das Sekretariat → 8/A

la **semaine** [ləsəmɛn] die Woche → 7/T

septembre [sɛptɑ̃bʀ] September → 6/A

s'il te plaît [siltəplɛ] bitte *für Personen, die du duzt* → 8/T;

s'il vous plaît [silvuplɛ] bitte *für mehrere Personen oder eine Person, die du siezt* → 8/T

la **sixième** [lasizjɛm] die sechste *(Klasse)* → 2/T; **en sixième** [ɑ̃sizjɛm] in der sechsten Klasse → 2/T

le **skate** [ləskɛt] das Skateboard, das Skateboardfahren → 7/A

la **sœur** [lasœʀ] die Schwester → 2/T

la **soif** [laswaf] der Durst → 9/A; **avoir soif** [avwaʀswaf] Durst haben → 9/A

ce soir [səswaʀ] heute Abend → 5/T

sonner [sɔne] klingeln → 7/T

sous [su] unter → 5/A

souvent [suvɑ̃] oft → 5/A

les **spaghettis** [lespageti] *m. pl.* die Spaghetti → 7/A

le **spectacle** [ləspɛktakl] die Vorführung, die Aufführung → 10/T

le **sport** [ləspɔʀ] der Sport → 4/T

le **stade** [ləstad] das Stadion → 3/T

le **stage** [ləstaʒ] der Workshop, der Kurs → 7/T

Super! [sypɛʀ] *fam.* Super! → 1/T

le **supermarché** [ləsypɛʀmaʀʃe] der Supermarkt → 3/A

sur [syʀ] auf → 3/T; **20 sur 20** [vɛ̃syʀvɛ̃] 20 von 20 (Punkten) → 8/T

surfer [sœʀfe] surfen → 7/T

la **surprise** [lasyʀpʀiz] die Überraschung → 6/T; la **fête-surprise** [lafɛtsyʀpʀiz] die Überraschungsparty → 6/T; l'**interro-surprise** [lɛ̃teʀosyʀpʀiz] *f. fam.* der unangekündigte Test → 8/T

le/la **surveillant/e** [ləsyʀvɛjɑ̃/lasyʀvɛjɑ̃t] die Aufsichtsperson → 2/T

sympa [sɛ̃pa] *adj. fam., ou* **sympathique** [sɛ̃patik] sympathisch, nett → 4/T

T

la **table** [latabl] der Tisch → 9/A

la **tante** [latɑ̃t] die Tante → 4/A

la **tartine** [lataʀtin] das Butterbrot, das belegte Brot → 5/T

la **télé** [latele] *fam., ou:* la **télévision** [latelevizjɔ̃] der Fernseher → 7/A

le **temps** [lətɑ̃] die Zeit → 7/T; **avoir le temps** [avwaʀlətɑ̃] Zeit haben → 7/T; *prendre son temps* [pʀɑ̃dʀsɔ̃tɑ̃] sich Zeit lassen → S1/S2

le **tennis** [lətenis] Tennis → 7/A

toi [twa] du *betont* → 2/A

les **toilettes** [letwalɛt] *f. pl.* die Toilette → 8/A

la **tomate** [latɔmat] die Tomate → 9/A

toujours [tuʒuʀ] immer → 5/T

la **tour** [latuʀ] das Hochhaus, der Turm → 3/T

tout de suite [tutsɥit] sofort → S1

le **travail** [lətʀavaj] die Arbeit → 9/T; **travailler** [tʀavaje] arbeiten → 4/T

très [tʀɛ] sehr → S2

trop de qc [tʀodə] zu viel/zu viele → 9/T

U

utiliser qc [ytilize] etw. benutzen → 8/T

V

le **vendeur**/la **vendeuse** [ləvɑ̃dœʀ/lavɑ̃døz] der Verkäufer / die Verkäuferin → 9/T

vendre qc [vɑ̃dʀ] etw. verkaufen → S2 *Konjugation S. 211*

vendredi [vɑ̃dʀədi] Freitag, am Freitag → 6/A; **le vendredi** [ləvɑ̃dʀədi] freitags → 8/T

visiter qc [vizite] etw. besichtigen → 10/T

Vive Paris! [vivpaʀi] Es lebe Paris! → 10/T

voilà [vwala] da ist/da sind, das ist/das sind → 2/T

vouloir qc [vulwaʀ] etw. wollen → 9/T *Konjugation S. 176*

le **VTT**/les **VTT** [ləvetete/levetete] das Mountainbike → 5/A

W

le **week-end** [ləwikɛnd] das Wochenende, am Wochenende → 6/T

Y

le **yaourt** [ləja'uʀt] der Joghurt → 9/A

Youpi! ['jupi] Juhu! → 10/T

Z

le **zéro** [ləzeʀo] die Null → 7/T

Zut! [zyt] Verflixt!, Mist! → 3/T

LISTE ALPHABÉTIQUE ALLEMAND-FRANÇAIS

Liste alphabétique allemand-français | Deutsch-französische Wortliste

Hier findest du alle Wörter, die du in *À toi!* Band 1 lernst. Die Angabe hinter dem Pfeil (→) verweist auf die Unité, in der die Vokabel zum ersten Mal vorkommt: → 3/A = Unité 3/Approches, → 3/T = Unité 3/Texte, S1 = Supplément 1.
Verben, bei deren Konjugation du aufpassen musst, sind rot hervorgehoben. Die Konjugation der Verben findest du auf Seite 176 oder in der Liste des mots, p. 178–211. *Kursiv* gesetzte Wörter sind fakultativer Wortschatz.

A

Abendessen le dîner → 9/T; **heute Abend** ce soir → 5/T
aber mais → 3/T
Adresse l'adresse *f.* → 4/T
Allee l'avenue *f.* → 3/T
Alles Gute zum Geburtstag! Joyeux anniversaire! → 6/T; **Das ist alles.** C'est tout. → 9/T
als comme → 9/T
also alors → 3/T
Alter l'âge *m.* → 4/T
anhören (etw.) écouter qc → 5/T
ankommen arriver → 6/T
ansehen (etw.) regarder qc → 3/T
Antwort la réponse → 8/T
Apfel la pomme → 9/A; *Apfelsaft* le jus de pomme → S1
Apfelsine l'orange *f.* → 9/A
April avril → 6/A
Arbeit le travail → 9/T; **arbeiten** travailler → 4/T
Armbanduhr la montre → 8/T
Atlas l'atlas *m.* → 8/T
auch aussi → 3/A
auf sur → 3/T
Auf Wiedersehen. Au revoir. → 1/T
Aufführung le spectacle → 10/T
aufräumen (etw.) ranger qc
aufschreiben (etw.) noter qc → 8/T
Aufsichtsperson le/la surveillant/e → 2/T
August août → 6/A
aus (Ort) sein être de (+ Ortsname) → 3/T

B

Bäckerei la boulangerie → 3/A
Badezimmer la salle de bains → 5/T
Banane la banane → 9/A
Basketball le basket → 7/A
Beeil dich! Dépêche-toi. → 5/T
begegnen (jdm) rencontrer qn → S2

bei chez → 5/A; **bei ihr** chez elle → 6/T
bemalte Wand le mur peint → 3/A
benutzen (etw.) utiliser qc → 8/T
bereit prêt/e *adj.* → 9/T
bereits déjà → 6/T
Beruf le métier → S1
besichtigen (etw.) visiter qc → 10/T
Bett le lit → 5/A
Beutel le sachet → 9/A
Bis bald! À plus!; À bientôt! → 4/T
bitte s'il te plaît; s'il vous plaît → 8/T
Blatt la feuille → 8/T
Bonbon le bonbon → 9/A
Bruder le frère → 2/T
Buch le livre → 5/A
Buchhandlung la librairie → 3/A
Bus le bus → 3/T
Butter le beurre → 9/A
Butterbrot la tartine → 5/T

C

Café le café → S1
CD le CD / les CD *pl.* → 6/T
chatten chatter → 7/A
Cola le coca → S1
Comic la bédé → 6/T
Computer l'ordinateur *m.* → 5/A
Cousin/Cousine le cousin/la cousine → 4/A
Croissant le croissant → 3/A

D

da là → 5/T
da ist/da sind voilà → 2/T
danach après → 8/T
danke merci → 6/T
das ça → 4/T
das ist c'est → 2/A; voilà → 2/T; **das sind** ce sont; voilà → 2/T
Das ist alles. C'est tout. → 9/T; **Das ist furchtbar!** C'est l'horreur! → 4/T; **Das ist hübsch.** C'est joli. → 6/T; **Das ist lecker!** C'est bon! → 3/A; **Das ist nicht

möglich.** Ce n'est pas possible. → 6/T; **Das ist teuer!** C'est cher! → 9/T
deutsch allemand → 4/T; **Deutsch sprechen** parler allemand → 4/T; **in Deutschland** en Allemagne → 4/T
Dezember décembre → 6/A
Dienstag mardi → 6/A; **dienstags** le mardi → 8/T
Donnerstag jeudi → 6/A; **donnerstags** le jeudi → 8/T
du *betont* toi → 2/A
Durst la soif → 9/A ; **Durst haben** avoir soif → 9/A
DVD le DVD / les DVD *pl.* → 5/A

E

Ei l'œuf *m.* / les œufs *pl.* → 9/A
ein wenig un peu → 4/T; un peu de qc → 9/A
einkaufen faire du shopping → 10/T
einladen (jdn) inviter qn → 6/T
einverstanden (sein) (être) d'accord → 3/T
Eltern les parents *m. pl.* → 4/A
Entschuldigung! Pardon. → 8/T
Entschuldigungszettel le mot d'excuse → 8/T
Erdkunde la géographie → 8/T
erste/r le premier / la première → 6/A
es gibt il y a → 3/A
es ist c'est → 2/A; **Es ist acht Uhr.** Il est huit heures. → 8/A; **Es ist Mittwoch.** C'est mercredi. → 7/T
Es lebe Paris! Vive Paris! → 10/T
essen (etw.) manger qc
Euro l'euro *m.* → 9/T

F

fahren aller → 7/T
Familie la famille → 4/A
Februar février → 6/A
Fehler la faute → 8/T

Feier la fête → 6/A; **feiern** faire la fête → 6/T
Fernseher la télé *fam., auch:* la télévision → 7/A; **fernsehen** regarder la télé → 7/A
fertig prêt/e *adj.* → 9/T
Flasche la bouteille → 9/A
Flugzeug l'avion *m.* → S2
Flur le couloir → 5/T
Foto la photo → 5/A
Frage la question → 4/T
französisch français → 4/T; **Französisch sprechen** parler français → 4/T;
Französischlehrer/in le/la prof de français → 2/T
Freitag vendredi → 6/A; **freitags** le vendredi → 8/T
Freund/in l'ami *m.*/l'amie *f.* → 2/T; le copain / la copine *fam.* → 4/T
Frucht le fruit → 9/A
funktionieren marcher → 8/T
für pour → 6/T
Das ist furchtbar! C'est l'horreur! → 4/T
Fuß le pied → 3/T
Fußball le foot → 3/T; **Fußballverein** le club de foot → 3/T

G

Geburtstag l'anniversaire *m.* → 6/A; **Alles Gute zum Geburtstag!** Joyeux anniversaire! → 6/T
gehen aller → 7/T; marcher → 8/T; **gehen (zu jdm)** aller chez qn → 8/T; **vorbeigehen (bei etw.)** passer par qc → 3/T
Geld l'argent *m.* → 9/T
Gemüse les légumes *m. pl.* → 9/T; **Gemüse-Quiche** la quiche aux légumes → 9/T
genügend assez de qc → 9/T
Geografie la géographie → 8/T
Geschenk le cadeau / les cadeaux *pl.* → 6/T
Geschichte l'histoire *f.* → 8/T
Geschwister des frères et sœurs → 4/T
Getränk la boisson → S1
Glas (Marmelade) le pot (+ de confiture) → 9/A
glücklich content/e *adj.* → 9/T
großartig formidable *m./f. adj.* → 9/T
Großeltern les grands-parents *m. pl.* → 4/A

Großmutter la grand-mère/ les grands-mères *pl.* → 4/A
Großvater le grand-père/ les grands-pères *pl.* → 4/A
gut bien *adv.* → 4/T
gut bon/bonne *adj.* → 10/T
Gut. Ça va. → 1/T
Guten Tag! Bonjour! → 1/T

H

haben (etw.) avoir qc → 4/T
Hähnchen le poulet → 9/T
halb demi/e *adj.* → 8/A
Hallo! Salut! → 1/T; **Hallo?** Allô? *am Telefon* → 7/T
Handy le portable → 6/T
Haus la maison → 9/T; **nach Hause** à la maison; **zu Hause** à la maison → 9/T
Hausaufgaben les devoirs *m. pl.* → 6/T
ich heiße je m'appelle → 2/A; **Wie heißt du?** Tu t'appelles comment? → 2/T
heute aujourd'hui → 7/T; **heute Abend** ce soir → 5/T
hier ici → 6/T
hineingehen (in etw.) entrer dans qc → 8/T
hinter derrière → 5/A
Hip Hop le hip-hop → 10/T
Hobby le hobby / les hobbys *pl.* → 7/A
Hochhaus la tour → 3/T
Hof la cour → 2/T
Hör mal!, Hör zu! Écoute. → 5/T
Hotel l'hôtel *m.* → 3/A
Das ist hübsch. C'est joli. → 6/T
Hund le chien → 4/T
Hunger la faim → 9/A; **Hunger haben** avoir faim → 9/A

I

ich *betont* moi → 2/A; **ich auch** moi aussi → 7/T; **ich auch nicht** moi non plus → 7/T
ich bin + *Name* moi, c'est + *nom* → 2/A; **ich heiße** je m'appelle → 2/A; **ich möchte** je voudrais → 6/T; **Ich weiß nicht.** Je ne sais pas. → 2/T; **ich würde gern** je voudrais → 6/T
Idee l'idée *f.* → 6/T
immer toujours → 5/T
in à → 2/A; dans → 2/T; en → 4/T; **in der sechsten Klasse** en sixième → 2/T;
in Deutschland en Allemagne → 4/T
in der Nähe von près de → 3/A

Internet Internet → 7/T; **Internetcafé** le cybercafé → 3/A

J

ja oui → 2/A
Jahr l'an *m.* → 4/T; **vierzehn Jahre alt sein** avoir quatorze ans → 4/T
Januar janvier → 6/A
jetzt maintenant → 8/T
Joghurt le yaourt → 9/A
Juhu! Youpi! → 10/T
Juli juillet → 6/A; **im Juli** en juillet → 7/T
Junge le garçon → 2/T
Juni juin → 6/A

K

Kaffee le café → S1
Kantine la cantine → 8/A
Käse le fromage → 9/A
Katze le chat → 4/T
kaufen (etw.) acheter qc → 9/T
kein, keine ne … pas de → 9/T
Kerze la bougie → 6/T
Kilo le kilo → 9/A
Kind l'enfant *m./f.* → 4/A
Kino le cinéma → 3/A
klar bien sûr → 3/T
Klasse la classe → 2/T; **in der sechsten Klasse** en sixième → 2/T
Klassenarbeit l'interro *f. fam., auch:* l'interrogation *f.* → 8/T
Klassenzimmer la classe → 2/T; la salle de classe → 8/A
klingeln sonner → 7/T
Klub le club → 3/T
kochen faire la cuisine → 7/A
kommen arriver → 6/T
können (etw.) pouvoir qc → 8/T
Konsole la console → 5/A
Konzert le concert → 10/T
korrigieren (etw.) corriger qc → 8/T
kosten coûter → 9/T; **Wie viel kosten sie?** Combien est-ce qu'ils coûtent? → 9/T
Küche la cuisine → 5/T
Kuchen le gâteau/les gâteaux *pl.* → 6/T; **Kuchen backen** faire un gâteau → 6/T
Kuckuck! Coucou! → 2/A
Kühlschrank le frigo *fam.* → 9/A
Kurs le cours → 5/T; le stage → 7/T

L

Das ist lecker! C'est bon! → 3/A

Lehrer/in le/la prof *fam., auch:* le/la professeur → 2/T
Lehrerzimmer la salle des professeurs → 8/A
Leidenschaft la passion → S2
lernen (etw.) apprendre qc → S1
Lied la chanson → S2
links (von etw.) à gauche (de qc) → 5/A, 5/T
Liter le litre → 9/A

M
machen (etw.) faire qc → 6/T
Mädchen la fille → 2/T
Mai mai → 6/A
Mal la fois → S/1; *viermal* quatre fois → S1
Mama maman → 1/T
Manga le manga → 5/A
Marmelade la confiture → 9/A
März mars → 6/A; **am 21. März** le 21 mars → 6/A
Mathe(matik) les maths *f. pl. fam.*, *auch:* les mathématiques *f. pl.* → 8/T
Mauer le mur → 3/A
Mediathek la médiathèque → 3/T
Meerschweinchen le cochon d'Inde → 4/T
Menü le menu → S1; *Menü für fünfzehn Euro* le menu à quinze euros → S1
Milch le lait → 9/A
Milchkaffee le café crème → S1
Mineralwasser l'eau minérale *f.* → 9/A
minus moins 8/A
Minute la minute → 8/T
Mist! Zut! → 3/T
mit avec → 3/T; **mit mir** avec moi → 6/T
mitbringen (etw.) apporter qc → 6/T
mittags (12 Uhr) midi → 8/A
Mittwoch mercredi → 6/A; **Es ist Mittwoch.** C'est mercredi. → 7/T; **mittwochs** le mercredi → 8/T
mögen (etw.) aimer qc → 7/T
Das ist nicht möglich. Ce n'est pas possible. → 6/T
Montag lundi → 6/A; **montags** le lundi → 8/T
morgen demain → 10/T
Mountainbike le VTT / les VTT *pl.* → 5/A
MP3-Player le lecteur mp3 → 5/A
Museum le musée → 10/T
Musik la musique → 7/A

Musiker/in le musicien / la musicienne → S2
Mutter la mère → 4/A

N
Na ja. Bof. *fam.* → 1/T
Na und? Et alors? → 7/T
nach *zeitlich* après → 3/T
nach Hause à la maison → 9/T; **nach Hause gehen** rentrer → 3/T
Nachmittag l'après-midi *m.* → 7/T
Nachricht le message → 9/T
nachsehen regarder → 5/T
Nacht la nuit → 4/T; **nachts** la nuit → 4/T
Nachtisch le dessert → 9/T
Name le nom → 4/T
Natur la nature → 7/A
natürlich bien sûr → 3/T
neben etw. à côté de qc → 5/T
nebenan à côté → 3/T
nehmen (etw.) prendre qc → S1/S2
nein non → 2/T
nett sympa *adj. fam., auch:* sympathique *adj.* → 4/T
er ist neu / sie ist neu il est nouveau / elle est nouvelle → 3/T
nicht ne … pas → 6/T
nicht schlecht pas mal → 7/T
Nicht? Non? → 4/T
noch einmal encore une fois → S2
Noch etwas? Et avec ça? → 9/T
noch nicht ne … pas encore → 7/T
November novembre → 6/A
Null le zéro → 7/T
Nummer le numéro → 6/T; **Nummer wählen (jds)** faire le numéro de qn → 6/T

O
Obst les fruits *m. pl.* → 9/A
oder ou → 6/T; **Oder?** Non? → 4/T
oft souvent → 5/A
Oktober octobre → 6/A
Onkel l'oncle *m.* → 4/A
Orange l'orange *f.* → 9/A;
Orangensaft le jus d'orange → 9/A
organisieren (etw.) organiser qc → 6/A

P
seine Tasche packen faire son sac → 10/T

pädagogische/r Schulbetreuer/in le/la CPE → 8/T
Papa papa → 1/T
Park le parc → 3/A
Parkstraße la rue du Parc → 3/T
Party la fête → 6/A; **Heute ist Party!** C'est la fête! → 6/A
Pferd le cheval / les chevaux *pl.* → 7/A
Planet la planète → 8/A
Platz la place → 10/T
Pommes frites les frites *f. pl.* → 9/T
Poster le poster → 5/A
Problem le problème → 6/T
PS P.-S. → 4/T

Q
Quad le quad → 7/T
Quiche la quiche → 9/T

R
Rap le rap → 7/A
rechts (von etw.) à droite (de qc) → 5/A, 5/T
reden parler → 4/T
Referat l'exposé *m.* → 7/T
Regal l'étagère *f.* → 5/A

S
Salat la salade → 6/T
Samstag samedi → 6/A; **samstags** le samedi → 8/T
Sänger/in le chanteur / la chanteuse → S2
Schachtel la boîte → 5/A
Schlafzimmer la chambre → 5/A
Schlüssel la clé → 5/T
schon déjà → 6/T
Schrank l'armoire *f.* → 5/A
Schreibtisch le bureau/les bureaux *pl.* → 5/A
Schulanfang la rentrée → 2/A
Schule l'école *f.* → 7/T; le collège → 2/A
Schüler/in l'élève *m./f.* → 2/T
Schulhof la cour → 2/T
Schwester la sœur → 2/T
sechste Klasse la sixième → 2/T
sehr très → S2
sehr mögen (etw.) adorer qc → 7/A
sein être → 2/T; **aus (Ort) sein** être de + *Ortsname* 3/T
seit langem depuis longtemps → S2
Sekretariat le secrétariat → 8/A

September septembre → 6/A
shoppen faire du shopping → 10/T
sich Zeit lassen prendre son temps → S1
siebte Klasse la cinquième → 2/T
singen chanter → 4/T
Skateboard (fahren) le skate → 7/A;
Skatepark le roller parc → 3/T
sofort tout de suite → S1
sogar même → 3/T
Sohn le fils → 4/A
Sonntag dimanche → 6/A; sonntags le dimanche → 8/T
Spaghetti les spaghettis *m. pl.* → 7/A
Spiegel le miroir → 5/A
Spielkonsole la console → 5/A
Sport le sport → 4/T; Sportlehrer/in le/la prof de sport → 4/T; Sporttasche le sac de sport → 5/T
sprechen parler → 4/T; Sprich lauter! Parle plus fort! → 4/T
Stadion le stade → 3/T
Straße la rue → 3/T
Stuhl la chaise → 5/A
Stunde l'heure *f.* → 7/T
suchen (etw.) chercher qc → 3/T
Super! Super! *fam.* → 1/T
Supermarkt le supermarché → 3/A
surfen surfer → 7/T
sympathisch sympa *adj. fam.*, auch: sympathique *adj.* → 4/T

T
Tag le jour → 8/T
Tante la tante → 4/A
tanzen danser → 6/T
Tasche le sac → 5/T; seine Tasche packen faire son sac → 10/T
Tennis le tennis → 7/A
Test l'interro *f. fam.*, auch: l'interrogation *f.* → 8/T
Das ist teuer! C'est cher! → 9/T
Tier l'animal *m.*/les animaux *pl.* → 4/T
Tisch la table → 9/A
Tochter la fille → 4/A
Toilette les toilettes *f. pl.* → 8/A
toll formidable *m./f. adj.* → 9/T
Tomate la tomate → 9/A
träumen rêver → 6/T
treffen (jdn) rencontrer qn → S2
trotzdem quand même → 7/T
Tschüss! Salut! → 1/T
Tür la porte → 5/A
Turm la tour → 3/T
Turnhalle le gymnase → 8/A
Tüte le sachet → 9/A

U
U-Bahn le métro → 3/A
überall partout → S2
Überraschung la surprise → 6/T; Überraschungsparty la fête-surprise → 6/T
(Armband-)Uhr la montre → 8/T
Um wie viel Uhr? À quelle heure? → 7/T; um zehn Uhr à dix heures → 5/T; Wie spät ist es? Il est quelle heure? → 8/A
unangekündigter Test l'interro-surprise *f. fam.* 8/T
und et → 1/T
unter sous → 5/A
Unterricht le cours → 5/T; Unterricht haben avoir cours → 5/T

V
Vater le père → 4/A
verbringen (etw.) passer qc → 10/T
Verein le club → 3/T
Verflixt! Zut! → 3/T
verkaufen (etw.) vendre qc → S2
Verkäufer/in le vendeur/la vendeuse → 9/T
verlieren (jdn/etw.) perdre qn/qc → S2
verstehen (jdn/etw.) comprendre qn/qc → S1
Verzeihung! Pardon. → 8/T
viel/viele beaucoup de qc → 9/A
vielleicht peut-être → 9/T
viermal quatre fois → S1
Viertel *Viertelstunde* le quart → 8/A
Viertel *Stadtviertel* le quartier → 3/A
von de → 2/T; 20 von 20 (Punkten) 20 sur 20 → 8/T
vor *räumlich* devant → 5/A; vor *zeitlich* moins → 8/A
vorbeigehen (bei etw.) passer par qc → 3/T; vorbeikommen (bei jdm) passer chez qn → 7/T
vorbereiten (etw.) préparer qc → 7/T
Vorführung le spectacle → 10/T
vorher d'abord → 7/T
Vortrag l'exposé *m.* → 7/T

W
wählen (jds Nummer) faire le numéro de qn → 6/T
Wand le mur → 3/A; bemalte Wand le mur peint → 3/A
wann quand → 6/A
warten (auf jdn/etw.) attendre qn/qc → S2
warum pourquoi → 8/T
was qu'est-ce que *Fragewort* → 3/T; Was gibt es? Qu'est-ce qu'il y a? → 3/A
Wasser l'eau *f.* → 9/A
weil parce que → 8/T
Wellensittich la perruche → 4/T
weniger moins → 8/A
wer qui → 2/A; Wer ist …? Qui est …? → 5/A; Wer ist das? C'est qui? → 2/A
wie comme → 5/T; wie comment *Fragewort* → 2/T; Wie alt bist du? Tu as quel âge? → 4/T; Wie geht's? Ça va? → 1/T; Wie heißt du? Tu t'appelles comment? → 2/T; Wie spät ist es? Il est quelle heure? → 8/A
wie viel / wie viele combien → 9/T; Wie viel kosten sie? Combien est-ce qu'ils coûtent? → 9/T; Wie viel kostet das? Ça fait combien? → 9/T; Wie viel Uhr ist es? Il est quelle heure? → 8/A
wir nous; on → 3/T
wo où → 3/T; Wo ist das? C'est où? → 3/T
Woche la semaine → 7/T
(am) Wochenende le week-end → 6/T
woher d'où → 3/T
wohnen habiter → 3/T
Wohnung l'appartement *m.* → 5/T
Wohnzimmer le salon → 5/T
wollen (etw.) vouloir qc → 9/T
Workshop le stage → 7/T

Z
zeichnen (etw.) dessiner qc → 7/A
Zeit le temps → 7/T; Zeit haben avoir le temps → 7/T; *sich Zeit lassen* prendre son temps → S1/S2
Zimmer la chambre → 5/A
zu Fuß à pied → 3/T
zu Hause à la maison → 9/T
zu spät sein être en retard → 8/T
zu viel/zu viele trop de qc → 9/T
zubereiten (etw.) préparer qc → 7/T
zuerst d'abord → 7/T
zufrieden content/e *adj.* → 9/T
zuhören (jdm/etw.) écouter qn/qc → 5/T
zusammen ensemble → 3/T
zwischen entre → 3/T

SOLUTIONS

Solutions (Repères) | Lösungen (Repères)

Unité 2

p. 23/2a *Vous* steht für „ihr" bei Personen, die man duzt. Es bedeutet „Sie" bei Personen, die man siezt.

p. 24/2b Du verwendest *ils* („sie", Personalpronomen, 3. Person Plural), wenn du von mehreren männlichen Personen sprichst.
Du benutzt *ils* auch, wenn du von mehreren männlichen und weiblichen Personen sprichst.
Du verwendest *elles*, wenn du von mehreren weiblichen Personen sprichst.

Unité 3

p. 36/2 exercice 1a eine Schülerin: une élève, Schülerinnen: des élèves, ein Mädchen: une fille, Mädchen: des filles, ein Junge: un garçon, Jungen: des garçons, Freundinnen: des amies, ein Bruder: un frère, ein Park: un parc, Lehrer: des profs, eine Schwester: une sœur, eine Bäckerei: une boulangerie, ein Stadtviertel: un quartier, Kinos: des cinémas

p. 37/3 exercice 1c regarder (anschauen): je regarde, tu regardes, il/elle/on regarde, nous regardons, vous regardez, ils/elles regardent

Unité 4

p. 43/2
1 les enfants, 2 la cousine, 3 la tante, 4 la mère, 5 la fille, 6 le frère, 7 le grand-père, 8 la mère, 9 les cousins, 10 la tante, 11 le père, 12 l'oncle, 13 la grand-mère, 14 l'oncle, 15 les parents, 16 la sœur, 17 le fils, 18 le cousin, 19 la fille, 20 les grands-parents

p. 52/2 *Son* steht vor männlichen Nomen im Singular, z. B. *son oncle*. (*Son* steht auch vor weiblichen Nomen, die mit einem stummen *h* oder einem Vokal beginnen, z. B. *son amie*.)
Sa steht vor weiblichen Nomen im Singular, die mit einem Konsonanten beginnen, z. B. *sa tante*.
Ses steht vor männlichen und weiblichen Nomen im Plural, z. B. *ses cousins*.

p. 52/2 exercice 1 mon oncle, ma famille, mon copain, mes copines, mon cochon d'Inde, ma perruche, mon frère, ma sœur, mes cousins

p. 52/2 exercice 2 Nicolas et son cousin, Océane et sa mère, Sarah et ses cousins, Matthieu et ses cousins, Océane et son oncle, Nicolas et son oncle

p 52/3 exercice 1
– Vous avez un chien? – Nous avons deux chiens.
– J'ai une sœur. – Elle a quel âge?
– Tu as deux chats? – Non! Mes grands-parents ont deux chats.

Unité 5

p. 66/2 exercice 1a neben dem Bett: à côté du lit, neben dem Schrank: à côté de l'armoire, rechts vom Computer: à droite de l'ordinateur, links von der Tür: à gauche de la porte, neben den Büchern: à côté des livres

p. 67/3 exercice 1a
1 Schauen Sie, das ist mein Zimmer.
2 Schaut euch die Küche an!
3 Räum dein Zimmer auf!
4 Lass uns die Küche aufräumen./Räumen wir die Küche auf.

p. 67/4 exercice 2a ranger: je range, tu ranges, il/elle/on range, nous rangeons, vous rangez, ils/elles rangent

Unité 6

p. 80/2 exercice 1 Du bildest eine Frage mit *est-ce que*, indem du *est-ce que* vor den Aussagesatz stellst.

p. 80/2 exercice 2a
1. Est-ce que Robin habite à Levallois?
2. Est-ce que tu as treize ans?
3. Est-ce qu'on rentre ensemble?

p. 80/2 exercice 2b
1. Est-ce que tu organises une fête? (Oui./Non.)
2. Est-ce que tu invites tes copains? (Oui./Non.)
3. Est-ce que tu fais un gâteau? (Oui./Non.)
4. Est-ce que tu danses avec moi? (Oui./Non.)

p. 81/3 exercice 1
Bei der Verneinung verwendest du *n'* vor Verben, die mit einem Vokal oder einem stummen *h* beginnen.

p. 81/4 exercice 2
1. Est-ce que vous faites une salade?
2. Je fais mon lit.
3. Est-ce que tu fais aussi ton lit?
4. Nous faisons un gâteau.

Unité 7

p. 96/3 exercice 1 Die Präposition *à* ziehst du mit den bestimmten Artikeln *le* (→ *au*) und *les* (→ *aux*) zusammen. Mit den bestimmten Artikeln *la* und *l'* ziehst du die Präposition *à* nicht zusammen. Mit den unbestimmten Artikeln (*un, une, des*) ziehst du die Präposition *à* ebenfalls nicht zusammen.

SOLUTIONS

p. 96/3 exercice 2 *Le* und *les* werden auch mit der Präposition *de* zusammengezogen (*du*, *des*).

p. 96/3 exercice 3 2. Je vais <u>au</u> collège. 3. Je vais <u>à la</u> librairie. 4. Je vais <u>aux</u> Deux-Alpes. 5. Je vais <u>à l'</u>école. 6. Je vais <u>au</u> stade.

Unité 8

p. 110/4 exercice 1
1. notre, votre, leur
2. nos, vos, leurs

p. 110/4 exercice 2a
1. – Vous faites <u>votre</u> exposé ensemble?
   – Oui, nous faisons <u>notre</u> exposé ensemble.
2. Océane et Maxime chantent avec <u>leur</u> prof.
3. Monsieur, est-ce que vous avez <u>nos</u> interros?
4. Les élèves corrigent <u>leurs</u> fautes.
5. Madame, ce sont <u>vos</u> livres?

Unité 9

p. 123/2 exercice 1a
1. Dans le frigo, il y a <u>un peu de fromage</u>, <u>un litre de lait</u>, <u>une bouteille de jus d'orange</u>, <u>beaucoup de pommes</u> et <u>un kilo de tomates</u>.
2. Monsieur Moreau mange <u>trop de légumes</u>.
3. Nicolas veut acheter <u>un sachet de frites</u>.
4. Aujourd'hui, il <u>ne</u> veut <u>pas de spaghettis</u>.

p. 124/4 exercice 1a
1. Je suis <u>content/contente</u>.
2. Je ne suis pas <u>prêt/prête</u>.
3. Mon ami/amie est <u>formidable</u>.

Unité 10

p. 133/2 *Ne* steht vor der konjugierten Form von *aller*, *pas* steht dahinter. Das Verb im Infinitiv steht immer hinter *pas*. (*Je <u>ne</u> vais <u>pas</u> aller à Paris.*)

p. 133/2 exercice 1a
1. Les filles <u>vont habiter</u> chez Flora.
2. Laurine <u>va aller</u> à Paris.
3. Nous <u>n'allons pas aller</u> à Paris.
4. Je <u>vais visiter</u> un musée.
5. Tu <u>vas faire</u> du shopping?
6. Qu'est-ce que <u>vous allez faire</u>?

p. 133/2 exercice 2a
1. Max et Tom <u>vont aller</u> à Berlin. Ils <u>vont habiter</u> chez leur tante.
2. Nicolas <u>va faire</u> la cuisine. Il <u>ne va pas aller</u> chez sa grand-mère.
3. Khaled <u>va regarder</u> la télé. Il <u>ne va pas ranger</u>.

Suppléments 1 et 2

p. 138/2 exercice 2
apprendre: j'appren<u>ds</u>, tu appren<u>ds</u>, il/elle/on appren<u>d</u>, nous appre<u>nons</u>, vous appre<u>nez</u>, ils/elles appren<u>nent</u>
comprendre: je compren<u>ds</u>, tu compren<u>ds</u>, il/elle/on compren<u>d</u>, nous compre<u>nons</u>, vous compre<u>nez</u>, ils/elles compren<u>nent</u>

p. 138/2 exercice 3
1. Je ne <u>comprends</u> pas.
2. Elle <u>comprend</u> très bien.
3. Il <u>apprend</u> son métier.
4. Les filles <u>prennent</u> des frites et leur père <u>prend</u> un café.

p. 139/3 exercice 1 il attend (er wartet), nous perdons (wir verlieren), ils vendent (sie verkaufen), j'attends (ich warte), vous vendez (ihr verkauft / Sie verkaufen)

p. 139/3 exercice 2

	⚀	⚁	⚂
attendre	j'attends	tu attends	il/elle/on attend
vendre	je vends	tu vends	il/elle/on vend
perdre	je perds	tu perds	il/elle/on perd

⚃	⚄	⚅
nous attendons	vous attendez	ils/elles attendent
nous vendons	vous vendez	ils/elles vendent
nous perdons	vous perdez	ils/elles perdent

p. 139/4 exercice 1a
1. Marie et Laurine <u>les</u> adorent.
2. Théo <u>la</u> regarde avec son copain.
3. Madame Fournier <u>les</u> cherche toujours.
4. Les filles <u>le</u> rencontrent à Montmartre.

La chanson du verbe *faire* (p. 77/8a)

Je fais, tu fais, il fait, elle fait, on fait, nous faisons, vous faites, ils font, elles font.

Bonjour, Rémy! Je fais mon lit.

Et toi, Marie, tu fais ton lit?

Qu'est-ce qu'il fait, Grégoire? Il fait, il fait ses devoirs.

Bonjour, Rémy! Je fais mon lit.

Et toi, Marie, tu fais ton lit?

Qu'est-ce qu'il fait, Grégoire? Il fait, il fait ses devoirs.

Qu'est-ce qu'elle fait, Anissa?

Je ne sais pas, elle n'est pas là.

Nous avons un cadeau et nous faisons un gâteau.

C'est la fête! Qu'est-ce que vous faites?

C'est la fête! Qu'est-ce que vous faites?

Qu'est-ce qu'elles font, Laurine et Jade?

Elles font, elles font une salade.

LES MOTS POUR LE DIRE

■ Über sich sprechen 224
Sich vorstellen
Über den Wohnort Auskunft geben
Das eigene Zimmer beschreiben
Die Familie vorstellen
Über Hobbys und Vorlieben sprechen
Über die Schule sprechen

■ Über andere sprechen 226
Andere vorstellen

■ Mit anderen sprechen 226
Sich Begrüßen und verabschieden
Sich kennenlernen
Sich einigen
Etwas gut oder schlecht finden
Nach dem Grund fragen / Etwas begründen
Sich verabreden / Etwas planen
Jemanden zu etwas auffordern

■ Datum und Uhrzeit angeben / Einen Tagesablauf beschreiben 229

■ Über einen Geburtstag sprechen 229

■ Über Essen und Trinken sprechen 230

■ Einkaufen 230

Hier hörst du dir alle Sätze an:
www.cornelsen.de/webcodes
Gib folgenden Webcode ein: ATOI-1-224

■ Über sich sprechen

Sich vorstellen

Unité 2	Je m'appelle (Nicolas).	Ich heiße (Nicolas).
	Moi, c'est (Marie). Et toi?	Ich heiße (Marie). Und du?
	Je suis le frère / la sœur de (Maxime).	Ich bin (Maximes) Bruder/Schwester.
	Je suis en sixième / en cinquième.	Ich bin in der 6. Klasse / 7. Klasse.
	Je suis dans la classe de (Laurine).	Ich bin in (Laurines) Klasse.
	Je suis l'ami / l'amie de (Marie).	Ich bin (Maries) Freund/Freundin.
Unité 4	J'ai un frère / une sœur.	Ich habe einen Bruder / eine Schwester.
	Je parle bien (allemand).	Ich spreche gut (Deutsch).
	Je parle un peu (français).	Ich spreche ein bisschen (Französisch).
	J'ai (12) ans.	Ich bin (12) Jahre alt.

LES MOTS POUR LE DIRE

Über den Wohnort Auskunft geben

Unité 3

Je suis de (Levallois).	Ich bin aus (Levallois).
C'est près de (Paris).	Das ist bei (Paris).
J'habite à (Marseille).	Ich wohne in (Marseille).
J'habite (5, rue Gabriel Péri).	Ich wohne (in der Gabriel-Péri-Straße 5).
Qu'est-ce qu'il y a à (Levallois)?	Was gibt es in (Levallois)?
À (Levallois), il y a (un stade).	In (Levallois) gibt es (ein Stadion).
Dans le quartier, il y a (un collège).	Im Viertel gibt es (ein Collège).
Il y a même (des librairies).	Es gibt sogar (Buchhandlungen).
C'est où?	Wo ist das?
C'est à côté.	Das ist nebenan.
(La boulangerie) est à côté.	(Die Bäckerei) ist nebenan.
(Le cinéma) est entre (le métro) et (la Seine).	(Das Kino) ist zwischen der (U-Bahn) und (der Seine).

Die Familie vorstellen

Unité 4

Voilà (ma famille).	Da/Das ist (meine Familie).
C'est (mon père). Il est prof.	Das ist (mein Vater). Er ist Lehrer.
Ce sont (mes grands-parents).	Das sind (meine Großeltern).
(Olivier) est le frère de mon père.	(Olivier) ist der Bruder meines Vaters.
(Isabelle) est la fille de (Jean).	(Isabelle) ist (Jeans) Tochter.
(Ma mère) travaille dans (une librairie).	(Meine Mutter) arbeitet in (einer Buchhandlung).
J'ai un frère / une sœur.	Ich habe einen Bruder / eine Schwester.
J'ai (un chat). Il s'appelle (Caramel).	Ich habe (eine Katze). Sie heißt (Caramel).

Das eigene Zimmer beschreiben

Unité 5

Où est (mon sac de sport)?	Wo ist (meine Sporttasche)?
Où sont (Maxime et Laurine)?	Wo sind (Maxime und Laurine)?
Dans ma chambre, il y a (deux lits et une armoire).	In meinem Zimmer sind (zwei Betten und ein Schrank).
Sous (l'armoire), il y a (une boîte).	Unter (dem Schrank) ist (eine Schachtel).
Dans (la boîte), il y a (mes photos).	In (der Schachtel) sind (meine Fotos).
(Mon lecteur mp3) est sur (le lit).	(Mein MP3-Player) ist auf (dem Bett).
(Je suis souvent) devant mon miroir.	(Ich bin oft) vor meinem Spiegel.
(Le VTT) est derrière (la porte).	(Das Mountainbike) ist hinter (der Tür).
(La console) est sur (mon bureau), à gauche.	(Die Konsole) ist links auf (meinem Schreibtisch).
(Les livres) sont sur (l'étagère), à droite.	(Die Bücher) sind rechts im (Regal).
(Ma chambre) est à gauche de (la cuisine).	(Mein Zimmer) ist links von (der Küche).
(La salle de bains) est à droite de (ma chambre).	(Das Badezimmer) ist rechts von (meinem Zimmer).
Là, à côté du salon, il y a (la salle de bains).	Da, neben dem Wohnzimmer, ist (das Badezimmer).

LES MOTS POUR LE DIRE

Über Hobbys und Vorlieben sprechen

Unité 7		
	J'aime / J'adore (le sport).	Ich mag / Ich liebe (Sport).
	J'aime / J'adore (dessiner).	Ich (zeichne) gern / sehr gern.
	Je n'aime pas (le rap).	Ich mag keinen (Rap).
	Je n'aime pas (chanter).	Ich (singe) nicht gern.
	Moi, j'aime (le VTT).	Ich fahre gern (Mountainbike).
	Mon hobby, c'est (le cheval).	Mein Hobby ist (Reiten).

Über die Schule sprechen

Unité 8		
	Notre collège c'est (le collège Jean Jaurès).	Unsere Schule ist (die Jean-Jaurès-Schule).
	Nos profs sont sympa.	Unsere Lehrer sind nett.
	Dans notre collège, il y a (un CDI).	Unsere Schule hat (ein CDI).

Über andere sprechen

Andere vorstellen

Unité 2		
	Voilà (Robin).	Da/Das ist (Robin).
	C'est (Robin).	Das ist (Robin).
	C'est qui?	Wer ist das?
	C'est le frère / la sœur de (Maxime).	Das ist (Maximes) Bruder/Schwester.
	Il/Elle est en sixième / en cinquième.	Er/Sie ist in der 6. Klasse / 7. Klasse.
	Il/Elle est dans la classe de (Laurine).	Er/Sie ist in (Laurines) Klasse.
	C'est l'ami / l'amie de (Marie).	Das ist (Maries) Freund/Freundin.

Unité 4		
	Il/Elle s'appelle comment?	Wie heißt er/sie?
	Il s'appelle (Mehdi).	Er heißt (Mehdi).
	Ils ont quel âge?	Wie alt sind sie?
	Il/Elle a quel âge?	Wie alt ist er/sie?
	Il/Elle a (14) ans.	Er/Sie ist (14) Jahre alt.

Mit anderen sprechen

Sich begrüßen und verabschieden

Unité 1		
	Salut, (Anissa)!	Hallo (Anissa)!
	Bonjour, madame/monsieur.	Guten Tag.
	Salut, (Anissa)!	Tschüss (Anissa)!
	Au revoir, madame/monsieur.	Auf Wiedersehen.
	Ça va?	Wie geht es dir?
	Super!	Super!
	Ça va.	Gut.
	Bof!	Na ja.
	Oui, ça va. Et toi?	Gut. Und dir?

Unité 7		
	Allô, c'est moi!	Hallo, ich bin es! *am Telefon*
	Allô, c'est (Max)/(Anna).	Hallo, hier ist (Max)/(Anna). *am Telefon*

LES MOTS POUR LE DIRE

Sich kennenlernen

Unité 2	Tu t'appelles comment?	Wie heißt du?
	Je m'appelle (Nicolas).	Ich heiße (Nicolas).
Unité 3	Tu es de (Paris)?	Bist du aus (Paris)?
	Vous êtes de (Levallois)?	Seid ihr / Sind Sie aus (Levallois)?
	Je suis de (Levallois).	Ich bin aus (Levallois).
	Tu habites où?	Wo wohnst du?
	Vous habitez où?	Wo wohnt ihr? / Wo wohnen Sie?
	J'habite à (Marseille).	Ich wohne in (Marseille).
	J'habite (5, rue Gabriel Péri).	Ich wohne (in der Gabriel-Péri-Straße 5).
Unité 4	Tu parles (français)?	Sprichst du (Französisch)?
	Je parle bien (français).	Ich spreche gut (Französisch).
	Je parle un peu (français).	Ich spreche ein bisschen (Französisch).
	Tu as quel âge?	Wie alt bist du?
	J'ai (12) ans.	Ich bin (12) Jahre alt.
	Tu as des animaux?	Hast du Tiere?
	J'ai (deux) animaux:	Ich habe (zwei) Tiere:
	(un cochon d'Inde) et (une perruche).	(ein Meerschweinchen) und (einen Wellensittich).
	Tu as des frères et sœurs?	Hast du Geschwister?
	J'ai un frère / une sœur.	Ich habe einen Bruder / eine Schwester.
	C'est ton père / ta mère?	Ist das dein Vater / deine Mutter?
	C'est mon père / ma mère.	Das ist mein Vater / meine Mutter.
	Il/Elle est prof.	Er ist Lehrer. / Sie ist Lehrerin.
	Ce sont tes grands-parents?	Sind das deine Großeltern?
	Ce sont mes grands-parents.	Das sind meine Großeltern.
	(Tom), c'est ton frère?	Ist (Tom) dein Bruder?
	Oui, c'est mon frère.	Ja, er ist mein Bruder.
	Et votre collège?	Und eure Schule?
	Est-ce que vos profs sont sympa?	Sind eure Lehrer nett?
Unité 7	Qu'est-ce que tu aimes?	Was magst du?
	Est-ce que tu aimes (la nature)?	Magst du die Natur?
	J'aime / J'adore (dessiner).	Ich (zeichne) gern / sehr gern.

Sich einigen

Unité 3	Oui, bien sûr.	Ja, natürlich.
Unité 6	Est-ce que tu es / vous êtes d'accord?	Bist du / Seid ihr / Sind Sie einverstanden?
	Oui, je suis / nous sommes d'accord.	Ja, ich bin / wir sind einverstanden.
	Non, je ne suis pas d'accord.	Nein, ich bin nicht einverstanden.
	Je ne sais pas.	Ich weiß nicht.
	C'est possible.	Das ist möglich.
	Ce n'est pas possible.	Das ist nicht möglich.
Unité 7	Moi aussi.	Ich auch.
	Moi non plus.	Ich auch nicht.

LES MOTS POUR LE DIRE

Etwas gut oder schlecht finden

Unité 3	C'est bon!	Das schmeckt gut!
Unité 4	C'est l'horreur!	Das ist furchtbar!
Unité 6	C'est joli, non?	Das ist hübsch, oder?
	C'est sympa.	Das ist nett.
Unité 7	Pas mal.	Nicht übel.
Unité 8	Ce n'est pas mon jour.	Das ist nicht mein Tag.
Unité 9	Oh non!	Oh nein!
	C'est formidable!	Das ist toll!

Nach dem Grund fragen / Etwas begründen

Unité 6	Je ne sais pas.	Ich weiß nicht.
Unité 8	Pourquoi est-ce que (tu es en retard)?	Warum (bist du zu spät)?
	Parce que (ma montre ne marche pas).	Weil (meine Uhr nicht geht).
	Pourquoi est-ce que (vous ne pouvez pas entrer)?	Warum (könnt ihr nicht hineingehen)?
	Parce que (notre prof n'est pas là).	Weil (unser Lehrer / unsere Lehrerin nicht da ist).
	Pourquoi est-ce que (tu ne peux pas faire l'interro)?	Warum (kannst du die Klassenarbeit nicht mitschreiben)?
	Parce que (je n'ai pas mon atlas).	Weil (ich meinen Atlas nicht habe).
Unité 10	Pourquoi est-ce que (tu fais ton sac)?	Warum (packst du deine Tasche)?
	Parce que (je vais passer le week-end à Paris).	Weil (ich das Wochenende in Paris verbringen werde).

Sich verabreden / Etwas planen

Unité 3	On passe par (la boulangerie).	Wir gehen bei (der Bäckerei) vorbei.
	On rentre ensemble?	Gehen wir zusammen nach Hause?
Unité 7	Qu'est-ce que tu fais aujourd'hui?	Was machst du heute?
	Tu as le temps?	Hast du Zeit?
	Oui, j'ai le temps.	Ja, ich habe Zeit.
	On va (au roller parc)?	Gehen wir (zum Skatepark)?
	Oui. / Non, je vais (au club de foot).	Ja. / Nein, ich gehe in den Fußballverein.
	Tu passes chez moi?	Kommst du bei mir vorbei?
	À quelle heure?	Um wie viel Uhr?
	À (trois) heures, ça va?	Um (drei) Uhr?
	D'accord.	Einverstanden.
	À plus!	Bis später!
	Je vais (à l'école) / (à la médiathèque).	Ich gehe (in die Schule) / (in die Mediathek).
	On va (au stade) / (aux Deux-Alpes).	Wir gehen (ins Stadion). / Wir fahren nach (les Deux-Alpes).
Unité 10	Qu'est-ce que tu vas faire (ce soir)?	Was machst du (heute Abend)?
	Qu'est-ce que vous allez faire (à Paris)?	Was werdet ihr (in Paris) machen?
	Je vais (passer le week-end à Paris).	Ich werde (das Wochenende in Paris verbringen).
	On va (faire la fête).	Wir werden (feiern).
	On va visiter (le musée du quai Branly).	Wir werden (das Museum am Quai Branly besichtigen).
	Je voudrais (faire du shopping).	Ich möchte (shoppen gehen).

LES MOTS POUR LE DIRE

Jemanden zu etwas auffordern

Unité 4	Parle plus fort!	Sprich lauter!
Unité 5	Range (ta chambre).	Räum (dein Zimmer) auf!
	Mange (ta tartine).	Iss (dein Brot)!
	Écoutez.	Hört zu!
	Regardez (sous le lit).	Schaut (unter dem Bett) nach!
Unité 7	Regarde les photos.	Schau die Fotos an.
Unité 8	Notez vos réponses sur la feuille.	Schreibt eure Antworten auf das Blatt.
	Corrigez vos fautes, s'il vous plaît.	Korrigiert bitte eure Fehler.

Datum und Uhrzeit angeben / Einen Tagesablauf beschreiben

Unité 6	C'est quand?	Wann?
	C'est le 29 janvier.	Am 29. Januar.
	C'est le 1er mars.	Am 1. März.
	C'est mardi.	Das ist am Dienstag.
Unité 8	Le (lundi), j'ai cours à huit heures.	(Montags) habe ich um acht Uhr Unterricht.
	Le (mardi), je suis toujours (chez ma mère).	(Dienstags) bin ich immer (bei meiner Mutter).
	(Mercredi), je vais au cinéma.	(Am Mittwoch) gehe ich ins Kino.
	(À midi), je mange à la cantine.	(Mittags) esse ich in der Kantine.
	Il est quelle heure?	Wie viel Uhr ist es?
	Il est (huit heures et demie).	Es ist (halb neun Uhr).
	La 6e A a cours à (neuf heures moins cinq).	Die Klasse 6A hat um (fünf vor neun Uhr) Unterricht.
	Il/Elle est en retard.	Er/Sie ist zu spät.

Über einen Geburtstag sprechen

Unité 6	C'est quand, ton anniversaire?	Wann hast du Geburtstag?
	Mon anniversaire, c'est le (21 mars).	Mein Geburtstag ist am (21. März).
	Pour mon anniversaire, je voudrais (des cadeaux).	Ich möchte (Geschenke) zum Geburtstag.
	Je voudrais (inviter mes copains).	Ich möchte (meine Freunde einladen).
	C'est quand, l'anniversaire (de Mehdi)?	Wann ist (Mehdis) Geburtstag?
	Son anniversaire, c'est le (20 août).	Sein Geburtstag ist am (20. August).
	Est-ce qu'il/elle organise une fête?	Macht er/sie eine Party?
	Il/Elle organise une fête-surprise.	Er/Sie organisiert eine Überraschungsparty.
	Il/Elle invite ses copains (jeudi à 17 heures).	Er/Sie lädt seine/ihre Freunde (für Donnerstag 17 Uhr) ein.
	Il/Elle fait (un gâteau).	Er/Sie backt (einen Kuchen).
	Joyeux anniversaire!	Alles Gute zum Geburtstag!

LES MOTS POUR LE DIRE

Über Essen und Trinken sprechen

Unité 9

J'ai faim.	Ich habe Hunger.
J'ai soif.	Ich habe Durst.
Qu'est-ce qu'il y a dans le frigo?	Was ist im Kühlschrank?
J'aime (les bananes).	Ich mag (Bananen).
Je n'aime pas (les pommes).	Ich mag keine (Äpfel).
Je ne veux pas de (quiche aux légumes).	Ich will keine (Gemüse-Quiche).
Qu'est-ce qu'on fait (comme dessert)?	Was machen wir (als Nachtisch)?
(La quiche) est prête?	Ist (die Quiche) fertig?
Le dîner est prêt.	Das Abendessen ist fertig.

Einkaufen

Unité 9

Est-ce que vous pouvez acheter (six œufs), s'il vous plaît?	Könnt ihr bitte (sechs Eier) kaufen?
Est-ce que vous pouvez faire (une quiche), s'il vous plaît?	Könnt ihr bitte (eine Quiche) machen?
J'achète (un sachet de frites).	Ich kaufe (einen Beutel Pommes frites).
Bonjour, je voudrais (deux bananes).	Guten Tag, ich möchte (zwei Bananen).
Je voudrais aussi un kilo de (pommes).	Ich möchte auch ein Kilo (Äpfel).
Je voudrais un litre de (lait).	Ich möchte einen Liter (Milch).
Et avec ça?	Darf es noch etwas sein?
Merci, c'est tout.	Danke, das ist alles.
Ça fait combien?	Wie viel kostet das?
Ça fait (quatorze euros quatre-vingts).	Das macht (14 Euro 80).
C'est cher.	Das ist teuer.
Ce n'est pas cher.	Das ist nicht teuer.

Fotos: © 123RF/Matt Trommer, S. 206 (1-Euro-Münze: Vorderseite u. 50-Cent-Münze); Stephen Rees, S. 86 (unten rechts: Hintergrund) – © colourbox, S. 65 (sac pour câbles) – © Cornelsen Verlagsarchiv, S. 114 (un pot de confiture; rechts); Abt, S. 125 (unten links); Arnold, S. 26 (Nr. 1); Battaglini, S. 114 (six œufs, un yaourt, une bouteille de jus d'orange, une bouteille d'eau minérale); Denimal/Uzel, S. 8, S. 9, S. 10 (Nr. 1 u. 2), S. 14–15, S. 16, S. 17, S. 20, S. 27 (Nr. 10), S. 30 (oben links, Mitte u. unten), S. 42 (Nicolas u. Océane), S. 44 (oben links u. unten), S. 49, S. 56, S. 57, S. 70–71, S. 74, S. 82 (oben links, oben rechts u. unten rechts), S. 85, S. 86 (oben rechts, unten links u. unten rechts: Portrait), S. 87 (oben links: Portrait, oben rechts, unten links u. unten rechts: Portrait), S. 89, S. 100, S. 101, S. 107 (oben), S. 108, S. 112, S. 117, S. 118, S. 121, S. 130, S. 147, S. 156; Mann-Grabowski, S. 22 (Nr. 6, 7 u. 8), S. 30 (oben rechts); Ortiz-Vobis, S. 42 (Christelle), S. 43 (Jean, Matthieu, Violette), S. 144 (la fête des Mères); Schrader, S. 62, S. 75, S. 107 (unten), S. 114 (beaucoup de beurre u. un peu de fromage), S. 115 (un sachet de bonbons, une banane, une orange, une pomme), S. 122, S. 136; Schulze, S. 11 (Nr. 2, Nr. 3 u. Nr. 4), S. 22 (Nr. 1, Nr. 2 u. Nr. 3), S. 26 (Nr. 4: links); Svaluto, S. 10 (Nr. 3); S. 86 (oben links) – © digitalstock/H. Brauer, S. 144 (le 1er mai); Pierrot, S. 94 (oben rechts) – © Fotolia.com/Irmina Mamot, Umschlagseite 2 (la Côte d'Azur); Kerstin Klaaßen, S. 44 (1. v. oben rechts); Marco Scisetti, S. 206 (20-Euro-Schein); Petra Gurtner, S. 44 (3. v. oben rechts); PictureArt, S. 42 (Monique); Rémy Masseglia, Umschlagseite 2 (les Pyrénées); Richard Villalon, Umschlagseite 2 (le Pas-de-Calais); Sean Gladwell, S. 82 (Bonbons); Spargel, S. 26 (Nr. 4: rechts); svehlik, S. 44 (2. v. oben rechts); The Dragon, S. 50 (2. Reihe: 4. v. links); Thierry Burdin, Umschlagseite 2 (les Ardennes); Uolir, Umschlagseite 3 (Montmartre) – © Getty Images (RF)/Westend61, Titelbild (Vordergrund) – © iStockphoto/Andreas Reh, S. 43 (Ludovic); Dave Skinner, S. 43 (Isabelle); Eileen Hart, S. 54 (unten rechts); Jacom Stephens, Umschlagseite 2 (l'Aquitaine); Jeannette Meier Kamer, S. 94 (unten rechts); Kemter, S. 42 (Frédéric u. Tonio); Kevin Russ, S. 54 (unten links); Maria Toutoudaki, S. 114 (un kilo de tomates); Mike Dabell, S. 50 (2. Reihe: 1. v. links); milansys, Umschlagseite 3 (Notre-Dame); Ned White, S. 125 (oben links); Olga Ivanova, S. 50 (1. Reihe: 2. v. links); onepony, S. 145 (Halloween); Pathathai Chungyam, S. 42 (Sarah); Zlatko Kostic, S. 42 (Olivier) – © panthermedia.net/Alexander Rochau, Umschlagseite 2 (les Alpes); Bernd Kunst, S. 50 (1. Reihe: 1. v. links); Dagmar Spona, S. 145 (Noël); Daniel Neumann, Umschlagseite 3 (La Tour Eiffel); Evelyn Taubert, S. 129 (unten links); Yuri Arcurs, S. 43 (Loïc) – © Shotshop.com/Senta, S. 87 (oben links: Hintergrund) – © shutterstock/Christopher Dodge, S. 87 (unten rechts: Hintergrund); Demid Borodin, S. 128 (unten rechts); E. Spek, S. 50 (2. Reihe: 3. v. links); Elena Elisseeva, S. 47 (rechts), S. 50 (2. Reihe: 2. v. links), S. 152 (rechts); Ints Vikmanis, S. 11 (Nr. 1); jocicalek, S. 93; Jorge Felix Costa, Umschlagseite 3 (Le Louvre); michaeljung, S. 88; Monkey Business Images, S. 47 (links), S. 152 (links); PHB.cz (Richard Semik), Umschlagseite 2 (la Camargue); pseudolongino, S. 129 (oben rechts).

© Alain Guillaume, www.marseille-images.net, S. 173 (Marseille) – © Arco Images/O. Diez, S. 50 (1. Reihe: 3. v. links) – © Corbis/Eye Ubiquitous/Hugh Rooney, Umschlagseite 3 (les Halles) – © CRTB, Umschlagseite 2 (la Bretagne) – © Europäische Zentralbank (EZB), S. 206 (1-Cent-Münze: Rückseite u. 1-Euro-Münze: Rückseite) – © Getty Images/AFP, S. 97 (oben); Paul Trummer, Titelbild (Hintergrund) – © Groupe Casino, S. 114 (un pot de confiture; links) – © Inter IKEA Systems B.V., S. 65 (lampe de table, pêle-mêle 7 photos, rangement accessoires bureau, range-revues u. table) – © Jahreszeiten Verlag/Ariadne Ahrens, S. 68 (links) – © laif/REA/Hanning, S. 22 (Nr. 5); Ludovic, S. 22 (Nr. 4), S. 27 (Nr. 8); Michel Gaillard, S. 125 (oben rechts); Report Digital/P. Box, S. 94 (unten links); Sittler, S. 68 (rechts) – © mauritius images/Food and Drink, S. 144 (Pâques); Hans-Peter Merten, S. 174 (Montmarte); imagebroker/Maria Breuer, Umschlagseite 3 (Le Centre Georges-Pompidou); Photononstop, S. 105; Rene Mattes, S. 128 (oben links) – © Ministère des Affaires étrangères et européennes, S. 144 (la Fête de la Musique) – © Ministère des Affaires Étrangères, Images de France, édition 2003, S. 173 (la Seine) – © musée du quai Branly, S. 128 (unten links), Umschlagseite 3 (Le Musée du Quai Branly) – © My Major Company/Yann Orhan, S. 132 (oben rechts u. unten links) – © Office du Tourisme et des Congrès de Nice, I. Beauregard, S. 144 (le carnaval de Nice) – © Picture-Alliance/augenklick/Roth, S. 145 (le Tour de France) – © QBX Cycles, S. 94 (oben links) – © Service Photo de la Mairie de la Ville de Levallois, S. 26 (Nr. 2 u. Nr. 3), S. 27 (Nr. 5, Nr. 6 u. Nr. 9) – © Sipa/Apesteguy, S. 129 (unten rechts); Gabriel Stephan, Umschlagseite 3 (La Place de la Bastille); Jaubert, S. 27 (Nr. 7); Motor, S. 145 (la fête nationale); Sichov, S. 97 (unten); Simon, S. 114 (un litre de lait) – © Fotolia/M.studio, S. 144 (la Chandeleur); M.studio, S. 144 (la fête des Rois) – © Thomas Schulz, S. 125 (unten rechts) – © ullstein, S. 174 (la tour Eiffel); Alinari, S. 173 (Victor Hugo); © ullstein/SIPA, S. 27 (7), Umschlagseite 3 (Bastille) – © Yann Orhan, S. 132 (Hintergrund).

Illustrationen: © 2010 Les Éditions Albert René/Goscinny-Uderzo, www.asterix.com, S. 79 – © Cornelsen, Bernd Kissel, Überherrn-Berus, S. 69, S. 98–99; diGraph, Lahr, S. 168; Felipa Goltz, S. 78 – © Pica/Erroc, Bamboo Édition, 2002, S. 111 – © shutterstock, S. 132 (Widder).

Liedtext: VG Musikedition: © Bamago Luniprod/My Major Company Editions/SONY ATV Music Publishing (Germany) GMBH, Berlin, S. 132.

À toi! 1
Lehrwerk für den Französischunterricht

Im Auftrag des Verlages erarbeitet von:
Gertraud Gregor, Michèle Héloury, Walpurga Herzog, Catherine Jorißen, Alexander Kraus, Catherine Mann-Grabowski

und der Redaktion Französisch: Julia Goltz (Projektleitung), Sophie Ortiz-Vobis, Monika Schulze, Jana Silckerodt, Verena Simon, Sabrina Battaglini (Bildassistenz)

Didaktische Beratung: Prof. Dr. Jürgen Mertens

Beratende Mitwirkung: Stefanie Ambs (München), Ansgar Behnen (Göttingen), Marlis Bormann (Nauen), Mirjam Friebe (Heidelberg), Ingeborg Höcke (Schulzendorf), Uta Höldin-Kosbab (Villingen), Ines Kaiser (Stuttgart), Annette Kramer (Kassel) Friederike Leist (Tübingen), Wolfgang Marek (Kirchhain), Prof. Dr. Christian Minuth (Hirschhorn), Jochen Momberg (Spenge), Tobias Schnitter (München), Stefanie Schubert (Köln), Birgit Schunke (Bad Kösen), Erika Sonneck (Alfter), Erik Wagner (Saarbrücken), Antje Wolter (Burgwedel)
Dank auch an: Valérie Mertens

Gesamtgestaltung und technische Umsetzung: werkstatt für gebrauchsgrafik, Berlin
Illustrationen: Laurent Lalo
Karten: Dr. Volkhart Binder
Filme: buzz production, Berlin
Umschlagfoto: © Getty Images/Westend61/RF (Vordergrund); Getty Images/Paul Trummer (Hintergrund)

Begleitmaterial zu À toi! 1:

Schülerbuch als E-Book	ISBN 978-3-06-520700-3
Carnet d'activités	ISBN 978-3-06-520403-3
Grammatikheft	ISBN 978-3-06-520404-0
Lerntagebuch	ISBN 978-3-06-520405-7
Vokabeltaschenbuch	ISBN 978-3-06-022425-8
CD (Audio)	ISBN 978-3-06-520448-4
Schülerbuch-Lehrerfassung mit DVD	ISBN 978-3-06-520402-6
Lehrermaterialien	ISBN 978-3-06-520407-1
Folien	ISBN 978-3-06-520406-4
Interaktive Tafelbilder	ISBN 978-3-06-021297-2
Unterrichtsvorbereitung à la carte (CD-ROM)	ISBN 978-3-06-520436-1

À toi! Vokabeltrainer-App erhältlich in allen App Stores.

Allgemeiner Hinweis zu den in diesem Lehrwerk abgebildeten Personen:
Soweit in diesem Buch Personen fotografisch abgebildet sind und ihnen von der Redaktion fiktive Namen, Berufe, Dialoge und Ähnliches zugeordnet oder diese Personen in bestimmte Kontexte gesetzt werden, dienen diese Zuordnungen und Darstellungen ausschließlich der Veranschaulichung und dem besseren Verständnis des Buchinhalts.

www.cornelsen.de

Die Mediencodes enthalten ausschließlich optionale Unterrichtsmaterialien; sie unterliegen nicht dem staatlichen Zulassungsverfahren.

2. Auflage, 6. Druck 2020

Alle Drucke dieser Auflage sind inhaltlich unverändert und können im Unterricht nebeneinander verwendet werden.

© 2012 Cornelsen Verlag, Berlin
© 2017 Cornelsen Verlag GmbH, Berlin

Das Werk und seine Teile sind urheberrechtlich geschützt. Jede Nutzung in anderen als den gesetzlich zugelassenen Fällen bedarf der vorherigen schriftlichen Einwilligung des Verlages.
Hinweis zu §§ 60 a, 60 b UrhG: Weder das Werk noch seine Teile dürfen ohne eine solche Einwilligung an Schulen oder in Unterrichts- und Lehrmedien (§ 60 b Abs. 3 UrhG) vervielfältigt, insbesondere kopiert oder eingescannt, verbreitet oder in ein Netzwerk eingestellt oder sonst öffentlich zugänglich gemacht oder wiedergegeben werden. Dies gilt auch für Intranets von Schulen.

Druck und Bindung: Livonia Print, Riga

ISBN 978-3-06-520401-9

PEFC zertifiziert
Dieses Produkt stammt aus nachhaltig bewirtschafteten Wäldern und kontrollierten Quellen.
www.pefc.de
PEFC/12-31-006